«In *Der Healing Code* habe ich den Schlüssel zur Heilung fast jedes gesundheitlichen Problems beschrieben. Ich glaube, dass Sie auf den folgenden Seiten den Schlüssel zum Erfolg in jedem erdenklichen Bereich Ihres Lebens finden werden. Ich weiß, das ist eine kühne Behauptung – doch meiner Erfahrung nach ist die Frage nicht, ob all das hier auch bei Ihnen funktionieren wird; es ist nur die Frage, ob Sie danach handeln werden. Mehr noch: Sobald Sie verstanden haben, wie es geht, ist es fast außerhalb des Möglichen, dass es nicht funktioniert.

Ich glaube, dass Sie den Prozess, den ich in diesem Buch beschreibe, auf jeden Bereich Ihres Lebens anwenden können, um dann beobachten zu können, wie sich eine Raupe in einen Schmetterling verwandelt.»

Alexander Loyd ist Doktor der Psychologie und der naturheilkundlichen Medizin. Er hat eine der größten Praxen der Welt mit Klienten in allen 50 US-Bundesstaaten und 158 Ländern aufgebaut. Er glaubte fest daran, dass grundlegende spirituelle Probleme geheilt werden müssen, wenn man negative Symptome im Leben nachhaltig eliminieren will – und so entwickelte er ab 1988 ein passendes Programm dazu. Dr. Loyd wird immer wieder im US-Fernsehen als Experte zur Heilung der Wurzel von Erfolgs-, Beziehungs- und Gesundheitsproblemen interviewt. Sein erstes Buch, *Der Healing Code*, erschienen bei Rowohlt, wurde ein Bestseller.

Alex Loyd

DAS LOVE PRINCIPLE

Die Erfolgsmethode
für ein erfülltes Leben

Aus dem Englischen
von Barbara Imgrund

Rowohlt Taschenbuch Verlag

Deutsche Erstausgabe
Veröffentlicht im Rowohlt Taschenbuch Verlag,
Reinbek bei Hamburg, Juli 2014
Copyright der deutschsprachigen Ausgabe
© 2014 by Rowohlt Verlag GmbH, Reinbek bei Hamburg
Die amerikanische Originalausgabe erschien 2014 bei
Grand Central Life & Style, Hachette Book Group, New York,
unter dem Titel «The Greatest Principle. Unlocking
the Hidden Keys to Ultimate Success in All Areas
of Your Life. From Stress to Success»
Copyright © 2014 by Alex Loyd, Ph. D., N. D.
This edition is published by arrangement with
Grand Central Publishing, New York, NY, USA.
All rights reserved
Redaktion Bernd Jost
Umschlaggestaltung ZERO Werbeagentur, München
(Umschlagabbildung: © FinePic, München)
Satz Minion PostScript, InDesign,
bei Pinkuin Satz und Datentechnik, Berlin
Druck und Bindung CPI books GmbH, Leck
Printed in Germany
ISBN 978 3 499 62879 5

Das für dieses Buch verwendete FSC®-zertifizierte Papier
Lux Cream liefert Stora Enso, Finnland.

Inhalt

EINFÜHRUNG: Das Love Principle 11

TEIL I: Die Grundlagen des Love Principle 37

KAPITEL 1: Legen Sie Ihr ultimatives Erfolgsziel fest 39
KAPITEL 2: Das Zellgedächtnis 72
KAPITEL 3: Die Spirituelle Physik der Wahrheit und Liebe 98

TEIL II: Wie das Love Principle funktioniert 131

KAPITEL 4: Drei Tools, um Ihre Festplatte und deren
Software zu bereinigen und umzuprogrammieren 133
KAPITEL 5: Setzen Sie sich Erfolgsziele, keine Stressziele 214

TEIL III: So setzen Sie das Love Principle in die Tat um 237

KAPITEL 6: Befunderhebung 239
KAPITEL 7: Die Erfolgsmethode des Love Principle 267

ZUSAMMENFASSUNG: Wahrhaftig lieben 301

EPILOG: Praktische Spiritualität 307

Weitere Hilfsmittel 331

FÜR HOPE

Die meisten schönen Dinge in meinem Leben sind durch dich erblüht, eingeschlossen die Informationen, die in diesem Buch stehen. Was mit so viel Schmerz und Seelenqual begann, hat jetzt mein Leben hoffnungserfüllt gemacht und darüber hinaus. Wenn jemand aus diesen Seiten etwas für sein Leben Positives gewinnen kann, dann wäre das nie ohne dich geschehen. Danke, dass du es mit mir aushältst. Ich weiß, es ist ein Vollzeitjob. ICH LIEBE DICH!

Danksagung

Mein besonderer Dank gilt Kathleen Hagerty: Du hast mir geholfen, dieses Buch dem Kopf und dem Herzen abzuringen und zu Papier zu bringen – und es ist großartig geworden! Amanda Rooker: Du hast einem sehr rohen Manuskript den Feinschliff verpasst; das hätte ich ohne dich nicht geschafft. Harry, Hope und George – danke, dass ihr es ertragt, wenn ich mir zu den unpassendsten Gelegenheiten Notizen mache, und mich trotzdem liebt. Gott: dass er mir etwas geschenkt hat, über das ich schreiben kann – ich bin mit Haut und Haaren dein!

EINFÜHRUNG:

Das Love Principle

Ich habe 25 Jahre darauf gewartet, das alles mit der Öffentlichkeit zu teilen. In meinem letzten Buch, dem *Healing Code*, habe ich den Schlüssel zur Heilung von fast jedem gesundheitlichen Problem beschrieben. Ich glaube, dass Sie auf den folgenden Seiten den Schlüssel zum Erfolg in jedem erdenklichen Bereich Ihres Lebens finden werden. Ich weiß, das ist eine kühne Behauptung – so viel ist sicher! Meiner Erfahrung nach ist es nicht die Frage, ob all das hier auch bei Ihnen funktionieren wird; es ist nur die Frage, ob Sie danach handeln werden. Wenn Sie das tun, *wird es hundertprozentig funktionieren*. Mehr noch: Sobald Sie verstanden haben, wie es geht, ist es fast unmöglich, dass es nicht funktioniert.

Bevor wir anfangen, möchte ich Ihnen eine Frage stellen: Was ist Ihr größtes Problem oder größtes unrealisiertes Potenzial? Wonach suchen Sie? Was ist das Thema Nummer eins in Ihrem Leben, das endlich in Angriff genommen werden sollte, das einen ordentlichen Push braucht oder über dem der Zauberstab geschwungen werden muss? Ich möchte Sie bitten, nicht weiterzulesen, bis Ihnen nicht wenigstens ein Problem in Ihrem Leben eingefallen ist, das behoben werden muss – auch wenn Sie schon alles versucht haben und nichts davon Erfolg hatte. Eine Sache, die endlich von einem Debakel oder dem üblichen Mittelmaß zu einem überwältigenden Erfolg gebracht werden sollte.

Ich glaube, das Love Principle ist dieser Zauberstab, den Sie brauchen. Ich weiß, dass das anmaßend klingt – ich behaupte das auch nur, weil ich buchstäblich bei 100 Prozent all meiner Patienten in den letzten 25 Jahren erlebt habe, dass es so ist. Ich glaube, dass Sie den Prozess, den ich in diesem Buch beschreibe, auf jeden Bereich Ihres Lebens anwenden und dann beobachten können, wie sich eine Raupe in einen Schmetterling verwandelt.

Lassen Sie mich raten, was Ihnen gerade durch den Kopf geht. Sie denken: *Das habe ich doch schon mal gehört.* Tatsächlich haben Sie das schon hundertmal gehört, und einige von Ihnen haben das schon so viele Male gehört, dass sie nicht mehr glauben können, es könnte etwas dran sein. *Ja klar, noch ein Wundermittel, das mich Geld kostet und mich keinen Schritt weiterbringt.* Wenn Ihnen das durch den Kopf geht, verstehe ich Sie. Das war bei mir nicht anders. Aber ich verrate Ihnen ein Geheimnis über die ganze Lebenshilfe-Industrie: Sie hat eine Misserfolgsquote von 97 Prozent.

Die 97-prozentige Misserfolgsquote der Lebenshilfe-Industrie

Die meisten von uns haben gelesen oder am eigenen Leib erfahren, dass die überwiegende Mehrzahl von Erfolgs- oder Lebenshilfeprogrammen eben nicht zum Erfolg führt. Wenn das der Fall wäre, würden wir schließlich nicht jedes Jahr nach neuen Ausschau halten, oder? Diese sogenannte Industrie (die allein in den USA zehn Milliarden Dollar schwer ist)[1] würde dann ja auch den Bach runtergehen, denn wenn es wirklich eine Methode gäbe, die bei jedem anschlägt, wären wir alle glücklich und gesund und hätten ein erfülltes Leben. Topseller im Sachbuchbereich sind zum Beispiel Bücher, die erklären, wie man abnimmt. Wer wird Ihrer Mei-

---

[1] Nach Timothy D. Wilson: «Self-Help Books Could Ruin Your Life!», in: *The Daily Mail online*, 15. August 2011, http://www.dailymail.co.uk/femail/article-2026001/Self-help-books-ruin-life-They-promise-sell-millions.html (abgerufen am 12. November 2013).

nung nach auch dieses Jahr die neuesten Bücher zu diesem Thema kaufen? Antwort: dieselben Leser, die sie auch letztes Jahr gekauft haben – weil es nämlich nicht funktioniert hat! Doch das Geheimnis besteht nicht darin, dass die meisten Erfolgs- und Lebenshilfeprogramme versagen – sondern darin, *dass die Erfolgsexperten das wissen!* Und die Misserfolgsquote ist viel höher, als wir dachten.

Insidern zufolge beträgt diese Misserfolgsquote der Erfolgsindustrie (mit Büchern, Vorträgen, Workshops, Kursen und vielem mehr) annähernd 97 Prozent. Ja, richtig gelesen: 97 Prozent. Meinem Freund und Kollegen Ken Johnston gehörte die größte Seminarfirma für Personalentwicklung in ganz Nordamerika; seit Jahren spricht er in aller Öffentlichkeit über etwas, das die meisten Insider nur hinter geschlossenen Türen einander zuflüstern: dass die durchschnittliche Erfolgsquote bei lediglich drei Prozent liegt. Aus diesen drei Prozent generieren sie genug Referenzen für eine Marketingstrategie, die eine Erfolgsmaschine anpreist, welche angeblich bei jedem Einzelnen funktioniert. Doch *ihrer eigenen Erfahrung nach* entspricht das nicht der Wahrheit.

Noch interessanter ist der Umstand, dass die überwiegende Mehrheit dieser Programme dasselbe Schema F propagiert:

1. Konzentrieren Sie sich auf das, was Sie sich wünschen.
2. Schmieden Sie einen Plan, wie es sich erreichen lässt.
3. Setzen Sie den Plan in die Tat um.

Das ist es. Welches Programm oder Buch, welchen Arzt oder Therapeuten Sie auch wählen, aller Wahrscheinlichkeit nach werden sie alle – in der einen oder anderen Variante – nach diesem Schema vorgehen. Das lässt sich sogar bis zu dem bahnbrechenden Selbsthilfebuch von Napoleon Hill *Denke nach und werde reich* zurückverfolgen, das 1937 zum ersten Mal erschienen ist und in den vergangenen 65 Jahren unzählige Nachfolger in Büchern und

Programmen gefunden hat. Konzentrieren Sie sich auf das, was Sie sich wünschen, machen Sie einen Plan und setzen Sie ihn mittels Willenskraft in die Tat um.

Und diese Formel macht ja auch Sinn, nicht wahr? Natürlich tut sie das. Das hören wir schon unser ganzes Leben lang. Das Problem ist nur: Es funktioniert nicht. Den jüngsten Forschungen aus Harvard und Stanford – denen wir uns im Einzelnen im ersten Kapitel widmen werden – zufolge ist dieses Strickmuster nicht nur ineffektiv, sondern auch für 97 Prozent von uns eine regelrechte Anleitung zum Misserfolg.

Warum? Die dreistufige Strategie – herausfinden, was man will, einen Plan schmieden und ihn dann abarbeiten, bis man sein Ziel erreicht hat – ruht auf zwei Säulen: ein Endergebnis von außen zu erwarten (Schritt 1 und 2) und sich auf die eigene Willenskraft zu verlassen (Schritt 3). Wie wir im ersten Kapitel sehen werden, erzeugen Erwartungen grundsätzlich chronischen Stress, bis das Endergebnis erreicht ist oder auch nicht – und die medizinische Forschung hat immer und immer wieder bewiesen, dass Stress die klinische Ursache buchstäblich jedes Problems ist, das wir im Leben haben können, und eigentlich eine Garantie für Misserfolg. Was die Willenskraft betrifft (Schritt 3), ist er auch ganz praktisch eine Garantie für Misserfolg, denn Willenskraft hängt mit der Kraft des Bewusstseins zusammen. Wie wir ebenfalls im ersten Kapitel feststellen werden, sind unser Unterbewusstsein und unser Unbewusstes *eine Million Mal* stärker als unser Bewusstsein – wenn sie sich also aus irgendeinem Grund unserem Bewusstsein in den Weg stellen, wird es jedes Mal den Kürzeren ziehen. Außerdem lässt der Versuch, mittels Willenskraft ein bestimmtes Ergebnis zu erzwingen, das unser Unbewusstes blockiert, unseren Stresspegel in die Höhe schnellen – und legt den Grundstein zu jedem erdenklichen Problem, das wir nur haben können.

Mit anderen Worten: Der Umstand, dass es in den letzten fünfundsechzig Jahren eine 97-prozentige Misserfolgsquote gab, liegt darin begründet, dass das erwähnte Strickmuster uns praktisch beibringt zu scheitern. Und wir gelehrigen Schüler verinnerlichen den Lernstoff ziemlich gut. Und zwar deshalb: Wenn uns Erwartungen von Haus aus stressen und der Einsatz von Willenskraft nur minimale Erfolgschancen hat (und nur noch mehr Stress erzeugt), ist dieses Strickmuster eine Garantie nicht nur dafür, dass wir langfristig keinen Erfolg haben werden, sondern auch dafür, dass die Dinge sich *schlechter* entwickeln werden, als wenn wir es gar nicht erst versucht hätten.

Vielleicht fragen Sie sich jetzt: *Wenn dieses Strickmuster eine Anleitung zum Misserfolg ist, warum kommt es mir dann so richtig und vertraut vor?* Dafür gibt es drei Gründe:

1. Es liegt an Ihrer «Verdrahtung». Dass Sie sich auf das Endergebnis konzentrieren, hat mit Ihrer Programmierung zu tun, die man auch unter den Schlagworten «Reiz/Reaktion» und «Lust suchen/Schmerz vermeiden» kennt. Sie gehört zu Ihren Überlebensinstinkten, mit denen Sie in den ersten sechs oder acht Jahren Ihres Lebens fast ausschließlich gearbeitet haben: ein Eis haben wollen – planen, ein Eis zu bekommen – ein Eis bekommen. Deshalb fühlt es sich so vertraut an. Das große Problem ist nur, dass wir als Erwachsene nicht mehr so handeln sollten, es sei denn, wir sind in Lebensgefahr. Ab einem Alter von sechs oder acht Jahren müssen wir anfangen, nach den Maßstäben zu leben, die wir als richtig und gut erkannt haben, und zwar im Wesentlichen ohne Rücksicht auf die Lust oder den Schmerz, die damit einhergehen. (Dazu ebenfalls mehr im ersten Kapitel.) Wenn wir also als Erwachsene nach diesem Prinzip leben, handeln wir wie ein Fünfjähriger und wissen es noch nicht einmal.

2. Alle anderen tun es auch. Mit anderen Worten: Dieses

Strickmuster haben Sie als die richtige Methode in fast jedem Kontext kennengelernt: Sie sehen etwas, das Sie haben möchten, finden heraus, wie Sie es bekommen können, und verschaffen es sich. So haben es Ihnen Ihre Altersgenossen, Ihre Lehrer und Ihre Eltern vorgemacht.
3. Die Experten propagieren es seit fünfundsechzig Jahren. Wie bereits erwähnt, stellt dieses Strickmuster die Grundlage für so gut wie jeden Lebenshilfe-Bestseller oder -Kurs seit fast sieben Jahrzehnten dar.

Diese typische Methode heutiger Lebenshilfe- und Erfolgsprogramme ist nicht nur veraltet, sondern war von Anfang an auch fehlerhaft. Aber eigentlich brauche ich gar keine Statistiken oder Studien, um zu wissen, dass sie eine Anleitung zum Scheitern darstellt. Ich habe es am eigenen Leib erfahren.

Vor ungefähr 25 Jahren arbeitete ich als Berater mit Jugendlichen und ihren Familien, um ihnen dabei zu helfen, nicht vom rechten Weg abzukommen und im Leben erfolgreich zu werden. Man hatte mir das besagte Selbsthilfe-Strickmuster beigebracht, und ich hatte mich jahrelang in jedem Bereich meines Lebens daran gehalten. Dennoch hatte ich keinen Erfolg in meiner Arbeit mit den Jugendlichen. Außerdem hatte ich finanzielle Verluste und stand kurz vor der Pleite. Und obwohl ich ein fröhliches Gesicht aufsetzte, ging es mir tief drinnen erbärmlich. Seit Jahren suchte ich nach einer Antwort, wie man den Menschen – im Besonderen mir – helfen konnte, erfolgreich zu werden: durch Religion, Lebenshilfe, Psychologie, Medizin und Ratschläge von Menschen, die ich schätzte. Nichts funktionierte. Und natürlich gab ich mir die Schuld und nicht den Programmen. «Ich strenge mich einfach nicht genug an, oder ich mache es falsch!», sagte ich mir immer.

Ich war an dem Punkt, an dem ich am liebsten alles den Bach hätte runtergehen lassen, denn ich hatte das Gefühl, nicht länger so leben zu können. Ich erinnere mich daran, dass ich dachte: *Wie konnte ich das bloß so schnell vermasseln?* Ich war erst in den Zwanzigern und fand, ich hätte bereits in jedem Bereich meines Lebens versagt. Nun ja, offenbar war ich aber noch nicht ganz am Ende.

An einem stürmischen Sonntagabend 1988, nach drei Jahren Ehe, sagte meine Frau Hope, sie müsse mit mir «reden». Obwohl sie das schon tausendmal vorher gesagt hatte, hatte sie es noch nie auf diese Art gesagt. Ich spürte instinktiv, dass etwas im Busch war – und zwar nichts Gutes. Es fiel ihr schwer, mir in die Augen zu sehen. Ihre Stimme zitterte, dabei wusste ich, dass sie versuchte, sie fest klingen zu lassen. «Alex, du musst ausziehen. Ich kann es nicht mehr ertragen, mit dir zu leben.»

Ich bin zwar in einer italienisch angehauchten Familie aufgewachsen – wir stritten und debattierten ständig lautstark über alles, von Politik über Religion bis hin zur Wochenendplanung. Aber mir fiel einfach keine Erwiderung ein in diesem einen, wichtigsten Moment meines Lebens. Alles, was ich herausbrachte, war: «Okay.»

Und ich ging. Wie betäubt packte ich eine kleine Tasche mit dem Allernötigsten und verließ das Haus ohne ein weiteres Wort. Ich fuhr zum Haus meiner Eltern und verbrachte die ganze Nacht im Garten mit Gebeten, Grübeln und Trauern – und dem Gefühl, als würde ich innerlich absterben.

Was ich damals nicht wusste: Es war das Beste, was mir jemals passiert ist. In den nächsten sechs Wochen erlebte ich den positivsten Wendepunkt in meinem ganzen Leben. Ich war soeben in eine Art «spirituelle Schule» eingeführt worden, in der ich den Schlüssel zu allen Dingen finden sollte: das Love Principle.

Aber in jener Nacht fühlte ich mich, als wäre mein Leben vorbei. Ich fragte mich immer wieder: «Warum passiert mir das alles?» Die Frage war berechtigt, denn wenn es überhaupt etwas gab, in dem ich hätte erfolgreich sein müssen, dann war es meine Ehe.

Als Hope und ich heirateten, waren wir besser auf die Ehe vorbereitet als alle anderen, die wir kannten. Bei unserer allerersten Verabredung gingen wir in den Park, breiteten an einem schönen Herbstabend unsere Decke im Gras unter dem Sternenhimmel aus und *redeten*. Und redeten. Und redeten. Und redeten. Das war's. Sechs Stunden redeten wir. Über alles Mögliche. Und das war erst die erste Verabredung.

Als uns der Gesprächsstoff ausging, lasen wir gemeinsam Bücher. Wir besorgten uns das gleiche Buch – über Beziehungen oder ein anderes Thema, das uns beide interessierte – und lasen es jeder für sich, unterstrichen wichtige Stellen und machten uns Notizen. Und wenn wir uns trafen, verglichen wir unsere Notizen und sprachen über das, was wir gelesen hatten. Wir gingen *freiwillig* zur vorehelichen Beratung. Wir machten Persönlichkeitstests, verglichen sie und sprachen mit Beratern über unsere möglichen Probleme und wie sie sich lösen lassen würden. Als der 24. Mai 1986 kam, der Tag unserer Hochzeit, waren wir bereit.

Na ja, das hatten wir zumindest *geglaubt*. Und jetzt, kaum drei Jahre später, konnte sie meinen Anblick nicht mehr ertragen, und auch ich war sehr unglücklich. Warum nur?

In dieser Nacht im Garten meines Elternhauses begann meine richtige Ausbildung. Ich hörte eine Stimme in meinem Kopf, die ich für die Stimme Gottes hielt. Sie sagte etwas, das ich nicht hören wollte – das mich sogar wütend machte. Dann stellte mir die Stimme drei Fragen, die mich bis in meine Grundfesten erschütterten, die mich im Lauf der nächsten sechs Wochen entprogrammierten und neu programmierten bis auf den wahren Grund meines Wesens – und seitdem bin ich nicht mehr derselbe Mensch. Diese drei Fragen waren der Anfang der Love-Principle-Erfolgsmethode. Es geschah in einem kurzen Augenblick, aber es kostete mich die nächsten 25 Jahre, herauszufinden, wie man es auch anderen zugänglich machen konnte. So, wie diese Erfolgsmethode heute aussieht, kann man mit Fug und Recht sagen, dass sie das genaue Gegenteil des alten dreistufigen Lebenshilfe-Strickmusters darstellt. Und sie hat auch den gegenteiligen Effekt: nämlich meiner Erfahrung nach in den letzten 25 Jahren eine 97-prozentige Erfolgsquote, die der 97-prozentigen Misserfolgsquote des alten Lebenshilfeschemas gegenübersteht.

Nach etwa sechs Wochen Trennung stimmte Hope widerwillig einer Verabredung mit mir zu. Später erzählte sie mir, sie habe an jenem Tag schon beim ersten Blick in meine Augen gewusst, dass ich nicht mehr derselbe war. Sie hatte recht. Obwohl ich äußerlich noch immer so aussah wie früher, hatte ich mich innerlich in einen vollkommen anderen Menschen verwandelt. Da sie einigen Kummer hinter sich hatte, wollte sie es mir nicht gleich sagen und blieb eine ganze Weile lang wachsam. Aber die Folgen waren unvermeidbar und unausweichlich.

Auch wenn wir später noch wegen Hopes Gesundheit und unserer Finanzen[2] Kämpfe auszufechten hatten, waren die wichtigsten Dinge in unserem Leben nicht mehr dieselben. Das Love

---

2 Wenn Sie mehr über Hopes Heilung und eine weitere Methode erfahren möchten, die eine Vielzahl körperlicher und emotionaler Symptome heilen kann, lesen Sie meinen Bestseller *Der Healing Code* (Rowohlt 2012), den ich mit Dr. Ben Johnson geschrieben habe. Diejenigen unter Ihnen, die mit dem Healing Code vertraut sind, werden sich vielleicht fragen, warum meine Frau nicht versucht hat, mit Hilfe des Love Principle gesund zu werden. Zunächst einmal: Ich war noch nicht so weit. Es dauerte mehrere Jahre, bis ich es in meiner Praxis einsetzen konnte, und ich arbeitete noch an der Entwicklung von zweien der Drei Tools, die ich im vorliegenden Buch beschreibe. Was aber vielleicht noch wichtiger war: Ich hatte schon so viele Methoden an ihr ausprobiert, als ich das Love Principle entwickelte (und keine hatte gewirkt), dass sie nun verständlicherweise ihre eigene suchte. Wenig später traten die Healing Codes in unser Leben.

Principle hatte mich verändert und veränderte mich immer noch. Und Hope begann sich ebenfalls zu verändern.

Von diesem Tag an begann ich das Love Principle allen möglichen Menschen zu vermitteln, darunter auch den Jugendlichen und Eltern, mit denen ich damals arbeitete. Egal, was sie für ihr Problem hielten oder was sie zu brauchen glaubten, um davon erlöst zu werden – alles, was sie wirklich brauchten, war das Love Principle. Dabei geht es in aller Kürze um Folgendes:

So gut wie jedes Problem oder jeder Misserfolg rührt von einem inneren Angstzustand her – selbst körperliche Probleme. Und jeder innere Angstzustand hat als Ursache den Mangel an Liebe, bezogen auf das jeweilige Problem.

Eine andere Bezeichnung für «Angstreaktion» ist «Stressreaktion». Wenn aber Angst das Problem ist, dann ist Liebe – ihr Gegenspieler – das Gegenmittel. Im Angesicht wahrer Liebe kann es Angst nicht geben (außer in einer lebensbedrohlichen Situation). Das mag sehr theoretisch klingen, glücklicherweise konnte dies jedoch die Forschung der letzten Jahre wissenschaftlich bestätigen (was wir in diesem Buch noch sehen werden). Alles – selbst Ihre Misserfolge und äußere Umstände – lässt sich darauf zurückführen, ob Sie in einem inneren Zustand der Angst oder der Liebe leben.

Als ich meine Beratungspraxis eröffnete, sagte ich jedem einzelnen Klienten, der bei mir in Therapie war: Wie auch immer sein aktuelles Problem geartet war – ob es mit Gesundheit, Beziehungen, Erfolg, Wut, Ängsten zu tun hatte –, die ihm zugrunde liegende Ursache hielt ich für ein Liebe-Angst-Problem. Wenn Angst durch Liebe ersetzt wurde, dann würden sich meiner Meinung nach die Symptome der Leute auf eine Art und Weise bessern, wie es anders nicht möglich war.

Doch bald entdeckte ich ein Problem. Meinen Klienten einfach nur zu sagen, sie sollten «lieben», funktionierte nicht. Sie alte

Schriften und Regelwerke lesen, studieren und verinnerlichen zu lassen, klappte auch nicht viel besser. Ich versuchte, ihnen beizubringen, «einfach» das zu tun, wozu mich meine Verwandlung ganz natürlich gebracht hatte. Aber so gut wie keiner konnte das. Und wissen Sie, was? Ich selbst lehrte sie nur wieder die alte dreistufige Strategie und ahnte es nicht einmal! Ich sagte ihnen, sie sollten ihr bewusstes, auf Angst gegründetes Denken in auf Liebe gegründetes Denken umwandeln, ihre durch Angst hervorgerufenen Emotionen in von Liebe erfüllte Emotionen und ihr angstgesteuertes Verhalten in von Liebe geführtes Verhalten. Mit anderen Worten: Ich sagte ihnen, sie sollten sich mit ihrer ganzen Willenskraft auf die Erwartung von äußeren Endergebnissen konzentrieren! Einige von ihnen meinten: «Danke sehr für diesen originellen Rat.» Andere wiederum wurden sarkastisch: «Okay, ich fange gleich nach dem Mittagessen damit an.» Später fand ich heraus, warum sie so bissig waren: Sie hatten es bereits damit versucht und waren gescheitert, so wie ich es unzählige Male in meinem Leben versucht hatte bis zu dieser Nacht im Garten meiner Eltern und dabei ebenfalls gescheitert war.

In jener Nacht und den anschließenden sechs Wochen widerfuhr mir etwas, das ganz real war und mich umkrempelte und das ich seither das «transformatorische Aha-Erlebnis» nenne. Ich «beschloss» in jener Nacht nicht einfach, zu lieben und mit Hilfe von Willenskraft damit anzufangen. Etwas geschah innerhalb eines Augenblicks, das meinen Angstzustand in einen inneren Liebeszustand verwandelte und mich auf eine natürliche Art lieben ließ, die mir vorher einfach nicht zugänglich gewesen war, und ohne dass ich Willenskraft dafür hätte aufbringen müssen. Ich sah die Wahrheit auf eine Art, auf die ich sie noch nie gesehen hatte; ich begriff und «spürte» zutiefst, was Liebe war, und wusste, dass es stimmte. Ich begann unmittelbar, eher in Liebe denn in Angst, in Frieden statt in innerer Unruhe zu denken, zu fühlen, zu glauben und zu handeln; Licht flutete in meine Finsternis, und ich fing an, mühelos Dinge zu tun, zu denen ich mich vorher kaum hatte aufraffen können.

Es war, als wäre die Festplatte meines Gehirns in einem einzigen Augenblick gelöscht und neu programmiert worden, was Liebe und Angst betraf. Als wäre ein Betriebssystem gegen ein anderes ausgetauscht worden. Um ehrlich zu sein: Dieses transformatorische Aha-Erlebnis war eine Art Vision, in der ich die Wahrheit über die Liebe in einem einzigen Moment erkannt hatte. Daran hielt ich mich fest. Auch Einstein hat in Bezug auf seine Relativitätstheorie eine ähnliche Erfahrung erwähnt. Er sah sich in seiner Vorstellung auf einem Lichtstrahl reiten und bezeichnete diese Vision als den Auslöser seiner berühmten Theorie $E = mc^2$. Die ganze Wahrheit enthüllte sich ihm in einem Augenblick – aber er brauchte noch zwölf Jahre, um sie mathematisch zu beweisen.

Ich stellte bald fest, dass man kein transformatorisches Aha-Erlebnis haben kann, nur weil man es so will. Ich erkannte, dass ich gewissermaßen noch nicht die notwendigen Grundlagen entwickelt hatte. Ich brauchte praktisch nutzbare Werkzeuge, die alle Leute auf jede Situation anwenden konnten, um ihre Angst zu löschen und sie auf Liebe umzuprogrammieren, damit sie auch in der Liebe *leben* konnten. Instrumente, die tatsächlich die Ursache des wie auch immer gearteten Problems behoben, wie es bei mir mit meinem transformatorischen Aha-Erlebnis der Fall war.

Die nächsten 24 Jahre beschäftigte ich mich genau damit. Während ich mit meinen Klienten arbeitete, entdeckte ich die Drei Tools (die ich im vierten Kapitel vorstellen werde), die ihnen halfen, direkt an die unterbewusste Wurzel zu gehen, die Angst zu löschen und ihr Normalprogramm auf Liebe umzustellen. Und ich entdeckte nicht nur die Drei Tools, sondern auch die Nutzlosigkeit der dreistufigen Lebenshilfe-Strategie. In diesem Buch stelle ich Ihnen die Drei Tools vor und zeige Ihnen, wie Sie in allen Bereichen

Ihres Lebens erfolgreich werden – auf natürliche und organische Weise, und nicht, indem sie sich noch mehr anstrengen.

Als ich meinen Master als Berater in der Tasche hatte, hängte ich mein Praxisschild auf, noch bevor ich offiziell zugelassen war – ich ging noch immer zur Supervision zu einem Psychologen. Dann tat ich noch etwas, das viele meiner erfahreneren Kollegen in Nashville, Tennessee, wirklich ärgerte oder mich zur Zielscheibe ihres Spotts machte: Ich nahm den Honorarsatz eines voll ausgebildeten Psychologen: 120 Dollar für 50 Minuten (und das war vor über 20 Jahren). Das tut niemand, der nur einen Master in Beratung hat! Aber ich wusste aus Erfahrung, dass meine Klienten nur eine bis zehn Sitzungen benötigen würden, in der Regel über sechs Monate verteilt, bis ihre Probleme gelöst waren und sie mich nicht mehr brauchten. Andere Psychologen berieten ihre Klienten normalerweise einmal pro Woche über ein bis drei Jahre hinweg. (Befinden Sie sich im Moment vielleicht auch in Therapie?) Sie brachten ihren Klienten vor allem Bewältigungsmechanismen bei, um irgendwie mit ihren Problemen zurechtzukommen; doch die Probleme blieben wahrscheinlich ein ganzes Leben lang bestehen. Ich hingegen sah bei meinen Klienten stets, wie sich ihre Probleme vollkommen in Luft auflösten. Ich brachte ihnen nur das bei, was Sie in diesem Buch lesen werden.

Sechs Monate nachdem ich meine Praxis so unorthodox eröffnet hatte, hatte ich bereits eine sechsmonatige Warteliste. Außerdem klopften meine Kollegen reihenweise an meine Tür oder riefen mich an; die einen beschimpften mich, die anderen luden mich zuckersüß zum Essen ein, um herauszufinden, was zum Teufel ich da eigentlich trieb, da ihre Klienten in Scharen zu mir überliefen.

Das Love Principle veränderte nicht nur mein Leben, sondern auch das Leben zahlloser Klienten in meiner Privatpraxis. Und Sie können davon ausgehen, dass es auch Ihr Leben verändern wird.

Die 97-prozentige Erfolgsquote

Das Love Principle steht im Einklang mit dem alten spirituellen Wissen wie auch mit der jüngsten klinischen Forschung und Methodenlehre. Es stellt das genaue Gegenteil des alten Strickmusters dar, das mit Hilfe von Willenskraft ein gewünschtes Endergebnis zu erzielen trachtete. Und es liefert auch diametral entgegengesetzte Ergebnisse – nämlich nach meiner Erfahrung der letzten 25 Jahre eine über 97-prozentige Erfolgsquote.

Forschungsergebnissen zufolge, über die wir im ersten und vierten Kapitel sprechen werden, aktiviert die alte dreistufige Misserfolgsmethode jene Mechanismen im Gehirn, die

- unsere geistigen Möglichkeiten einschränken,
- uns krank machen,
- uns Energie abzapfen,
- unser Immunsystem abschalten,
- unseren Schmerz vergrößern,
- unseren Blutdruck in die Höhe treiben,
- unsere Zellen verschließen,
- Beziehungen zerstören,
- Angst, Wut, Depression, Verwirrung, Scham und Minderwertigkeitsgefühle und Identitätsprobleme verursachen,
- uns dazu bringen, alles, was wir tun, aus einer negativen Weltsicht zu tun, selbst wenn wir ein fröhliches Gesicht aufsetzen.

Im Gegensatz dazu deaktiviert das Love Principle diese Mechanismen nicht nur, sondern es aktiviert auch andere Mechanismen im Gehirn, die klinischen Forschungen zufolge

- Beziehungen verbessern,
- die Eltern-Kind-Bindung festigen,
- Liebe, Freude und Frieden zur Folge haben,
- die Immunfunktion steigern,
- Stress reduzieren,
- den Blutdruck senken,
- Abhängigkeiten und Entzugserscheinungen entgegenwirken,
- die Ausschüttung des humanen Wachstumshormons ankurbeln,
- Vertrauen und Urteilsfähigkeit fördern,
- den Appetit, eine gesunde Verdauung und den Stoffwechsel regulieren,
- die Heilung unterstützen,
- entspannend wirken,
- das positive Energieniveau heben,
- die neurologische Aktivität erhöhen,
- die Zellen für Heilung und Regeneration öffnen.[3]

Wie sehen diese Mechanismen aus? Der erste Mechanismus ist die Stressreaktion, die aus *Angst* entsteht. Diese Stressreaktion bewirkt die Ausschüttung von Kortisol, was alle Symptome der ersten Liste nach sich ziehen kann. Der zweite Mechanismus wird durch die Abwesenheit von Angst aktiviert, also durch das Gefühl der *Liebe*. Das Erlebnis dieser Liebe setzt Oxytocin (das «Kuschelhormon») im Gehirn frei, was zu all den positiven Symptomen der zweiten Liste führen kann.

Ich hoffe, Sie sehen jetzt, dass unser Erfolg und Misserfolg

---

3 Cort A. Pedersen, University of North Carolina – Chapel Hill, und Kerstin Uvnas Moberg: *The Oxytocin Factor: Tapping the Hormone of Calm, Love, and Healing*, London: Pinter & Martin 2011.

von unserem inneren Zustand abhängen und ob er auf Liebe oder Angst beruht. Wenn der erste Mechanismus Ihr Leben bestimmt – und in meiner Erfahrung ist das bei der überwiegenden Mehrheit der Menschen der Fall –, dann werden Sie Misserfolge erleben oder wenigstens ihren hundertprozentigen Erfolg nicht erreichen. Sie können sich nur für eine bestimmte Zeit gegen den unbeweglichen Felsen stemmen, bis Sie schließlich aufgeben. Im umgekehrten Fall, wenn also der zweite Mechanismus Ihr Leben bestimmt, *dann werden Sie erfolgreich –*

Und nicht, weil Sie sich mehr anstrengen. Sie sind einfach darauf programmiert, Erfolg zu haben.

Mein Freund, der Arzt Dr. Ben Johnson, ist der Meinung, dass, wenn wir eine Pille herstellen könnten, die diesen zweiten Mechanismus im Gehirn aktiviert und auf natürlichem Wege eine Ausschüttung von Oxytocin herbeiführt, diese Pille schlagartig zur meistverkauften Droge aller Zeiten avancieren würde. Sie wäre nicht nur eine Wunderpille, sie würde auch für 100 Prozent Glück und Gesundheit sorgen, und zwar ein Leben lang! Hätten Sie nicht auch gern ein Rezept für diese Pille? Nun – dieses Buch ist Ihr Rezept.

Jetzt kann ich Ihnen auch näher erläutern, was ich in den sechs Wochen meines «spirituellen Intensivtrainings» vor 25 Jahren gelernt habe, nachdem Hope mich vor die Tür gesetzt hatte. Es fing mit der Erkenntnis an, dass ich Hope nicht wirklich geliebt hatte; ich hatte nicht einmal gewusst, was Liebe ist. Darüber hinaus begriff ich, dass jeder, den ich kannte, ebenso wenig Ahnung hatte, was Liebe ist.

Mir ging auf, dass meine Ehe mit Hope sich nicht auf meiner Liebe im Rahmen einer innigen Beziehung gründete; sie gründete sich allein auf einem Deal, einer Geschäftsvereinbarung. Diese Geschäftsvereinbarung war mein Sicherheitsnetz: Wenn du das und das für mich tust, tue ich das und das für dich. Wenn nicht, na ja ... dann fände ich es nur angebracht, dir etwas anderes vorzuenthalten, bis ich habe, was ich will, okay? Wenn Hope nicht getan hätte, was ich wollte, und sich so verhalten hätte, wie ich es wollte, als wir miteinander ausgingen, dann – das wusste ich – hätte ich ihr niemals einen Heiratsantrag gemacht. Und noch jetzt, als wir schon verheiratet waren, erwartete ich als unausgesprochene Bedingung für meine Liebe, dass Hope tat, was ich von ihr wollte, und nicht tat, was ich nicht von ihr wollte. Obwohl ich das nie ausgesprochen hätte, habe ich doch danach gelebt. Als sie nicht tat, was ich wollte, war ich verstört und wütend – und dasselbe traf auch auf sie zu.

Diese geschäftsmäßige Art von Liebe meinen fast alle, wenn sie das Wort «Liebe» in den Mund nehmen. Aber treffender wäre «WDFMH» («was dabei für mich herausspringt»). WDFMH ist seit Jahrzehnten das Credo fast jeder Geschäftsvereinbarung. In den 1970ern erschienen die ersten Bestseller, die uns beibrachten, wie sich dieses Muster auch auf unsere Beziehungen und alle übrigen Lebensbereiche übertragen ließ: *Ich tue das und das, wenn du dies und jenes tust*. Und wir haben es ihnen abgekauft – und seitdem immer wieder in unserem Leben angewendet. Und dann fragen wir uns noch, warum wir so oft scheitern! WDFMH ist das genaue Gegenteil von Liebe. WDFMH gründet auf Angst und sofortige Bedürfnisbefriedigung (worauf wir noch im fünften Kapitel zurückkommen werden) und führt unausweichlich zu langfristigen Misserfolgen und Schmerz.

Wahre Liebe hingegen hat nichts mit der Reaktion des anderen zu tun. Wenn Sie jemanden wirklich lieben, geben Sie alles: Da ist kein Sicherheitsnetz, kein Plan B, keine angezogene Handbremse. Wahre Liebe heißt, WDFMH den Rücken zu kehren, sodass alle Beteiligten gewinnen, selbst wenn ich dafür etwas opfern muss. Wahre Liebe mag für den Moment nicht zu einer sofortigen Belohnung führen, doch sie mündet stets in langfristigen Erfolg und in jene Art von Befriedigung, die jenseits der Worte liegt und die man sich für kein Geld der Welt kaufen kann.

Schon immer haben Gelehrte mit den Begriffen *agape* und *eros* zwischen diesen beiden Arten von Liebe unterschieden. Agape ist die spontane und bedingungslose Liebe, die dem Göttlichen entspringt. Bei der Agape liebt der Mensch einfach deshalb, weil es in seiner Natur liegt zu lieben, und nicht wegen äußerer Bedingungen, Umstände oder Eigenschaften des anderen. Tatsächlich schafft Agape einen Wert beim anderen – als Ergebnis dieser bedingungslosen Liebe. Eros oder WDFMH ist das Gegenteil: Es bedient sich des Objekts der Liebe, um den eigenen Schmerz oder die eigene Lust zu bewältigen, und geht dann zum nächsten Objekt weiter. Eros ist abhängig von den äußeren Eigenschaften des anderen wie auch von der Belohnung durch den anderen. Im Gegensatz dazu hat Agape nichts mit den äußeren Eigenschaften des anderen oder einer Belohnung zu tun.[4]

Der Zauberstab des Erfolgs

Ich habe dieses Prinzip bereits mit einem Zauberstab verglichen. Traditionellerweise assoziieren wir Dinge mit «Magie», wenn wir nicht verstehen, wie sie funktionieren oder wie sie geschehen konnten. Wenn wir aber den Mechanismus verstehen, wie etwas funktioniert, und ihn replizieren können, nennen wir das Technik.

Gehen Sie abends beim Heimkommen mit Streichhölzern durchs Haus, um die Petroleumlampen anzuzünden? Verlassen Sie vor dem Ausgehen 20 Minuten eher das Haus, um die Pferde anzuschirren? Machen Sie Feuer im Ofen, wenn Sie etwas essen

---

[4] Anders Nygren: *Eros und Agape. Gestaltwandlungen der christlichen Liebe*, 2 Bände, Gütersloh: Bertelsmann 1930 und 1937.

wollen? Wenn ich diese Fragen vor hundert Jahren gestellt hätte, hätten die Leute mich wie einen Irren angestarrt. «Natürlich tun wir das – das tut doch jeder!» Aber warum machen wir es heute nicht immer noch so? Weil wir neue Technologien entwickelt haben!

Neue Technologien setzen nicht zwangsläufig voraus, dass auch die zugrunde liegenden Prinzipien neu sein müssen. Sicher kennen Sie die Redensart: «Es gibt nichts Neues unter der Sonne.» Als die Glühbirne, das Automobil und die Elektrizität «erfunden» wurden, machte man sich Prinzipien zunutze, die schon seit Anbeginn der Zeit existierten. Diese Erfindungen wären theoretisch immer möglich gewesen, doch es dauerte viele Jahrhunderte, bis wir alle Puzzleteilchen zusammengesetzt hatten. Ich glaube, dass das Verfahren, das ich Ihnen vermitteln möchte, eine neue Technik ist, wie sich körperliche, emotionale und spirituelle Probleme lösen lassen – auf der Grundlage alter Prinzipien, die immer schon Gültigkeit besaßen.

Nachdem ich 1988 das Love Principle und in den darauffolgenden 20 Jahren die Drei Tools entdeckt hatte, forschte ich intensiv in wissenschaftlichen Studien und alten spirituellen Schriften nach, um herauszufinden, wie all das funktionierte. Ich fand die ersten Puzzleteilchen in einem alten Manuskript, das vor über 3000 Jahren von König Salomon verfasst worden war, jenem König Israels, der über die Grenzen seines kleinen Reiches hinaus für seine Weisheit gerühmt wurde: «Mehr als alles hüte dein Herz; denn von ihm geht das Leben aus.» Und auch wenn er nicht näher erläuterte, was er mit dem «Hüten des Herzens» meinte, wissen wir doch, dass König Salomon mit dem «Herzen» nicht das Herz meinte, das Blut durch unseren Körper pumpt, sondern das spirituelle «Ich liebe dich aus tiefstem Herzen»-Herz. Die Quelle aller Themen, die uns im Leben begegnen.

Wie Sie bemerkt haben, gebrauche ich hier das Wort «spirituell». Ich meine das *nicht* religiös. Ich nehme vor jeder Religion Reißaus. Ja, es hat mich vielmehr Jahrzehnte meines Lebens gekostet, um mich von meiner religiösen Erziehung zu erholen. Meiner Meinung nach beruht Religion oft auf Angst und richtet daher meist mehr Schaden an, als sie Gutes bewirkt. Dennoch bemühe ich mich sehr, spirituell zu sein, und räume Liebe, Freude, Frieden, Versöhnlichkeit, Güte und Vertrauen absolute Priorität ein. Sie alle sind spirituelle Themen, und, wie Sie in diesem Buch noch lesen werden, sind es auch die maßgeblichen Themen Ihres Lebens.

In einem zweiten Manuskript, das etwa 2000 Jahre alt ist, führte der Apostel Paulus das «Hüten des Herzens» ein wenig genauer aus. Er sagte sinngemäß: Wer Liebe hat, hat alles; wer keine Liebe hat, hat nichts. Und wenn jemand Dinge mit Liebe tut, werden sie Erfolg in sein Leben bringen; wenn man sie aber nicht mit Liebe tut, werden sie einem gar nichts nützen.[5] Im 20. Jahrhundert sagte Mahatma Gandhi: «Wenn ich verzweifle, erinnere ich mich daran, dass in der Geschichte stets der Weg der Wahrheit und Liebe gewonnen hat. Es gab Tyrannen und Mörder, und eine Zeitlang mochten sie unbesiegbar wirken, aber am Ende stürzten sie immer. Denkt immer daran.»[6] In der Tat: Alle großen spirituellen Lehrmeister der Geschichte vertraten diese Auffassung, auch wenn man noch nicht die Methoden oder Techniken kannte, um sie konsequent in die Tat umzusetzen.

Hier einige weitere Beispiele:

LAOTSE: «Geliebt zu werden macht uns stark. Zu lieben macht uns mutig.»

---

[5] 1. Korinther 13.

[6] Quelle: www.mahatmagandhionline.com/#quotes (abgerufen am 14. November 2013).

SOPHOKLES: «Ein Wort befreit uns von den Schmerzen des Lebens. Und dieses Wort ist: Liebe.»

BUDDHA: «Bis er nicht Liebe ohne Bedingungen und Erwartungen hat, findet der Mensch keinen Frieden.»

MAHATMA GANDHI: «Wo Liebe ist, ist Leben.»

DER DALAI LAMA: «Wenn du andere glücklich sehen willst, übe Mitgefühl. Wenn du selbst glücklich sein willst, übe Mitgefühl.»

MARTIN LUTHER KING JR.: «Dunkelheit kann Dunkelheit nicht vertreiben; nur Licht kann das. Hass kann Hass nicht vertreiben; nur Liebe kann das.»

LAMA SURYA DAS: «Zu lernen, wie man liebt, ist Ziel und Zweck des spirituellen Lebens – nicht zu lernen, wie man übernatürliche Kräfte entwickelt, nicht zu lernen, wie man sich verbeugt, chantet, Yoga macht oder selbst meditiert. Sondern wie man liebt. Liebe ist die Wahrheit. Liebe ist das Licht.»

Eine der spannendsten Entdeckungen unserer Zeit ist, dass die Wissenschaft gerade beginnt, diese alten spirituellen Prinzipien zu verifizieren – und nicht nur die Existenz unseres «spirituellen Herzens» zu beweisen, sondern auch, wie dieses spirituelle Herz die Quelle all dessen sein kann, was in unserem Leben passiert, sei es gut oder schlecht. Im zweiten und dritten Kapitel werden wir uns diese wissenschaftlichen Entdeckungen ansehen, vor allem, wie sie sich auf das Zellgedächtnis und auf das, was ich die Spirituelle Physik nenne, beziehen. Wahre Spiritualität geht immer Hand in

Hand mit wahrer Wissenschaft, und heute können wir das immer besser belegen. Auf der anderen Seite glaube ich und habe es auch selbst erlebt, dass «Religion» oft das Gegenteil von Wissenschaft und Liebe ist – sie beruht oft auf Angst und richtet infolgedessen großen Schaden an.

Ich glaube, dass das Love Principle ein bestimmter, Schritt-für-Schritt-Prozess ist, der jedes Erfolgsproblem an der Wurzel heilen kann – will heißen: auf der spirituellen (nicht religiösen) und auf der zellulären Ebene. In den 25 Jahren, in denen ich persönlich damit gearbeitet habe, hat es praktisch jedes einzelne Mal und bei Menschen mit den unterschiedlichsten Weltanschauungen und aus allen Bevölkerungsschichten funktioniert. Meine Praxis gehört zu den größten der Welt; wir sind in 50 US-Staaten und in 158 weiteren Ländern vertreten und expandieren weiter. Von all diesen Klienten, mit denen ich persönlich gearbeitet habe, kann ich an zwei Händen all jene abzählen, bei denen dieses Verfahren nicht zum gewünschten Erfolg geführt hat. Diese fünf bis zehn Menschen lassen sich in zwei Gruppen unterteilen: in 1. all jene, die das Verfahren (aus welchem Grund auch immer) einfach nicht anwenden wollten, und 2. all jene, die sich mit den philosophischen Grundsätzen des Verfahrens nicht anfreunden konnten und es gar nicht erst versucht haben. Alle anderen waren erfolgreich.

Ich kann mit Gewissheit sagen: Es funktioniert jedes einzelne Mal, wenn Sie es konsequent so anwenden, wie ich es Ihnen hier zeige.

Da hier wahre Wissenschaft und wahre Spiritualität Hand in Hand gehen, hängt Ihr Erfolg mit diesem Verfahren nicht von Ihrer Weltsicht ab, Ihrer demographischen Zugehörigkeit oder davon, ob Sie überhaupt an das Love Principle glauben oder nicht. Sie müssen es nur *tun*. Eine der populären Vorstellungen unserer Tage ist diese: «Erst wenn du daran glaubst, kannst du es erreichen.» Das trifft hier nicht zu. Sie brauchen nicht daran zu glauben, dass es funktioniert, und Sie brauchen auch an nichts von dem zu glauben, was ich sage. Aber wenn Sie sich genau daran halten, wie ich es Ihnen zeige und beibringe, wird das Ihre Beziehungen, Ihre körperlichen und emotionalen Symptome und, ja, auch Ihren Vermögensstand verbessern. Es ist tatsächlich der Schlüssel zu allem.

Wahrer Erfolg bedeutet, im gegenwärtigen Augenblick innerlich und äußerlich im Einklang mit der Liebe zu leben, unabhängig von der aktuellen Situation. Wenn Ihnen das gelingt, wird alles gut werden – innen wie außen. Noch einmal: Den meisten ist das nicht möglich ohne die Drei Tools, die Ihre Festplatte bereinigen und umprogrammieren, ebenso wenig, wie Sie Ihren Computer dazu bringen können, etwas zu tun, für das gar kein Programm auf ihm installiert ist.

«Im Einklang mit der Liebe im gegenwärtigen Augenblick zu leben» mag nicht nach einem Erfolgsrezept klingen. Lassen Sie uns aber noch einmal daran denken, dass alles, was Sie im Leben tun, von einer Zielsetzung bestimmt ist, von Zielen, die Sie bewusst gewählt haben, und von solchen, die Ihnen zum größten Teil nicht bewusst sind. Sie müssen sich erst etwas vorstellen, bevor Sie irgendetwas erreichen können – selbst wenn es nur eine flüchtige Idee in Ihrem Kopf ist. Das Problem ist nicht die Zielsetzung an sich; das Problem sind Ziele, die Sie fortwährend unter Druck setzen, weil sie auf Endergebnisse zugeschnitten sind und Sie versuchen, sie allein durch Willensanstrengung zu erreichen.

Beim Love Principle geht es darum, sich *erfolg*versprechende Ziele zu setzen und nicht *Stress* auslösende. Der grundlegendste Unterschied besteht darin, dass ein Erfolgsziel im Einklang mit Liebe und Wahrheit steht und Sie es hundertprozentig unter Kontrolle haben. Ihr Erfolg bemisst sich nicht danach, ob Sie ein bestimmtes Endergebnis oder eine Vorgabe erreichen, die Sie sich selbst auferlegt haben; vielmehr bestimmt das gewünschte Endergebnis lediglich die grobe Marschrichtung. Ein Stressziel hingegen ist normalerweise eher mit Angst denn mit Liebe verknüpft und erwartet und erfordert ein bestimmtes Endergebnis, das Sie nicht zu 100 Prozent unter Kontrolle haben. Die meisten Ziele fallen in diese Kategorie. Dies ist geradezu ein Rezept, wie man scheitert, und zwar fast immer. In diesem Buch helfe ich Ihnen, sich die *richtigen* Ziele zu setzen und sie auch zu erreichen.

Wie das Love Principle funktioniert

Ihr spirituelles Herz oder Unterbewusstsein arbeitet in vielerlei Hinsicht wie ein Computer. Tatsächlich bestehen Ihre Zellen aus einer silikonartigen Substanz, ebenso wie ein Computerchip. (Erinnern wir uns: Computer wurden *nach* unserer Arbeitsweise entwickelt, nicht umgekehrt.) Ein Beispiel: Wenn Sie einen Virus auf Ihrem Computer oder Software heruntergeladen haben, die Ihren Computer lahmlegt, könnten Sie der wohlmeinendste, entschlossenste Mensch auf der Welt sein – aber wenn Ihnen nicht die richtigen Instrumente oder das notwendige Wissen zur Verfügung stehen, werden Sie den Virus niemals entfernen oder die Software deinstallieren können. Wenn Ihnen andererseits die richtige Methode und die richtigen Instrumente zur Verfügung stehen, ist es überraschend einfach. Ja, Sie können einen Erfolg gar nicht verhindern, selbst wenn Sie das wollten – denn er ist vorprogrammiert.

In diesem Buch werden Sie nicht nur die Richtlinien finden, die Ihnen zeigen, wie Sie in jedem einzelnen Lebensbereich erfolgreich werden, sondern auch das richtige Verfahren und die richtigen Instrumente, mit deren Hilfe das Love Principle auch bei Ihnen funktioniert. Sie werden das vollkommene, vollständige Verfahren finden, das schon vor Tausenden von Jahren beschrieben wurde und heute von der Forschung und Experten der besten Universitäten bestätigt wird – und zwar indem alle Puzzleteilchen nach einer praktischen, schrittweisen Anleitung zusammengesetzt werden. Ich habe 25 Jahre gebraucht, um es zu erforschen, zu testen und zu perfektionieren, aber ich bin der Überzeugung, dass ich Ihnen genau das anbieten kann.

In Teil I werden wir **Ihr ultimatives Erfolgsziel festlegen** bzw. die eine Sache, die Sie sich mehr als alles andere wünschen – ein wichtiger Schritt, der das ganze Programm steuern wird. Bevor wir uns in die praktische Umsetzung stürzen, erhalten Sie die nötigen Hintergrundinformationen, mit deren Hilfe Sie verstehen werden, warum das Love Principle so wirkt, wie es wirkt.

In Teil II lernen Sie, wie Sie die **Drei Tools** benutzen, die Ihre Erfolgsprobleme an der Wurzel bereinigen und umprogrammieren – Instrumente, die Sie nirgendwo anders finden –, und wie Sie sich erfolgsorientierte und nicht stressorientierte Ziele setzen. Beides sind Schlüsselbausteine des gesamten Programms.

Die Instrumente, die Sie brauchen, um im Leben erfolgreich zu sein, müssen das Unterbewusstsein und das Unbewusste ansprechen, nicht das Bewusstsein (wie es die Willenskraft tut). Dort sind unser spirituelles Herz und unsere Zellerinnerungen anzusiedeln, dort befindet sich die Quelle all unserer Lebensthemen. In den letzten 25 Jahren habe ich die Drei Tools entwickelt und getestet, die die menschliche Festplatte bereinigen (deren angstbesetzte Viren Sie in destruktiven Lebenszyklen gefangen halten) und Sie auf der unterbewussten und unbewussten Ebene umprogrammieren, sodass Sie von innen heraus im Einklang mit der Wahrheit und Liebe leben können. Ohne sich auf Willensanstrengung verlassen zu müssen und ohne Erwartungen an ein bestimmtes Endergebnis. Nach dem Bereinigen und Umprogrammieren wird es Ihr Grundprogramm sein, im gegenwärtigen Augenblick (innerlich wie äußerlich) im Einklang mit der Liebe zu leben.

In Teil III lernen Sie, wie Sie das Love Principle zu Ihrem eigenen Erfolg einsetzen. Zunächst werden wir eine **Befunderhe-**

bung durchführen, um mit Hilfe der Drei Tools – die Sie in Teil II schon kennengelernt haben – die Quelle Ihrer Erfolgsprobleme festzustellen. Dann vermittle ich Ihnen die **Love-Principle-Erfolgsmethode**, jenes schrittweise 40-tägige Verfahren, in dessen Verlauf Sie – auf der Grundlage dessen, was Sie bis dahin gelernt haben – jenen Erfolg schaffen und erreichen, den Sie sich in welchem Lebensbereich auch immer wünschen.

Das Love Principle kann jeden Menschen zum Überflieger machen, auch wenn er bereits außergewöhnlich begabt und talentiert sein sollte. Während die dreistufige Lebenshilfe-Misserfolgsmethode Sie meist nur noch kläglicher scheitern lässt, wird das Love Principle Sie dazu befähigen, zu ganz neuen Ufern vorzustoßen.

Genauso wie die Erde schon immer eine Kugel war, selbst als noch jedermann sie für eine Scheibe hielt, hatte auch das Love Principle schon immer Gültigkeit. Doch erst in den letzten Jahren haben wir die wissenschaftlichen Grundlagen dafür geschaffen, das auch nachzuweisen. Und zum ersten Mal halten Sie das vollständige Programm und sämtliche Instrumente in Händen, mit deren Hilfe Sie Ihren vollkommenen Erfolg erreichen können.

TEIL 1
Die Grundlagen des Love Principle

KAPITEL 1:

Legen Sie Ihr ultimatives Erfolgsziel fest

Beginnen wir dieses Kapitel mit einer Frage. Wenn Sie sie nicht korrekt beantworten können, stehen die Chancen sehr schlecht, dass Sie jemals bekommen werden, was Sie sich im Leben am meisten wünschen. Wahrscheinlich bleiben Sie jahre- oder jahrzehntelang, ja vielleicht sogar ein Leben lang in Ihrem Teufelskreis gefangen. Wie entscheidend sie auch sein mag, meiner Erfahrung nach kennen sehr wenige Menschen die korrekte Antwort auf diese Frage. Und hier kommt sie:

Was wünschen Sie sich in diesem Augenblick mehr als alles andere?

Als Hilfestellung, um die richtige Antwort zu finden, gebe ich Ihnen nur eine einzige Regel vor. Filtern Sie nicht. Was ich damit meine? Wenn sie diese Frage hören, schießt den meisten Leuten aus dem Bauch heraus superschnell eine Antwort durch den Kopf. Das Problem ist nur, dass sie sich sehr oft sofort selbst einreden, das sollte nicht ihre Antwort sein. Sie beginnen, eine andere Antwort zu suchen, die sozial akzeptierter, ihrer Erziehung gemäßer oder ungemäßer ist, religiöser oder weniger religiös – was auch immer. Ich habe schon alles gehört. Hüten Sie sich davor!

Dieses Buch will Ihnen helfen zu bekommen, was Sie sich *wirklich* wünschen. Die erwähnte Frage ehrlich zu beantworten ist der erste Schritt, denn wenn Sie nicht wissen, was Sie sich wirklich wünschen – oder sich die Wahrheit nicht eingestehen –, werden Sie es mit an Sicherheit grenzender Wahrscheinlichkeit nicht bekommen. Deshalb möchte ich, dass Sie ehrlich und aus dem Bauch heraus antworten. Wenn Ihnen wie selbstverständlich die Antwort

«Eine Million Euro!» in den Sinn kommt – großartig, dann nichts wie ran. Wenn es ein gesundheitliches Problem ist – phantastisch, es wird funktionieren. Wenn es eine Beziehung ist, die besser werden soll – wunderbar. Was auch immer Ihnen ganz natürlich und spontan einfällt, ist Ihre Antwort.

Die Flaschengeistübung

Machen wir an dieser Stelle eine Übung, die Ihnen helfen soll, diese Frage unvoreingenommen zu beantworten. Erinnern Sie sich noch an Aladin und seine Wunderlampe? Als Kind gehörte diese Geschichte zu meinen Lieblingsgeschichten; ich weiß nicht, wie oft ich mir beim Rundgang durch unseren Garten vorgestellt habe, wie meine drei freien Wünsche wohl aussehen und welche Dinge dann passieren würden. Ich war als Kind total sportversessen, deshalb wünschte ich mir üblicherweise, ein Tenniscrack wie Jimmy Connors zu werden oder – wenn gerade Baseball dran war – für die St. Louis Cardinals als Pitcher im siebten Spiel der World Series zu gewinnen. Dann ging ich nach draußen und tat so, als würde ich das ganze Spiel durchpitchen.

Schließen Sie die Augen und stellen Sie sich vor, Aladins Geist aus der Flasche würde genau jetzt vor Ihnen stehen. Niemand sonst ist da, nur Sie und der Flaschengeist. Und er sagt zu Ihnen: «Ich stelle dir einen Wunsch frei. Du darfst dir wünschen, was du willst, es gibt nur zwei Einschränkungen: Du darfst dir keine weiteren Wünsche wünschen, und du darfst dir nichts wünschen, was den freien Willen eines andern beschneidet. Aber wünsch dir sonst alles, was du willst, und du bekommst es. Wenn du dir zehn Millionen Euro wünschst – erledigt! Die Heilung eines unheilbaren Leidens – schon passiert! Ein großes Ziel erreicht – Sieg! Du verstehst, was ich meine. Niemand wird je erfahren, wie du das gemacht hast; man wird glauben, dass es einfach von ganz allein geschehen ist. Aber du wirst dir nie wieder etwas in deinem Leben wünschen können, und wenn du es mir nicht in zehn Sekunden sagst, ist der Wunsch verwirkt.»

Hier ist er – der Moment der Wahrheit. Tun Sie so, als würde es Ihnen hier und jetzt wirklich passieren. Kein Vorfiltern, Sie haben nur zehn Sekunden. Schließen Sie die Augen – und dann los.

Welchen Wunsch haben Sie dem Flaschengeist mitgeteilt? Schreiben Sie ihn auf.

Und wissen Sie, was? Ich habe Sie hereingelegt. Tut mir leid – ich musste es tun, vielleicht werden Sie es mir später noch danken. Nur so konnte ich Ihnen helfen herauszufinden, was Sie sich tatsächlich am meisten im Leben wünschen. Die Antwort, die Sie eben aufgeschrieben haben, ist im Moment Ihr wichtigstes Ziel im Leben. Aber wenn ich mit diesen Worten danach gefragt hätte, dann hätten Sie sehr wahrscheinlich etwas anderes geantwortet. Vermutlich sogar etwas *ganz* anderes – eine Antwort, die uns kein bisschen bei unserer Suche nach dem, was Sie sich am meisten wünschen, geholfen hätte.

Aber warum will ich überhaupt das Ziel Nummer eins in Ihrem Leben wissen? Weil Sie im Hinblick darauf fast alles tun, was Sie tun. Deshalb denken Sie, was Sie denken. Daran glauben Sie am meisten, egal, was Sie nun sagen mögen. Und es verrät Sie und Ihre «eingebaute» Programmierung. Alles, was Sie tun, alles, was Sie jemals getan haben, und alles, was Sie jemals tun werden, geschieht um eines *Ziels* willen, das Sie sich zu irgendeinem Zeitpunkt in Ihrem Leben gesetzt haben, selbst wenn Sie schon lange vergessen haben, was es war. Sie stehen morgens nur dann auf, wenn Sie es sich zum Ziel gesetzt haben, bewusst oder unbewusst. Dasselbe gilt fürs Zähneputzen, Anziehen, Taxirufen, Heiraten, Sich-scheiden-Lassen, Kinderkriegen, Aufs-Klo-Gehen – Sie wissen, was ich meine. Wenn Sie Ihr vordringliches Lebensziel definieren, ist das der erste Schritt zu einer wirklichen Veränderung in Ihrem Leben. Der erste Schritt zu Erfolg und Glück besteht darin, Ihre Ziele zu definieren. Und zwar richtig.

Die falsche Antwort

Ich stelle seit 25 Jahren Menschen diese Frage, sowohl im Einzelgespräch als auch Tausenden gleichzeitig. Die letzte größere Gruppe, bei der ich das getan habe, zählte 1600 Köpfe. Nur sechs davon gaben die richtige Antwort.

Doch wenn die einzige Regel darin bestand, ehrlich zu antworten, wie konnten sie dann die falsche Antwort geben? Nun ja, ich weiß, dass sie mir die falsche Antwort gegeben haben, denn nach zwei weiteren Fragen sagten sie es mir selbst. Ihnen werde ich diese beiden Fragen etwas später stellen. Aber ich gebe Ihnen schon mal einen Tipp: Die richtige Antwort bezieht sich immer auf einen *inneren Zustand* (z. B. Liebe, Freude, Frieden). Die falsche Antwort bezieht sich auf einen *äußeren Umstand* (z. B. Geld, Gesundheit, Leistung, eine Beziehung, die auf dem beruht, was der andere tut oder fühlt). Es ist die falsche Antwort, weil sie das Gegenteil des Gewünschten bewirkt: Sie führt Sie von dem Erfolg, den Sie sich ersehnen, weg und hin zu (noch mehr) Misserfolg in Ihrem Leben.

Warum? Kehren wir noch einmal zu dem alten dreistufigen Misserfolgsprogramm zurück, dem wir in der Einführung begegnet sind: Denken Sie daran, dass es in der Lebenshilfe-Industrie zu 97 Prozent zum Scheitern führte.

1. Konzentrieren Sie sich auf das, was Sie sich wünschen.
2. Machen Sie einen Plan, wie Sie es erreichen.
3. Setzen Sie den Plan in die Tat um.

Bei den ersten beiden Schritten geht es darum, sich auf das Endergebnis zu konzentrieren, um erfolgreich zu sein. Dr. Dan Gilbert, Harvard-Professor und Autor des Bestsellers *Ins Glück stolpern*, formuliert die Quintessenz seiner Forschungen an der Harvard University wie folgt: «Erwartungen sind ein Glückskiller.»[1] Er hat jahrelang zu diesem Thema geforscht.[2] Lesen Sie seine Arbeiten, und Sie werden verstehen, dass er, wenn er «Erwartungen» schreibt, besonders bestimmte Lebensumstände meint, die mit einem Ereignis in der Zukunft verbunden sind (mit anderen Worten: einem Endergebnis). In seinem eindrucksvollen Internetvideo *The Secret of Being Happy* berichtet er, dass dieses Phänomen in jedem von uns am Werk ist, ohne dass wir uns dessen bewusst sind.[3]

Erwartungen an bestimmte Endergebnisse sind nicht nur Glückskiller, sie killen auch Ihre Gesundheit und die Wahrscheinlichkeit auf Erfolg in fast allem. Warum? Wenn Sie ein künftiges Endergebnis erwarten, setzt Sie das sofort unter chronischen Stress, bis Sie entweder dieses Ergebnis erzielt haben oder nicht. Wenn Sie in den letzten 30 Jahren auf diesem Planeten gelebt haben, wissen Sie es wahrscheinlich schon: Praktisch jede medizinische Hochschule und praktisch jeder Arzt vertritt die Ansicht, dass bis zu 95 Prozent aller Krankheiten und Leiden von Stress herrühren. Aber die meisten Menschen machen sich nicht klar, dass auch jen-

---

1 Dr. Dan Gilberts Video *The Secret of Being Happy* findet sich auf Dr. Jim Mercolas Website: http://articles.mercola.com/sites/articles/archive/2007/10/30/the-secret-of-how-to-be-happy.aspx

2 Dan Gilbert: *Ins Glück stolpern. Suche dein Glück nicht, dann findet es dich von selbst*, München: Goldmann 2008.

3 Dan Gilbert: *The Secret of Being Happy*, http://articles.mercola.com/sites/articles/archive/2007/10/30/the-secret-of-how-to-be-happy.aspx

seits gesundheitlicher Störungen Stress die Quelle fast aller Probleme ist, die man im Leben haben kann.

Aus der klinischen Perspektive entsteht also jedes Problem in Ihrem Leben infolge von Stress. Mit anderen Worten: Stress führt zu Misserfolg. Aber wie?

1. Stress macht krank. So gut wie jede medizinische Hochschule und jeder Arzt auf dem Planeten ist der Auffassung, dass bis zu 95 Prozent aller Krankheiten und Leiden mit Stress in Verbindung stehen. Das ist nichts Neues.

2. Bei Stress sind Sie nicht voll leistungsfähig. Die Gehirnareale, die für eine erhöhte intellektuelle Leistungsfähigkeit zuständig sind, werden weniger gut durchblutet, sodass Kreativität, Problemlösungsstrategien und alle anderen Dinge leiden, die für den Erfolg notwendig sind.

3. Bei Stress verschwenden Sie Energie. Nach einem anfänglichen Energiehoch durch Kortisol wird eine Überdosis Adrenalin ausgeschüttet, und in der Folge bricht die Energiekurve ein. Der Grund: Ihr Körper sollte normalerweise nur in einen Stresszustand geraten, wenn Ihr Leben in Gefahr ist und Sie fliehen oder kämpfen müssen (wobei dann das ausgeschüttete Kortisol verstoffwechselt wird). Die Klage: «Ich bin immer müde», die ich ständig höre, rührt jedoch von chronischem oder konstantem Stress her.

4. Unter Stress sehen Sie alles in einem negativen Licht. «Ich kann das nicht. Es wird nicht klappen. Ich bin nicht gut genug. Ich habe nicht genug Talent. Ich bin nicht attraktiv genug. Der Wirtschaft geht es zu schlecht.» Wer so denkt, hält das für eine authentische Einschätzung der gegebenen Umstände. Aber das stimmt nicht, es ist Stress, der seine Gedanken einfärbt. Denken Sie daran: Die kognitiven Verzerrungen sind nicht das Problem, sie sind Stresssymptome. Beheben Sie den Stress, und die verdrehten Gedanken,

Gefühle, Glaubenssätze und Handlungsweisen werden automatisch positiv. Wenn Sie den Stress nicht beheben, können Sie mit Hilfe Ihrer Willenskraft versuchen, an den Verzerrungen etwas zu ändern – so lange, bis Sie schwarz werden. Denn es wird fast nie klappen.

5. Stress lässt Sie an fast jeder Aufgabe scheitern. Das ist nur die logische Folge aus Punkt 1 bis 4. Oder wie soll es Ihrer Meinung nach funktionieren, dass Sie etwas mit Erfolg anpacken, während Sie krank, nicht auf der Höhe Ihrer Schaffenskraft und müde sind und eine negative Einstellung haben? Sie mögen in der Lage sein, den Felsbrocken eine Weile den Berg hinaufzurollen, aber normalerweise wird er irgendwann zurückrollen und Sie zermalmen. Vielleicht erreichen Sie trotzdem das gewünschte Endergebnis, wenn Sie in diesem Bereich besonders begabt sind, etwa im Sport, in der Wissenschaft, in den Finanzen oder im Verkaufen. Aber Sie werden auf lange Sicht nicht glücklich, erfüllt und zufrieden sein. Diese Gefühle sind jedoch ein wesentlicher Bestandteil meiner Definition von Erfolg, die postuliert, das gewünschte Endergebnis zu erreichen *und* dabei glücklich, erfüllt und zufrieden zu sein. Sie sollten sich nicht mit weniger begnügen.

Willenskraft ist ebenso ineffektiv wie äußere Erwartungen. Die Wissenschaft hat mittlerweile bestätigt, was unsere persönliche Erfahrung bereits über die Jahre gezeigt hat: Allein durch Willensanstrengung bekommen wir nicht, was wir uns wünschen. Dr. Bruce Liptons Forschungen an der Stanford University zufolge entspräche es einem Sechser im Lotto, wenn Sie bei dem Versuch ans Ziel kämen, sich allein durch Willensanstrengung das Leben, das gesundheitliche Wohlbefinden und den Erfolg zu sichern, die Sie sich wünschen (sofern Sie nicht zunächst Ihr Unterbewusstsein bereinigt und umprogrammiert haben).[4] Und zwar weil – so Dr. Lipton – das Unterbewusstsein (der Ort, an dem unsere Programmierungen verankert sind) eine Million Mal so einflussreich ist wie das Bewusstsein (der Ort, an dem unsere Willenskraft verortet ist). Dr. William Tiller, Physiker aus Stanford und ein Freund von mir, der auch in dem Film *What the Bleep do we (k)now?!* mitwirkt, hat mir in einem persönlichen Gespräch gesagt: «Wohin Sie heutzutage auch gehen, überall wird von der bewussten Absicht geredet. Nicht geredet wird darüber, dass wir auch eine unbewusste Absicht haben. Wenn das Bewusstsein gegen das Unterbewusstsein antritt, wird das Unterbewusstsein jedes einzelne Mal gewinnen.» Die meiste Zeit über sind wir uns nicht einmal dessen bewusst, dass unsere unterbewusste Zielsetzung mit unserer bewussten nicht übereinstimmt. Wir glauben, dass wir einfach Entscheidungen treffen: dieses Telefonat zu führen, auf der Couch zu sitzen oder noch mal drei Stunden damit vergeuden, im Internet herumzusurfen, was wir nicht tun sollten. Aber immer trifft unser Unterbewusstsein diese Entscheidungen, nicht unser Bewusstsein. (Mehr dazu im zweiten Kapitel.)

Kehren wir zu unserem Problem zurück: uns Ziele zu stecken, die auf Erwartungen und äußeren Umständen beruhen (Schritt 1 und 2). Wenn das wichtigste Ziel in Ihrem Leben eine äußere Situation ist, wird Sie das unverzüglich in einen chronischen Stresszustand versetzen, bis Sie entweder bekommen, was Sie sich wünschen, oder nicht. Was bedeutet, dass *das Ziel an sich* zur Ursache Ihrer Lebensproblematik werden kann – nicht das Nichtvorhandensein eines Ziels in Ihrem Leben und auch nicht die sichtbaren Symptome des Stresszustands. Ich habe das immer wieder bei meinen Klienten beobachtet. Wenn das wichtigste Ziel in ihrem

---

4 Bruce Lipton: *Intelligente Zellen. Wie Erfahrungen unsere Gene steuern*, Burgrain: KOHA [4]2007.

Leben ein äußerer Umstand ist, tritt ohne Ausnahme eines der drei folgenden Ergebnisse ein.

1. Wenn sie ihr lang ersehntes Ziel erreichen, das an einen äußeren Umstand gebunden ist, sind sie überglücklich – vorübergehend. Nach einem Tag oder einer Woche oder einem Monat sind sie schon wieder auf der Jagd nach der nächsten Sache in ihrem Leben, die sie noch nicht haben und die sie sich am meisten von allem zu wünschen beschließen – und schon stecken sie wieder fest im chronischen Kreislauf von Stress, Jubel und wieder Stress. So viele Menschen wiederholen diesen Kreislauf jahrzehntelang immer und immer wieder, und dann kommen sie ans Ende ihres Lebens und fragen sich: *Was war denn alles?*

Ich habe einen lieben Freund, dessen Traum es über Jahrzehnte war, ein Buch zu schreiben, das auf die Bestsellerliste der *New York Times* käme. Jedes Mal, wenn ich mit ihm sprach, dachte er entweder darüber nach oder arbeitete daran. Und endlich, nach 25 Jahren, schaffte er es! Er war völlig aus dem Häuschen, als sein Buch es auf die Bestsellerliste schaffte – ich bekam vier SMS, drei Anrufe und diverse E-Mails von ihm. Ich freute mich mit ihm, aber da ich die Regeln kannte, wusste ich auch, was als Nächstes kommen würde.

Zweieinhalb Wochen später gestand er mir schließlich: «Es hat mir nicht gebracht, was ich dachte, dass es mir bringen würde.» Tatsächlich verfiel er in eine ziemlich tiefe Depression und bekam gesundheitliche Probleme – obwohl er sein Lebensziel erreicht hatte und finanziell durchaus erfolgreich war. Warum? Bevor er sein Ziel erreichte, hegte er die Hoffnung, diese eine Sache – einen Bestseller zu schreiben – würde dafür sorgen, dass einige ganz bestimmte Probleme sich in Luft auflösten und einige ganz bestimmte

Träume wahr wurden. Als all das nicht der Fall war, spürte er eine Leere, die zuvor nicht da gewesen war; sie trat an die Stelle der Hoffnung, die er jahrelang in Bezug auf seinen künftigen Bestseller genährt hatte. Das ist ein schlechter Handel: Leere anstelle von Hoffnung. Mit anderen Worten: Dadurch, dass er sein Ziel erreichte, das an einen äußeren Umstand gekoppelt war, fühlte er sich *schlechter*, als wenn er es nie erreicht hätte. Dennoch, kurz darauf hatte er es schon hinter sich gelassen und nahm Kurs auf die nächste Äußerlichkeit, die ihn – so glaubte er – glücklich machen würde. Und das Hamsterrad des Stresszyklus drehte sich weiter.

2. Wenn sie ihr lang ersehntes Ziel erreichen, beschleicht sie sofort das Gefühl, aufs falsche Pferd gesetzt zu haben. Mit anderen Worten: Manchmal erleben sie nicht einmal die Euphorie, die Teil des Kreislaufs ist. Anstatt sich einfach nicht beeindrucken zu lassen und dem nächsten Ziel nachzujagen, sind sie desillusioniert und verlieren die Orientierung. Ich sah einmal in einer Fernseh-Dokumentation, wie eine weltbekannte Band über ihren allerersten Hit sprach. Der Reporter fragte eines der Bandmitglieder: «Was für ein Gefühl war es, als das, worauf Sie so lange hingearbeitet hatten, endlich eintrat?» Mich traf die Antwort, auch wenn sie mich nicht überraschte: «Ist das alles? Ich dachte, es würde anders sein – es war nicht so, wie ich es erwartet hatte.»

Ich arbeite mit vielen Unterhaltungskünstlern, Berufssportlern und Schauspielern, die Multimillionäre sind. Einer von 20 ist reich und berühmt und wirklich gesund, glücklich und zufrieden. Die übrigen 19 sind bis zum Anschlag gestresst, arbeiten fieberhaft auf ihr nächstes Platinalbum hin, haben wahnsinnige Angst davor, dass ihnen die Stimme wegbleibt oder sie keine Hits mehr schreiben können. Es ist einfach unglaublich, wie viele Dinge sie finden, die sie stressen, während sie für Außenstehende doch ganz oben angekommen zu sein scheinen. Wenn ich zufällig auf diesen einen Menschen stoße, der sowohl reich und berühmt als auch glücklich und zufrieden ist, sagt er mir klipp und klar, dass er nicht wegen des Geldes und Ruhms glücklich und zufrieden ist. Und zwar weil er die Regeln kennt: dass innere Liebe und Wahrheit wichtiger als jedes Endergebnis oder jeder äußere Umstand sind. Das hat solch ein Mensch üblicherweise auf die harte Tour gelernt – oft durch Alkoholismus, Drogenmissbrauch und andere Süchte. Endlich hat er irgendwie begriffen, dass ihn Geld und Ruhm auf Dauer nicht befriedigen können. Ab diesem Punkt wendet er sich in die andere Richtung, wann immer er versucht ist, sich auf die äußere Situation zu konzentrieren: «Ich werde keinen Gedanken an Geld und Ruhm verschwenden, weil sie mich beinahe umgebracht hätten.»

Punkt 1 und 2 treten stets dann ein, wenn Menschen ihr wichtigstes Ziel erreichen. Aber wahrscheinlich haben sie es allein mit Willensanstrengung verfolgt, und wir wissen ja, wie effektiv das ist. Was also, wenn sie ihr Ziel nach Jahren, Jahrzehnten oder vielleicht ihr ganzes Leben lang nicht erreichen?

3. Wenn sie ihr lang ersehntes Ziel *nicht* erreichen, stürzen sie oft in die absolute Hoffnungslosigkeit und Verzweiflung ab und erholen sich nie mehr davon. Auch das habe ich wieder und wieder gesehen. Zu den traurigsten Erfahrungen meines Lebens gehört die Beratung älterer Menschen, die diese Zusammenhänge erst spät in ihrem Leben erkennen. Einige haben gesundheitlichen oder finanziellen Kummer oder leiden darunter, dass sie mit Menschen, die ihnen nahestehen, kein gutes Verhältnis haben. Doch das bei weitem häufigste Problem, das zu bewältigen ich meinen Klienten geholfen habe (obwohl oder vielleicht gerade weil sie berühmt waren), ist Reue. Sie trauern um das Leben, das sie nicht geführt haben. Ich habe ältere Countrymusikstars auf Wände voller Auszeichnungen deuten sehen; sie stießen einen Fluch aus und sagten: «Ich würde das alles, ohne zu zögern, hergeben, wenn ich dafür im Einklang mit Liebe und Freude und Frieden leben könnte, wenn ich meiner Familie Priorität eingeräumt und Zeit mit ihr und den anderen Menschen verbracht hätte, die mir am Herzen liegen.» Wenn Menschen älter werden, beginnen sie im Allgemeinen zu begreifen, dass ein Leben im Einklang mit der Liebe das Größte überhaupt ist.

Gelegentlich habe ich es mit älteren Menschen zu tun, die es immer noch nicht verstanden haben. Sie leben noch immer in einer inneren Angst, die auf die äußere Situation fixiert ist. Sie klammern sich mit aller Macht an ihre Trophäen und Errungenschaften. In jeder Lebenslage waren sie unglücklich, bitter, unruhig, ungesund und ihren Beziehungen entfremdet. Sie mögen stinkreich und eine lebende Legende sein. Es spielt keine Rolle. Wenn Sie sie mit mir besuchen würden, würden Sie traurig wieder gehen – traurig für sie. Vielleicht würden Sie das Wort «bedauernswert» in den Mund nehmen und wären wild entschlossen, *nicht* so zu enden wie sie. Wenn sie zu mir kommen, helfe ich ihnen, ab jetzt im Einklang mit Liebe, Freude, Frieden und guten Beziehungen zu leben – und es ist erstaunlich, wie sie zu heilen beginnen, auch wenn sie nicht mehr viel Zeit haben. Natürlich würden sie immer noch gern in der Vergangenheit getroffene Entscheidungen rückgängig machen – was nicht möglich ist. Genau aus diesem Grund schreibe ich dieses Buch: damit Sie nicht ebenfalls am Ende Ihres Lebens an diesem Punkt ankommen. Wenn Sie heute anfangen, können Sie an den Ort wahren Erfolgs gelangen, an dem Sie glücklich und zufrieden sind *und* die größten und besten Leistungen vollbringen, die Ihnen möglich sind – in der Regel nach 40 Tagen, nachdem Sie mit dem Prozess dieses Buches begonnen haben.

Dies sind die Gründe, warum ein äußerer Umstand immer die falsche Antwort ist auf die Frage: «Was wünschen Sie sich in diesem Augenblick mehr als alles andere?» Wirklich glücklich und zufrieden zu sein, während man als wichtigstem Ziel einem äußeren Umstand nachjagt, liegt einfach nicht im Bereich der Möglichkeiten – jedenfalls nicht nach den alten Weisheitslehren und den neusten wissenschaftlichen Erkenntnissen.

Wie Sie die richtige Antwort finden

Wenn Sie zu den 99 Prozent gehören, die die erste Frage falsch beantwortet haben, werden Ihnen die nächsten beiden Fragen dabei helfen, die richtige Antwort zu finden. Zur Erinnerung – die erste Frage lautete: Was wünschen Sie sich in diesem Augenblick mehr als alles andere? Hier die beiden nächsten Fragen:
2. Was macht es für Sie, wenn Sie haben, was Sie sich in der ersten Frage gewünscht haben, und wie verändert es Ihr Leben?
3. Wie fühlen Sie sich, wenn all das eingetreten ist, womit Sie auf die erste und zweite Frage geantwortet haben?

Ihre Antwort auf die dritte Frage ist eigentlich die Antwort auf die ursprüngliche Frage: das, was Sie sich *wirklich* mehr als alles andere wünschen. Es ist immer ein innerer Zustand, nie ein äußerer, materieller Umstand[5]. Diesen inneren Zustand nennen wir ab sofort unser *ultimatives Erfolgsziel*, denn genau darum handelt es sich. Aber wenn dieser innere Zustand Ihr ultimatives Erfolgsziel ist, warum haben Sie dann nicht von vornherein entsprechend geantwortet?

Der Grund ist folgender: Fast jeder beantwortet die erste Frage mit einem äußeren Umstand, weil er glaubt, dass dieser Umstand ihm die innere Befindlichkeit bescheren wird, mit der er die dritte Frage beantwortet hat.

Ich gebe Ihnen ein Beispiel: Vor ein paar Monaten habe ich eine Veranstaltung in Los Angeles gemacht. Ich habe das Publikum durch diese Übung geführt, um den Teilnehmern zu helfen, ihr ultimatives Ziel zu finden. Eine reizende Dame meldete sich und kam auf die Bühne, um sich die Fragen stellen zu lassen. Sie hatte ein paar harte Jahre hinter sich wie so viele durch die letzte Wirtschaftskrise. Ihre Antwort auf die erste Frage lautete: «Eine Million Dollar.» Dabei sah sie so aus, als würde sie von der Liebe ihres Lebens sprechen, ihrem Lieblingsgericht oder einem dekadenten Schokoladendessert. Ihre Antwort auf die zweite Frage war wie zu erwarten: «Ich könnte meine Rechnungen bezahlen, würde den dringend nötigen Urlaub machen und hätte ein bisschen Luft und weniger Druck in meinem Leben.» Ihre Antwort auf Frage Nummer 3 war schlicht: «Ich habe dann meinen Frieden.» Sie dachte,

---

5 Sie denken vielleicht: «Wer ist er denn, dass er mir sagen will, dass das, was ich wirklich will, ein innerer Zustand ist?» Der Grund dafür, dass ich so sicher bin, liegt darin, dass ich mein persönliches zehnjähriges Forschungsprojekt mit jedem einzelnen Klienten in meiner Praxis durchgeführt habe. Ich habe jeden gefragt: «Was wünschen Sie sich am allermeisten?», und dann: «Warum wollen Sie das haben?» Bei jeder Antwort fragte ich dann wieder «Warum?», bis ihnen keine Antworten mehr einfielen. Wenn wir dort angekommen waren, stand am Ende ausnahmslos ein innerer Zustand.

dass sie Geld bräuchte, um Frieden zu finden. Sie dachte, dass sie sich in ihrer Situation mit Geld Frieden erkaufen könnte.

Ich erklärte ihr, wie all das zusammenhängt, und fragte sie dann: «Ist es möglich, dass das, was Sie sich wirklich mehr als alles andere wünschen, Frieden ist? Ist es möglich, dass Sie glauben, Geld sei der einzige Weg, diesen inneren Frieden zu erlangen?» Ihr Unterkiefer klappte nach unten, sie bedeckte das Gesicht mit den Händen und begann dort auf der Bühne vor all den Leuten zu weinen – zu weinen und zu schluchzen. Als sie sich wieder beruhigt hatte, teilte sie uns mit, sie habe soeben erkannt, dass sie bis zu diesem Augenblick nie gewusst habe, was sie sich wirklich in ihrem Leben wünschte. Jahrzehntelang habe sie geglaubt, es sei Geld, sei ihm nachgejagt und immer gestresster geworden, unglücklicher und unruhiger. Das Nächste, was ihr klar geworden sei, war, dass sie schon jetzt haben konnte, was sie sich am meisten wünschte. Dazu brauchte sie kein Geld; es musste nicht einmal ein äußerer Umstand in ihrem Leben verändert werden. Dann begann sie zu lachen, wurde geradezu euphorisch und umarmte mich. Ihre gesamte Körperhaltung veränderte sich, dort oben auf der Bühne vor allen Leuten.

So viele von uns jagen einem Endergebnis nach – sei es der Karriere, Hab und Gut, einer Leistung oder einer Beziehung –, weil wir meinen, dass uns dieser äußere Umstand die innere Befindlichkeit verschafft, die wir uns tatsächlich am meisten wünschen. Ja, wir glauben sogar, dass das Erreichen des äußeren Umstands die *einzige* Möglichkeit ist, wie wir zu der inneren Befindlichkeit von Liebe, Freude, Frieden usw. gelangen können. Aber das trifft niemals zu. Im Gegenteil, es ist eine der größten Lügen der Welt – und der Hauptgrund für die 97-prozentige Misserfolgsquote der Lebenshilfe-Industrie in den letzten 25 Jahren! Oder wie Dr. William Tiller es ausdrückt: «Das Unsichtbare ist immer der Ursprung des Sichtbaren.» Und das Gegenteil ist immer falsch: Das Sichtbare (der äußeren Umstand) ist *nie* der Ursprung des Unsichtbaren (der innere Zustand von Liebe, Frieden, Freude). So funktioniert das einfach nicht – weder in der Natur noch bei uns selbst.

Ich beweise es Ihnen an einem alltäglichen Beispiel. Stellen wir uns zwei Männer nebeneinander in einem Auto zur Rushhour in Los Angeles vor – der Stau ist so übel, wie er nur sein kann. Einer der Männer ist bereits außer sich vor Wut – seine Adern treten hervor, das Gesicht rötet sich, er hält das Steuer umklammert und schimpft lauthals auf die Autofahrer um ihn herum. Sein Nachbar hingegen ist die Ruhe in Person. Er spricht mit den Mitfahrern auf dem Rücksitz, singt zur Musik aus dem Radio und lacht. Ich weiß, dass Sie so etwas schon einmal gesehen haben – wenn nicht im Stau, dann vielleicht beim Schlangestehen vor der Supermarktkasse, in einem Restaurant mit schlechtem Service oder beim Warten auf einen verspäteten Flieger. Zwei Menschen, die derselben äußeren Situation unterworfen sind, aber ganz verschieden darauf reagieren. Die äußere Situation kann eigentlich nicht die Ursache ihres inneren Zustands sein, denn die Situation ist ja identisch!

Das bedeutet nicht, dass die äußere Situation Sie nicht innerlich beeinflusst – etwa, wenn Sie Ihren Partner durch einen tragischen Unfall verlieren. Aber in gefährlichen Situationen oder bei einem schrecklichen Verlust *soll* ja eine Stressantwort oder Kampf-oder-Flucht-Reaktion auf den Plan treten. Wenn wir die Gefühle von Liebe, Freude und Frieden unter normalen Umständen erleben, werden wir – in Anbetracht des tragischen Unfalls – aller Voraussicht nach eine Weile die einzelnen Stadien der Trauer durchleben, aber nach einer gewissen Zeit kommt wieder alles in Ordnung, und es geht uns gut. Wenn Sie aber den Zustand der Angst unter normalen Umständen erleben, kommt nicht wieder alles in Ordnung, und ein äußerer Stressor kann Sie in die Knie zwingen. Dennoch ist die wahre Ursache für diesen Stress nicht das Ereignis selbst – es ist Ihre innere Programmierung.

Das Äußere ist nie fähig, das Innere hervorzubringen; der innere Zustand schafft immer die äußeren Umstände. Der ultimative Erfolg in der äußeren Situation hängt zu 100 Prozent von Ihrer inneren Befindlichkeit (Liebe, Freude, Frieden usw.) ab. Diese Qualitäten sind die notwendigen Vorbedingungen, um Gesundheit, Wohlstand, Kreativität und Erfolg in jedem Bereich zu erlangen. Desgleichen bringen die inneren Zustände wie Angst, Depression und Wut äußere Umstände hervor, die das Gegenteil von Erfolg sind: gesundheitliche Probleme, finanzielle Engpässe, das Gefühl festzustecken und Versagen auf ganzer Breite. (Das zweite und dritte Kapitel werden zeigen, wie das eigentlich vor sich geht.) Und hier sind wir wieder an unserem Ausgangspunkt: Stress ist die Ursache nicht nur für die überwiegende Mehrzahl unserer gesundheitlichen Probleme, sondern auch für so gut wie jedes andere Problem, das wir im Leben haben.

Wenn Sie also auf einem bestimmten Gebiet – z. B. Leichtathletik, Finanzen, Technik oder Schreiben – besonders begabt sind, kann Ihr wichtigstes Ziel ein äußerer Umstand sein, und Sie mögen trotzdem damit viel Geld verdienen und/oder Höchstleistungen vollbringen. Aber Sie werden nicht in der Lage sein, viel Geld zu verdienen *und* langfristig glücklich, erfüllt und zufrieden zu sein. Mit anderen Worten: Sie werden nicht «alles haben» können, wie ich wahren Erfolg gern definiere.

Kehren wir noch einmal zu meinem Argument von vorhin zurück: nämlich dass man nichts bewerkstelligen kann, wenn man kein inneres Ziel hat, das einen dazu treibt. Die Dame, die sich eine Million Dollar wünschte, hatte das innere Ziel, sich diese Million Dollar zu wünschen. Die Frage ist nur, warum sie es hatte. Die Antwort lag in ihrer Schmerz-Lust-Programmierung.

Unsere Schmerz-Lust-Programmierung

Zu den grundlegendsten angeborenen menschlichen Instinkten zählt es, Lust zu suchen und Schmerz zu vermeiden. Diese Programmierung ist Teil unseres Überlebensinstinkts: Wir besaßen sie schon als Fötus, und wir werden sie bis zum Tag unseres Todes behalten. Tatsächlich ist sie unser Motor von der Geburt bis zum Alter von etwa sechs Jahren, und das mit gutem Grund. In unseren ersten sechs Lebensjahren, wenn wir am verletzlichsten sind, ist unser Überlebensinstinkt ständig in Alarmbereitschaft, um so rasch wie möglich erkennen zu können, ob wir in Sicherheit sind oder nicht. Wir entwickeln einen Reiz-Reaktions-Glaubenssatz, der im Grunde genommen besagt: «Schmerz = schlecht» und «Lust = gut». Stellvertretend für Reiz/Reaktion kann man auch Ursache/Wirkung bzw. Aktion/Reaktion einsetzen. Diese Programmierung steht im Einklang mit einem der Naturgesetze des Universums, dem dritten Newton'schen Gesetz, das besagt, dass es für jede Aktion eine entgegengesetzte Reaktion gibt.

In diesem Zusammenhang nenne ich es unsere Schmerz-Lust-Programmierung. Mit anderen Worten: Wenn etwas Lust hervorruft, ist es sicher für uns und daher gut und wünschenswert. Wenn es hingegen Schmerz hervorruft, ist es nicht sicher für uns, und deshalb sagt uns unser Gehirn, dass wir kämpfen, zur Salzsäule erstarren oder schnell wegrennen müssen. Überlebenstechnisch gesehen ist dieser Reiz-Reaktions-Glaubenssatz sehr effektiv für unsere ersten sechs Lebensjahre – er hat uns im Kindesalter wahrscheinlich sehr oft das Leben gerettet! Wenn ein Zweijähriger eine heiße Herdplatte anfasst, zieht er sofort die Hand zurück – niemand hat ihm das beigebracht, aber wenn er es einmal erlebt hat, wird er es nie wieder tun. Ebenso schaltet sich unsere Schmerz-Lust- oder Kampf-Flucht-Programmierung ein, wenn wir als Erwachsene wirklich in Gefahr geraten, und kann uns so damit das Leben retten.

Vor einigen Jahren bekam ich einen Strafzettel wegen zu schnellen Fahrens; man bot mir an, zur Nachschulung zu gehen, anstatt eine Geldstrafe zahlen zu müssen. Der Schulungspolizist, der den Kurs abhielt, war absolut brillant. Er sagte, dass es unmöglich sei, einen Auffahrunfall zu vermeiden – selbst gesetzt den Fall, dass wir an einem klaren Tag bei normalen Sichtverhältnissen unterwegs sind –, wenn der Fahrer vor uns eine Vollbremsung macht und wir mit unserem *Bewusstsein* reagieren müssten. Es würde denken: «Oh, der Fahrer vor mir macht gerade eine Vollbremsung. Ich muss den Fuß vom Gas nehmen und so fest ich kann auf die Bremse treten, sonst baue ich einen Unfall.» Dafür haben Sie gar nicht genug Zeit – Sie wären schon längst aufgefahren.

Der Polizist fuhr fort: Zum Glück verfügen wir aber über einen Mechanismus im Gehirn, der uns davor bewahrt, jedes Mal aufzufahren (wenn wir den korrekten Sicherheitsabstand einhalten). Sobald wir die Bremslichter vor uns aufleuchten sehen, wird unter Umgehung des logischen Denkens der reaktive Verstand eingeschaltet und bewegt uns dazu, den Fuß vom Gas zu nehmen und zu bremsen, bevor wir bewusst darüber nachdenken können. Noch ehe wir erfassen, was los ist, haben wir bereits angehalten – dank unseres Kampf-Flucht-Instinkts.

Unsere Schmerz-Lust-Programmierung ist an und für sich nicht schlecht. Sie ist direkt an unseren Überlebensinstinkt und unsere Stressreaktion gekoppelt und dazu ausgelegt, in unserem Leben bis zum Alter von etwa sechs Jahren eine prägende Rolle zu spielen und sich danach nur noch in lebensbedrohlichen Situationen einzuschalten. Unsere Schmerz-Lust-Programmierung ist der Hit, wenn sie verhindert, dass mich meine Autoversicherung zurückstuft, aber sie ist ein Rohrkrepierer, wenn sie mir Glück, Gesundheit und Erfolg im Leben verwehrt. Was ich damit meine? Wenn mein Leben nicht unmittelbar in Gefahr ist, dann sollte ich nicht aus diesem Modus heraus leben, denken, fühlen oder handeln, von dem der Schutzpolizist gesprochen hat.

Natürlich steckt hinter dem dreistufigen Erfolgsprogramm der Lebenshilfe-Industrie mit der 97-prozentigen Misserfolgsquote der Schmerz-Lust-Mechanismus.

Tatsächlich sind wir als Kinder so angelegt, dass wir diesem Muster folgen, wenn wir etwas haben wollen. Wenn ein Fünfjähriger z. B. ein Eis will, denkt er zunächst: «Ich will ein Eis haben» (Schritt 1). Dann schmiedet er einen Plan: Mama fragen (Schritt 2). Dann setzt er den Plan in die Tat um und bittet Mama um ein Eis (Schritt 3). Aber was, wenn Mama nein sagt? Wahrscheinlich ändert er den Plan aus Schritt 2 von «Mama fragen» in «mit Mama verhandeln». Dann kehrt er zurück zu Schritt 3 und fragt Mama: «Wenn ich mein Zimmer aufräume – kann ich dann ein Eis haben?» Diesmal sagt sie ja. Geschafft!

Aber als Erwachsene entfernt uns diese Vorgehensweise von dem, was wir uns wünschen, weil wir uns dabei auf die Gleichung «Schmerz ist schlecht und Lust ist gut» konzentrieren. Als Erwachsene sollten wir dieses Verhalten endlich als überholt begreifen – wir sind schließlich weit über unsere sechs Jahre hinaus – und lernen, wie man ohne Rücksicht auf Schmerz und Lust im Einklang mit der Liebe und Wahrheit lebt. Als Erwachsene wissen wir alle, dass Lust manchmal ungesund und Schmerz manchmal die beste Option ist. Leider legen nur wenige Erwachsene ihr kindliches Verhaltensmuster ab; die meisten hecheln noch immer der Lust hinterher und meiden Schmerz unter allen Umständen, selbst wenn es auf Kosten von Liebe und Wahrheit und innerem Frieden geht. Im Grunde sind die meisten von uns innerlich immer noch fünf Jahre alt.

Sie sehen also: Wenn wir permanent unserer Schmerz-Lust-Programmierung gemäß leben und uns ständig zu Kampf oder Flucht rüsten, ist dies ein schockartiger Zustand. Sie hatten vielleicht schon einmal einen Schock nach einem Autounfall oder einem anderen Trauma. Wenn jemand einen Schock erleidet, kappt das Unterbewusstsein die Verbindung zum Bewusstsein. Es will das bewusste Denken ausschalten und Ihr Leben retten. (Es bremst Sie aus, supprimiert Ihr Immunsystem und bewirkt all das, was auch Stress bewirkt und was wir bereits erwähnt haben.)

Sagen wir, ein verheirateter Mann hatte einen leidenschaftlichen One-Night-Stand. Anschließend fühlt er sich schrecklich; er geht nach Hause, ruft nach einem furchtbaren Anfall von Schmerz und Schuldgefühlen seinen besten Freund an und erzählt ihm alles. Sein Freund ist schockiert; der Mann hat doch noch nie so etwas gemacht! Am Ende kann er ihn beruhigen, und sie kommen zu dem Schluss, dass der Mann es seiner Frau erzählen muss. Gequält setzt er sich nach dem Abendessen mit seiner Frau zusammen und gesteht ihr den Fehltritt. Seine Frau ist am Boden zerstört, und beide durchleiden eine schreckliche Stunde voller Fragen und Antworten. Der Ehemann hat ein unglaublich schlechtes Gewissen, beteuert aber, dass er es nicht wollte und nie wieder tun wird. Seine Frau ist verstört und untröstlich und hat das Gefühl, dass sie den Mann, mit dem sie seit Jahren verheiratet ist, gar nicht kennt.

Wenn man den Mann direkt fragen würde: «Hast du diesen Seitensprung wirklich gewollt?», würde er sagen: «Nein! Ich liebe meine Frau. Es ist einfach im Überschwang des Augenblicks passiert.» Ich kenne das, ich habe Hunderte Männer in genau derselben Situation beraten. Aber wenn Sie mich fragen, was ich davon halte, würde ich antworten: «Wenn er den Seitensprung nicht gewollt hätte, dann hätte er es nicht getan.» Wie Sie sich vorstellen können, waren die Männer, die ich beriet und denen ich das ins Gesicht sagte, außer sich. Warum in aller Welt ich das sagte? Wollte ich sie auf die Palme bringen? Keineswegs. Erinnern Sie sich: Hinter jeder Verhaltensweise steht ein inneres Ziel. Und hinter jedem inneren Ziel steht ein Glaubenssatz. Wie unsere Glaubenssätze auch geartet sein mögen – wir tun immer, woran wir glauben, rund um die Uhr.

Der Mann musste – um die Affäre überhaupt eingehen zu können – daran glauben, dass sie in diesem Moment das Beste für ihn war: *Ich werde viel Spaß haben, den ich genau jetzt brauche und will. Meine Frau war in letzter Zeit kaum ansprechbar, ich bin also im Recht. Es wird bei dem einen Mal bleiben – ich werde es bereuen und nie wieder tun.* Gleichzeitig hatte er sehr wahrscheinlich einen Glaubenssatz, dem zufolge er *keine* Affäre eingehen wollte. Wenn sich zwei Ihrer Glaubenssätze im Konflikt befinden, hängt das, was Sie tun, von dem Glaubenssatz ab, auf den Sie fokussiert sind, und davon, was Sie in diesem Moment stärker denken und fühlen. Ein Glaubenssatz des Mannes wurzelte in seiner Schmerz-Lust-Programmierung (seinem Denken als Fünfjähriger), ein anderer Glaubenssatz stand im Einklang mit der Liebe und Wahrheit (seinem Denken als Erwachsener).

In dieser Situation begann der Mann vielleicht, einige winzige Schritte auf eine verfängliche Situation hin zu machen, und glaubte wirklich eine Zeitlang, dass er es eigentlich gar nicht tun wollte. Vielleicht hatten er und diese andere Frau eine völlig zwanglose Unterhaltung nach einem abendlichen Arbeitstreffen. Vielleicht lud er die andere Frau auf einen Drink irgendwohin ein, und sie nahm an. Der Mann rechtfertigte sich damit, dass er glaubte, sie könnten die harmlose Unterhaltung fortsetzen. Aber an einem Punkt überschritt der Mann eine Grenze, und weil er tief drinnen den Glaubenssatz hegte, dass eine Affäre gut für ihn sei und Spaß machen würde, folgte er ihm, und die Affäre war unvermeidbar.

Im Moment der Entscheidung ist der Mann im Kampf-oder-Flucht-Modus – er denkt: «Das ist mit das Schlimmste, was ich je tun werde.» Er mag vielleicht sogar in so etwas wie einen Schockzustand geraten, in dem sein bewusstes, rationales Denken so ausgeblendet wird, dass er keinen Widerstand mehr leisten kann. Er gerät an einen Punkt, an dem er fast wie ein Tier einfach nur noch «Gefühl» ist und nach diesen Gefühlen handelt. Wenn er an diese Grenze gerät, ist sein Bewusstsein so heruntergefahren, dass er fast nicht mehr zurückkann. Sein Verstand spielt kaum noch eine Rolle. Wenn die Affäre vorüber ist, kehrt sein erwachsener Verstand zurück – und er fühlt sich schlimmer als Abschaum. «Warum habe ich das getan? Ich wusste doch, dass ich das nicht hätte tun dürfen!» Er hat es dank seiner Schmerz-Lust-Programmierung getan. Er hat gehandelt und gedacht wie ein Fünfjähriger, und darin pflichtet ihm seine Frau nun bei.

Wenn Sie in so einer Geschichte die Ehefrau waren, kann dieses «Ich wollte es doch gar nicht!» ziemlich hohl klingen. Eine Schmerz-Lust-Programmierung entschuldigt kein Verhalten, aber hilft vielleicht, es zu erklären. Ja, der Ehemann hat beschlossen, es zu tun, aber er war dabei nicht er selbst. Seine Entscheidung wurde von einer destruktiven, unbewussten Programmierung getroffen, die auf der Schmerz-Lust-Reaktion gründete. Wenn jemand daher sagt: «Ich werde es nie wieder tun», kann er das nur wahr machen, indem er seine falschen Glaubenssätze heilt. Indem er seine Programmierung verändert.

Das gilt nicht nur für Seitensprünge; Ihre Schmerz-Lust-Programmierung erklärt auch, warum Sie Ihre Kinder anbrüllen oder kalorienreicher Eiscreme nicht widerstehen können, obwohl Sie doch abnehmen wollen – eben fast jede Situation, in der Sie tun, was Sie nicht tun wollen. Ihre Willenskraft hat dagegen kaum eine Chance.

Die Wirksamkeit unserer Schmerz-Lust-Programmierung erklärt nicht nur, warum die Willenskraft so ineffektiv ist, sondern auch, warum es nie unser Hauptziel sein sollte, einen äußeren Umstand zu erreichen, wenn wir im Leben erfolgreich sein wollen.

Wenn wir ehrlich sind (wie Sie es hoffentlich auch bei der Beantwortung der drei aufgeführten Fragen waren) und erkennen, dass das, was wir uns wünschen, ein äußerer Umstand ist – vor allem, wenn keiner der Betroffenen (z. B. unsere Partner, Familien oder Geschäftspartner) dabei gewinnen kann –, ist dieser unser Wunsch vor allem ein sicheres Zeichen dafür, dass es sich um ein Ziel handelt, das in unserem angstgesteuerten Überlebensinstinkt wurzelt. Aus irgendeinem Grund glauben wir, dass dieser Umstand uns entweder Lust verschaffen oder uns vor Schmerz bewahren wird und wir ihn zum Überleben brauchen. Irgendwann – vermutlich in den ersten Lebensjahren – ist etwas passiert, bei dem wir gelernt haben, dass es eine Frage des körperlichen und seelischen Überlebens ist, diesen Umstand zu erlangen. Und nun neigen wir dazu, zu unserer Schmerz-Lust-Programmierung zurückzukehren, um die Stelle in uns zu beruhigen und zu beschwichtigen, die so verunsichert oder bedürftig ist.

Ich hatte einmal einen Klienten, der Multimultimillionär war. Er hätte niemals all sein Geld selbst ausgeben können. Aber er war auch einer der unglücklichsten Menschen, die mir je begegnet sind. Er stand immer unter Stress, war permanent am Anschlag und gereizt oder wütend. Sie kennen diesen Typ (oder sind vielleicht selbst so ein Typ). Wir brauchten nur ein wenig zu bohren, um die Ursache dafür herauszufinden: Dieser Mann war auf der falschen Seite der Stadt aufgewachsen; er war arm gewesen und wegen seiner alten, abgetragenen Kleidung gehänselt worden, und er hatte sich seiner Herkunft furchtbar geschämt. Deshalb leistete er einen Schwur, genau wie Scarlett O'Hara in *Vom Winde verweht*: «Gott ist mein Zeuge, ich will nie wieder hungern.» Dieser Mann schwor sich, dass er nie wieder arm sein würde; es wurde zu einer Frage von Leben und Tod für ihn. Er glaubte, dass er sich mit Geld den inneren Zustand von Liebe, Freude und Frieden erkaufen könnte: «Wenn ich nur soundso viele Dollar, Kleider, Autos und Besitztümer anhäufen kann, wird alles gut.» Aber wir wissen jetzt, dass das nie funktioniert, und das tat es auch bei ihm nicht.

Um es noch einmal zusammenzufassen: Wir glauben, dass es ein äußerer Umstand ist, was wir uns am meisten wünschen. Darunter liegen zwei versteckte Annahmen, die einfach falsch sind – nämlich die, dass uns ein äußerer Umstand auf lange Sicht glücklich machen und erfüllen kann und dass wir uns in diesem Augenblick mit einem äußeren Umstand einen inneren Zustand erkaufen können (Liebe, Freude, Frieden usw.). Die größten Lehrmeister aller Zeiten haben immer gesagt, dass sich Erfolg im Leben nicht einstellt, wenn man der Lust nachjagt und Schmerz um jeden Preis vermeidet. Erfolg stellt sich ein, wenn man im Einklang mit der Wahrheit und Liebe lebt, und genau die Situation, die sich daraus ergibt, ist die beste für uns, selbst wenn Schmerzen damit verbunden sind.

Warum der innere Zustand die richtige Antwort ist

Noch einmal: Wenn Ihr Hauptziel im Leben ein äußerer Umstand ist, werden Sie ihn höchstwahrscheinlich nicht erlangen, weil der Stress, den das bei Ihnen verursacht, all Ihre Bemühungen sabotiert. Und selbst wenn Sie ihn erlangen, befriedigt und erfüllt er Sie nicht auf lange Sicht. Wenn das Hauptziel Ihres Lebens ein innerer Zustand ist, sieht es allerdings ganz anders aus.

1. Sie werden fast immer Ihr Ziel erreichen. Dabei muss sich nichts Äußerliches ändern, und das Einzige, was sich innerlich ändern muss, sind Energiemuster, die sich sehr leicht mit den richtigen Hilfsmitteln beeinflussen lassen. Wie gesagt: Ich habe nur selten erlebt, dass das bei meinen Klienten *nicht* funktioniert hätte, rund um den Globus und in allen erdenklichen Lebenssituationen. Sie werden noch einige Fallbeispiele in diesem Buch lesen.

2. Sobald Sie es erreicht haben, kann es Ihnen niemand mehr

wegnehmen. Viktor Frankl hat dies während des Holocaust erfahren. Er nannte es «die letzte der menschlichen Freiheiten»: das Recht, seinen inneren Zustand oder seine Einstellung selbst zu wählen, ungeachtet der äußeren Situation. Nachdem er die Konzentrationslager überlebt hatte, schrieb er den Klassiker «*... trotzdem Ja zum Leben sagen*» und half Millionen Menschen, sich auf ihre innere Einstellung zu konzentrieren, nicht auf die äußeren Umstände ihres Lebens.[6]

3. Sobald Sie es erreichen, wird es Sie *garantiert* befriedigen und erfüllen, denn es ist das, was Sie sich wirklich immer gewünscht haben – wahrscheinlich haben Sie es nur nicht gewusst.

4. Wenn Ihr Hauptziel die innere Seelenlage ist, bekommen Sie fast immer die äußeren Umstände, die Sie sich wünschen, als Zugabe. Das ist das Wunder: Sobald Sie den inneren Zustand von Liebe, Freude oder Frieden (oder was auch immer Ihre Antwort auf die dritte Frage war) geschaffen haben, haben Sie sich die innere Kraftquelle erschlossen, die die von Ihnen gewünschte äußere Situation in Ihrem Leben herbeiführt. Aber ohne diese positive innere Einstellung wäre es, als würden Sie ohne Strom staubsaugen wollen.

So bekommen Sie mit Hilfe des Love Principle, was Sie sich wünschen

Die meisten Leute verbringen ihr ganzes Leben in dem Glauben, irgendein äußeres Ergebnis sei das, was sie sich wirklich wünschen. Viele jagen ständig neuen Zielen hinterher und meinen jedes Mal,

---

6 Viktor E. Frankl: «*... trotzdem Ja zum Leben sagen*», München: Kösel [5]2009.

dass «es das jetzt aber bestimmt ist». Die Erkenntnis, dass man seine besten Ressourcen an eine Lüge verschleudert hat, kann indes schockierend und niederschmetternd sein. Sie haben vielleicht Ihre Jugend, Ihr Geld, Ihre Beziehungen, Ihre Energie und Ihre Gesundheit drangegeben, um dem nachzujagen, was Sie für Ihren größten Wunsch hielten – nur um zu entdecken, dass es nicht nur *nicht* das ist, was Sie sich am meisten wünschen, sondern dass es Sie auch weit von dem *entfernt* hat, was Sie sich am meisten wünschen. Vielleicht haben Sie entdeckt, dass auch Sie an die Lüge glaubten, der die überwiegende Mehrzahl der Menschen in unserer Kultur aufsitzt: dass uns äußere Umstände den inneren Zustand von Liebe und Frieden erkaufen könnten.

Wenn Sie allerdings zu der Minderheit gehören, die die erste Frage mit einem inneren Zustand beantwortet hat, will ich gern der Erste sein, der Ihnen dazu gratuliert. Sie sind dem, was ich für den wichtigsten Gradmesser für Erfolg halte, dicht auf den Fersen. Das heißt aber noch nicht, dass Sie die innere Befindlichkeit schon *erreicht* hätten. Man braucht sich ja nichts mehr zu wünschen, was man schon hat. Wenn Sie sich bereits in der inneren Befindlichkeit der Liebe und Freude befänden, hätten Sie die Frage des Flaschengeistes vermutlich so beantwortet: «Ich wünsche mir nichts, ich habe schon alles, was ich brauche und will. Höchstens noch mehr Liebe und Frieden.»

Ob Sie nun eben erst entdeckt haben, dass der innere Zustand Ihr Hauptziel ist, oder es schon seit langem wissen – Instrumente und Verfahren des Love Principle sind der Weg, auf dem Sie ihn erlangen werden. Das Love Principle ist eigentlich ein ganz simples Konzept: Sie brauchen nur das Gegenteil dessen zu tun, was bei Ihnen die Stressreaktion auslöst. Genauer gesagt: Sie müssen Ihre Erwartung an ein bestimmtes Endergebnis aufgeben, das sich noch einstellen muss und das Sie per Willenskraft erreichen wollen, und sich stattdessen darauf konzentrieren, den fraglichen inneren Zustand zu erlangen, damit der dann zur Kraftquelle für die äußere Situation werden kann. Um es auf eine mehr praktische Art und Weise auszudrücken: *Tun Sie, was immer Sie tun, aus einem inneren Zustand der Liebe und konzentriert auf den gegenwärtigen Moment.*

Das ist es. Das ist das Love Principle. Ich weiß, dies ist erst das erste Kapitel. Aber nun habe ich Ihnen alle Hintergrundinformationen vermittelt, die Sie brauchen, um ganz zu verstehen, warum das landläufig verbreitete Erfolgsstrickmuster nicht wirkt, diese Theorie und ihre Umsetzung aber schon. Im Einklang mit der Liebe zu leben, während Sie sich auf den gegenwärtigen Moment konzentrieren, ist alles, was Sie tun müssen, um den größten erdenklichen Erfolg zu haben, und zwar in jedem Bereich des Lebens – den *vollkommenen* Erfolg für Sie. Wenn Sie auf die drei Fragen in diesem Kapitel ehrlich geantwortet haben, sollten Sie nun wissen, was Sie sich wirklich im Leben wünschen, und kennen auch die theoretischen Grundlagen dafür, wie Sie es bekommen.

Wenn ich Ihnen *ein* Geschenk für Ihr Leben geben könnte, dann wäre es Ihre Antwort auf Frage 3: den inneren Zustand der Liebe. Aber das kann ich Ihnen nicht geben. Aber Sie können es selber bekommen, durch den Prozess, den Sie in den folgenden Kapiteln lernen werden. Es ist das, was Sie wollen und am meisten brauchen und was Sie wirklich zufrieden macht, erfüllt und Ihren vollkommenen Erfolg schafft. Aber dafür müssen Sie das äußere Endergebnis aufgeben, das Sie für Ihren wichtigsten Wunsch hielten!

Bevor wir fortfahren, hätte ich gern, dass Sie sich selbst Gelegenheit geben, dasselbe transformatorische Aha-Erlebnis zu haben wie ich vor 25 Jahren, als Hope mich hinauswarf – jenes transformatorische Aha-Erlebnis, das mein Innerstes augenblicklich umkrempelte und mich in die Lage versetzte, von Stund' an dem Love Principle gemäß zu leben. Das transformatorische Aha-Erlebnis ist gar nicht unähnlich einer Nahtoderfahrung, bei der sich die Persönlichkeit des Betroffenen für immer verändert, und zwar so, wie es per Willenskraft wahrscheinlich nicht möglich gewesen wäre; vielleicht hat er sogar vorher eine solche Veränderung herbeizuführen versucht, doch ohne Erfolg. Aber Herz und Geist kontrollieren den Körper. Wenn sich die Programmierung ändert, kann sich buchstäblich alles ändern, oft in Sekundenschnelle. Wenn so etwas passiert, gibt es keine Zweifel an der Echtheit der Erfahrung.

Wir haben es nicht in der Hand, ob uns dieses transformatorische Aha-Erlebnis geschenkt wird oder nicht, aber es ist solch ein unglaubliches Geschenk, dass ich sicher sein will, dass Sie jede Gelegenheit wahrnehmen, es zu empfangen. Alles, was Sie nun tun müssen, ist beten[7] und über das Love Principle meditieren und offen sein für die Möglichkeit, mit solch einer Erfahrung beschenkt zu werden. Vor allem sollten Sie über jeden der folgenden Punkte nachdenken, einen nach dem anderen und in dieser Reihenfolge:

- Wenn Sie Ihren Erfolg an einem äußeren Umstand festmachen, ist Scheitern praktisch vorprogrammiert – nicht nur in diesem bestimmten Fall, sondern in allen Fällen –, denn die Konzentration auf einen äußeren Umstand als Lebensziel setzt Sie chronisch unter Stress. Sie stellen damit praktisch sicher, dass Sie niemals wahren Erfolg haben werden, denn chronischer Stress blockiert Erfolg.
- Wenn ich durch die Brille des «Was dabei für mich heraus-

---

[7] Wenn Sie mit der Vorstellung zu beten Schwierigkeiten haben, dann empfehle ich Ihnen wärmstens das Buch von Larry Dossey *Heilende Worte: Die Kraft der Gebete als Schlüssel zur Heilung*, in dem er wissenschaftliche Untersuchungen beschreibt, die die Kraft des Gebets nachgewiesen haben. Wenn Sie trotzdem ein Problem mit Beten haben, dann bitten Sie Ihr Herz statt einer höheren Macht.

springt» (WDFMH) jeden einzelnen Bereich meines Lebens betrachte, bekomme ich kurzfristig vielleicht, was ich mir wünsche, aber langfristig wird es jedes Mal zu Schmerz und Misserfolg führen. Die Perspektive des WDFMH im Einklang mit der Liebe aufzugeben, führt immer zum Erfolg und zu jenen Gefühlen, die mich langfristig befriedigen und erfüllen.

- Was Sie sich wirklich schon immer gewünscht haben, ist nichts Äußerliches oder Materielles. Es ist innerlich – genauer gesagt der innere Zustand von Liebe, Freude, Frieden in Ihrem Herzen und Geist.
- Wenn Sie Ihren Erfolg oder Misserfolg auf eine Willensanstrengung gründen, ohne zunächst eine Bereinigung und Umprogrammierung vorzunehmen, ist die Chance auf Erfolg verschwindend gering und die Wahrscheinlichkeit zu scheitern riesengroß. Etwas zu versuchen, zu dem Sie im Grunde gar nicht in der Lage sind, verursacht sogar noch mehr Stress und lässt die Wahrscheinlichkeit zu scheitern weiter wachsen. Das Gegenteil von ungesunder Kontrolle durch Willenskraft ist, das Endresultat in einer Haltung von Liebe, Glaube, Vertrauen und Hoffnung aufzugeben.
- Wenn Sie den inneren Zustand von Liebe, Freude, Frieden schaffen, wird er eine positive äußere Situation hervorbringen, die unmöglich allein durch Willenskraft zu erreichen gewesen wäre.
- Im gegenwärtigen Augenblick im Einklang mit der Liebe zu leben und äußere Ergebnisse und Umstände aufzugeben, wird Erfolg und Glück nach sich ziehen, wie Sie es sich nicht einmal in Ihren kühnsten Träumen vorstellen können.
- Sie müssen *Willensanstrengung* und *Erwartungen* hinter sich lassen, um zu bekommen, was Sie sich wirklich am meisten wünschen.

Beten und meditieren Sie darüber eine Stunde, eine Woche oder so lange, wie es eben dauert, bis es wirklich in Ihrem Herzen verankert ist. Geben Sie sich selbst Gelegenheit, jenes transformatorische Aha-Erlebnis zu haben, das Sie innerhalb eines Augenblicks umprogrammieren kann. Sie können auch täglich beten und darüber meditieren in der Zeit, während Sie mit den Tools arbeiten. Wenn Sie dieses Geschenk erhalten und mit einem Mal in der Lage sind, bei allem, was Sie tun, unbehindert von irgendwelchen Erwartungen an die Zukunft, alles und jeden zu lieben, dann brauchen Sie vielleicht nicht einmal mehr den Rest dieses Buches zu lesen. Ich schlage Ihnen vor, es dennoch zu tun, um die Mechanismen hinter den Veränderungen in Ihnen zu verstehen – oder um an einem neuen Erfolgsthema zu arbeiten. Oder geben Sie es an jemand weiter, der es brauchen könnte.

Ich werde oft gefragt: «Woran merke ich, ob ich eines dieser umprogrammierenden, transformatorischen Aha-Erlebnisse habe?» *Sie werden es merken!* Es ist wie (wahre) Liebe: Es geht über Worte hinaus. Sie werden wissen und fühlen, dass etwas tief in Ihnen sich verändert hat und Sie nie wieder derselbe sein werden. Sie spüren vielleicht Wärme, Aufregung, Frieden, Wohlbefinden über die körperliche Ebene hinaus, Leichtigkeit, Freiheit von Angst oder Sorge sowie Liebe. Ihre Gedanken, Glaubenssätze und Verhaltensweisen werden sich spontan verändern. Vertrauen Sie mir: Sie werden es merken!

Aber bitte machen Sie sich keine Sorgen, wenn so ein transformatorisches Aha-Erlebnis nicht eintritt. Das bedeutet nicht, dass Sie etwas falsch gemacht haben. Es wird vielleicht später passieren, es kann aber auch sein, dass der für Sie beste Weg darin besteht, die Instrumente anzuwenden, die ich Ihnen hier vorstelle, um die Bereinigung und Umprogrammierung auszulösen, was die Transformation automatisch bewirken wird.

Wenn Sie kein «Aha» spüren, geben Sie nicht auf, was immer

Sie tun! Denken Sie an die Ratgeber: Es dauert 200 Seiten oder länger, die Prinzipien zu erklären, und dann sind die Bücher zu Ende – in der Annahme, dass Sie, sobald Sie wissen, was Sie tun müssen, es ganz einfach mit Hilfe Ihrer Willenskraft umsetzen können. Sie mögen das Gefühl haben, es genüge Ihnen zu wissen, was zu tun ist. Vielleicht wollen Sie es sofort selbst ausprobieren. Deshalb ist es Ihnen natürlich freigestellt, dieses Buch nun zuzuklappen und allein mit Willenskraft das Love Principle in Ihrem Leben umzusetzen. Sicher wird es Ihnen einen oder zwei Tage lang ganz leichtfallen, jedermann zu lieben und im gegenwärtigen Augenblick zu leben; aber ich fürchte, Sie werden herausfinden, dass das nicht auf Dauer so bleibt. Tatsächlich *kann* es fast gar nicht so bleiben. Ihre innere Hardware und Software haben Sie dagegen programmiert. Fast niemand, den ich kenne, war fähig, es mit Willenskraft allein zu schaffen – mich eingeschlossen. Einfach nur das Konzept zu begreifen und es mittels Willenskraft umzusetzen, wird langfristig nicht funktionieren.

Anderseits haben Sie vielleicht immer noch Schwierigkeiten, dieses Prinzip zu verstehen. So viele meiner Klienten, mit denen ich persönlich gearbeitet habe, konnten die Prinzipien zuerst nicht verstehen, weil sie alles auf den Kopf stellen, was wir bisher gelernt haben und uns fast jeder erzählt. Es ist so, als würde ich ihnen sagen, die Erde ist eine Scheibe. Sie konnten es einfach nicht begreifen, dass sie ihr Endresultat erreichen könnten, indem sie es aufgaben, und dass sie etwas vollbringen könnten, zu dem sie noch nie fähig waren, indem sie sich nicht so anstrengten!

Ich wiederhole dann die Prinzipien immer wieder, was nur einen völlig verwirrten Gesichtsausdruck hervorrief. Schließlich, und das war unvermeidlich, kapierten sie es. Jedes Mal zeigte sich ein aufgeregtes Lächeln in ihrem Gesicht, ihre gesamte Körpersprache wurde dynamisch, und sie sagten so etwas wie «Ohhh ...» oder «Wow!» oder «Jetzt hat's geklickt». Das Licht war angegangen, jetzt hatten sie verstanden. Wenn also das Licht bei Ihnen noch nicht angegangen ist – das ist normal. Beten Sie und meditieren Sie weiter über die Prinzipien, und es wird geschehen. Und wenn es geschieht, dann wird es sein, als hätten Sie eine geheime Tür zum Glücklichsein gefunden, von deren Existenz Sie nie etwas geahnt haben.

Egal, wie es sich bei Ihnen verhält, die gute Nachricht ist: Ihr Erfolg hängt weder von der Willenskraft ab noch von einem intellektuellen Verständnis allein. Der Rest des Buches wird Ihnen die Instrumente und das Verfahren erklären, wie Sie es erfolgreich in die Praxis umsetzen.

Aber bevor wir die Instrumente und das Verfahren näher betrachten, werden wir zwei wichtige Konzepte kennenlernen: das Zellgedächtnis und das, was ich Spirituelle Physik nenne.

KAPITEL 2:

Das Zellgedächtnis

Normalerweise merkt man immer schnell, wenn etwas im Leben nicht rundläuft; die Symptome Schmerz oder Ängste entgehen einem selten. Vielleicht haben Sie Zahnschmerzen oder können nicht einschlafen, weil Sie sich Sorgen machen, wo Ihr Sohn im Teenageralter so lange bleibt. Nicht so einfach ist es, die Ursache dieser Probleme zu ermitteln und wirklich die Ursache zu heilen, statt nur ihre Symptome in den Griff zu bekommen. Wir neigen von Natur aus dazu, die aktuelle Situation für das Problem zu halten, aber das stimmt oft nicht. Indem wir unsere Energie darauf richten, die Situation zu verändern, weil wir sie als Ursache des Problems betrachten, obwohl sie das *nicht* ist, schaffen wir uns nur noch mehr Stress.

In den letzten 50 und besonders in den letzten 15 Jahren haben Experten nachgewiesen, dass die Wurzel unserer Symptome von Schmerz und Ängsten normalerweise nicht in unserem Körper zu suchen ist, ja nicht einmal in unserer Umgebung. Die Wurzel liegt in den unsichtbaren Problemen unseres Unbewussten und Unterbewusstseins – in dem, was die Wissenschaft «Zellerinnerungen» nennt.

Was genau ist aber mit «Zellerinnerungen» gemeint? Eigentlich nichts anderes als Ihre *Erinnerungen*. Die Forschung hat dem Wort nur «Zell» vorangestellt, weil wir früher glaubten, dass alle Erinnerungen im Gehirn abgespeichert würden – bis über viele Jahre hinweg die Chirurgen verschiedene Teile des Gehirns bei vielen verschiedenen Patienten entfernt hatten, die Erinnerungen aber immer noch da waren. Die Erfahrungen von Organempfängern sprechen ebenfalls für diese Hypothese. Mittlerweile wissen wir, dass Erinnerungen in sämtlichen Körperzellen abgespeichert sind; und dabei handelt es sich immer noch um das, was wir unser «Gedächtnis» nennen würden (weshalb ich diesen Begriff hier auch weiter verwenden werde). Unter all den verschiedenen Termini, die von Autoren und Forschern benutzt werden, habe ich mir angewöhnt, jenem den Vorrang zu geben, den schon König Salomon verwendete, zumal er die früheste Quelle ist, die ich für diesen Ausdruck finden konnte: «das Herz». Um es von unserem organischen Herzen zu unterscheiden, bezeichne ich es als das «spirituelle Herz».

Wenn ich in diesem Buch also vom «spirituellen Herzen» spreche, können Sie dafür auch ebenso gut «Zellerinnerungen» oder «das Unterbewusstsein und das Unbewusste» einsetzen. Ich meine damit schlicht jenen Ort, an dem unsere guten und schlechten Erinnerungen, die Quelle all unserer Lebensthemen und -probleme, ihren Sitz haben.

Am 12. September 2004 veröffentlichte die *Dallas Morning News* unter der Schlagzeile «Medizinischer Durchbruch» einen Artikel über eine Forschungsstudie, die gerade am Southwestern University Medical Center in Dallas beendet worden war. Die Wissenschaftler hatten entdeckt, dass unsere Erfahrungen nicht in unserem Gehirn zu suchen sind, sondern auf Zellebene im ganzen Körper abgespeichert werden.

Sie hielten diese Zellerinnerungen für den wahren Ursprung von Krankheit und Leiden. Im Interview sagt Dr. Eric Nestler, Mediziner aus Harvard:

> Die Wissenschaft glaubt, dass diese Zellerinnerungen den Unterschied zwischen Gesundheit und Krankheit bedeuten könnten ... Krebs kann das Ergebnis einer schlechten Zellerinnerung sein, die an die Stelle einer guten tritt ... Das

könnte uns eine der wirksamsten Methoden zur Heilung von Krankheiten an die Hand geben.[1]

Dieser Artikel wurde überall auf der Welt nachgedruckt. Wenn man das, was die Southwestern mit «Zellerinnerungen» meint, mit Salomons «Problemen des Herzens» vergleicht, kommt man zu dem Schluss, dass sie von ein und derselben Sache sprechen.

Im Oktober 2004 brachte die *Dallas Morning News* den Folgeartikel: «Eine Zelle vergisst». Ich weiß, dass dies ein langes Zitat ist, aber es lohnt sich:

> In der gesamten Natur, so stellt die Wissenschaft fest, speichern Zellen und Organismen ihre Erfahrungen ab, und zwar ohne dass das Gehirn beteiligt wäre. Die Wissenschaft glaubt, dass diese Zellerinnerungen den Unterschied zwischen Gesundheit und Krankheit bedeuten könnten.
> Krebs kann das Ergebnis einer schlechten Zellerinnerung sein, die an die Stelle einer guten tritt … Psychische Traumata, Sucht und Depression können durch abnorme Erinnerungen innerhalb der Zellen ausgelöst werden. Krankheiten, die später im Leben ausbrechen – so vermuten die Wissenschaftler –, könnten von fehlgeleiteten Erinnerungen verursacht sein, die sich den Zellen einprägen, während der Mensch altert. Selbst das «echte» Gedächtnis, das ein Gehirn braucht, scheint auf Erinnerungen zu beruhen, die in den Zellen sitzen.

---

[1] «Medical School Breakthrough», in: *The Dallas Morning News*, 12. September 2004. Siehe dazu auch den Folgeartikel von Sue Goetinck Ambrose: «A Cell Forgets», in: *The Dallas Morning News*, 20. Oktober 2004, http://www.utsandiego.com/uniontrib/20041020/news_z1c20cell.html (abgerufen am 22. November 2013).

Nun versuchen die Wissenschaftler zu verstehen, wie die Zellen diese Erinnerungen an sich ziehen, und vielleicht sogar Krankheiten bei der Wurzel zu packen, indem sie diese Erinnerungen korrigieren.

«Das könnte uns eine der wirksamsten Methoden zur Heilung von Krankheiten an die Hand geben», sagte Dr. Eric Nestler, Leitender Direktor der Psychiatrischen Abteilung am Southwestern Medical Center der University of Texas in Dallas.

Die Therapie vieler Krankheiten, sagt er, sei heutzutage nicht viel wirkungsvoller als Heftpflaster. Man behandle die Symptome der Krankheit, aber nicht ihre Ursache. «Wenn wir uns dieses Wissen zunutze machen», so Nestler weiter, «versetzt uns das in die Lage, die Störung tatsächlich zu beheben.»[2]

Der Artikel erklärt im Fortlauf, dass Dr. Nestler und andere Zellbiologen, darunter Dr. Susan Lindquist und Nobelpreisträger Dr. Eric Kandel, spezifische chemische Marker auf unseren Zellen entdeckt haben, die zu signalisieren scheinen, ob ein bestimmtes Gen «angeschaltet» werden soll oder nicht. Ja, Dr. Nestler hat im *Journal of Neuroscience* sogar Forschungsmaterial veröffentlicht, das zeigt, dass Elektroschocks die Marker auf den Hirngenen von Mäusen verändern können.[3]

Die Forschung hat aber auch gezeigt, dass neben Elektroschocks noch etwas anderes diese Marker einer Zellerinnerung verändern

---

2 Sue Goetinck Ambrose: «A Cell Forgets», in: *The Dallas Morning News*, 20. Oktober 2004, http://www.utsandiego.com/uniontrib/20041020/news_z1c20cell.html (abgerufen am 22. November 2013).

3 Ebd.

kann: die Liebe einer Mutter. Bei Laborexperimenten mit Ratten fanden die Forscher heraus, dass eine Mutterratte, indem sie ihre Jungen ableckt, praktisch die chemischen Marker verändert, die an dem Gen haften, welches ihr Angsterleben regiert. Das hat zur Folge, dass die Jungen weniger Angst in ihrem Leben zeigen, und deutet darauf hin, dass die Liebe einer Mutter «ihr Gehirn fürs Leben programmiert».

Mit anderen Worten: Diese Forscher konnten zeigen, dass Liebe ein Gegenmittel gegen Angst ist und dass sowohl Liebe als auch Angst auf der Zellebene messbar sind. Sie entdeckten ebenfalls, dass Einflüsse von außen eine sonst ganz «friedliche» Zelle einer «Gehirnwäsche» unterziehen können, sodass sie zur invasiven Krebszelle mutiert; auch das kann man an den Markern feststellen. «Die friedliche Zelle wird mit strategisch platzierten Genmarkern *umprogrammiert* [Hervorhebung von mir], die bewirken, dass sie unkontrolliert zu wuchern beginnt.»[4]

Diese Forschungsarbeit stammt von 2004. Auch heute noch studieren die Wissenschaftler unermüdlich die spezifischen Marker von Zellerinnerungen und versuchen zu verstehen, wie sie sich im Labor manipulieren lassen. Vielleicht haben Sie ja schon durch Geschichten über Organtransplantationen vom Einfluss des Zellgedächtnisses gehört. Ein berühmtes Beispiel in diesem Zusammenhang ist Claire Sylvia, die ihre Erfahrungen in dem Buch *Herzensfremd* niedergeschrieben hat. Nach ihrer Herz- und Lungentransplantation im Yale-New Haven Hospital 1988 stellte sie einschneidende Veränderungen an ihrer Persönlichkeit fest: Sie entwickelte plötzlich Heißhunger auf Fastfood von Kentucky Fried Chicken, was sie als gesundheitsbewusste Tänzerin und Choreographin vorher niemals gegessen hätte; sie mochte auf einmal Blau- und Grüntöne lieber als das Hellrot und Orange, das sie

---

4 Ebd.

sonst getragen hatte, und sie wurde aggressiv, was noch weniger ihrem Charakter entsprach. Nach einigen Nachforschungen entdeckte sie, dass all dies Wesenszüge ihres Spenders gewesen waren. Dutzende ähnliche Erfahrungen wurden auch von anderen Organempfängern berichtet. Die Erklärung dafür liegt im Zellgedächtnis.[5]

An der University of Wisconsin klonte Dr. Bruce Lipton menschliche Muskelzellen, um herauszufinden, warum sie atrophierten. Er entdeckte, dass individuelle Muskelzellen aufgrund dessen reagieren und mutieren, wie sie ihre Umgebung «wahrnehmen», und nicht notwendigerweise aufgrund der «tatsächlichen» Umgebung. Weitere Forschungen führten ihn zu der Erkenntnis, dass dies auch für den Menschen als Ganzes gilt: Wir reagieren und verändern uns abhängig davon, wie wir unsere Umgebung wahrnehmen (und nicht abhängig davon, wie unsere Umgebung wirklich ist, wie wir im letzten Kapitel gesehen haben). Ein anderer Begriff für solche Wahrnehmungen ist «Glaubenssätze».[6] Dr. Lipton vertritt die Meinung, dass so gut wie jedes gesundheitliche Problem einem falschen Glaubenssatz im Unterbewusstsein entspringt. Nach der Lektüre des Kleingedruckten in ihren Forschungsnachweisen glaube ich, dass das, was Dr. Lipton die «Glaubenssätze des Unterbe-

---

5 Paul Pearsall, Gary E. Schwarz und Linda G. Russek: «Organ Transplants and Cellular Memories», in: *Nexus* 12, Nr. 3 (April/Mai 2005); Exzerpt online abrufbar unter http://www.paulpearsall.com/info/press/3.html (abgerufen am 26. November 2013). Siehe auch Claire Sylvia: *Herzensfremd*, Köln: Bastei Lübbe 1999. Weitere Geschichten über Organempfänger und die Verbindung zum Zellgedächtnis siehe Paul Pearsall: *Heilung aus dem Herzen. Die Körper-Seele-Verbindung und die Entdeckung der Lebensenergie*, München: Goldmann 1999.

6 Bruce Lipton: *The Biology of Perception*, Video, 2005, www.youtube.com/watch?v=WnmaiWWZ3fc.

wusstseins» nennt, genau dasselbe ist wie das, was Dr. Nestler und seine Kollegen mit «Zellgedächtnis» und König Salomon mit dem «spirituellen Herzen» meinen. Und da wir aus dem letzten Kapitel wissen, dass das Unterbewusstsein eine Million Mal mächtiger ist als das Bewusstsein, steht die Wahrscheinlichkeit dafür, dass Sie das Leben bekommen, das Sie sich wünschen, bei eins zu einer Million, wenn Sie nicht diese Glaubenssätze verändern.[7]

Das Phänomen der Zellerinnerung tritt bei jedem Menschen auf diesem Planeten auf, nicht nur bei den Kranken oder Leistungsschwachen. Unsere Zellerinnerungen (oder unterbewussten Glaubenssätze oder Probleme des spirituellen Herzens) holen uns früher oder später ein – wie im letzten Kapitel bei unserem Beispiel des Ehemannes, der eine Affäre hatte. Wie einen Virus auf dem Computer können Sie sie nicht einfach ignorieren und hoffen, dass sie sich wunderbarerweise in Luft auflösen; das wird einfach nicht passieren.

Dr. John Sarno von der medizinischen Fakultät der New York University hat eine bahnbrechende Forschungsarbeit über psychosomatische Erkrankungen und die Verbindung zwischen Seele und Körper (vor allem zu Rückenbeschwerden) veröffentlicht.[8] Dr. Sarno pflichtet Dr. Lipton und Dr. Nestler dahingehend bei, dass chronische Schmerzen und Erkrankungen beim Erwachsenen von destruktiven Zellerinnerungen herrühren. Wenn man die Zellerinnerung heilt, verschwinden auch die chronischen Schmerzen und Erkrankungen.

Der ganzheitlich orientierte praktische Arzt Dr. Andrew Weil

---

7 Bruce Lipton: *Die Intelligenz der Zellen*, a. a. O.

8 John E. Sarno: *Befreit von Rückenschmerzen. Die Körper-Seele-Verbindung realisieren*, München: Goldmann 2006; und John E. Sarno: *Frei von Schmerz. Psychosomatische Beschwerden verstehen und ganzheitlich behandeln*, Baden/Schweiz und München: AT 2007.

behauptet in seinem Bestseller *Health and Healing*: «Jede Krankheit ist psychosomatischen Ursprungs.»[9] Er meint damit nicht (genauso wenig wie Dr. Sarno), dass sie eingebildet ist; er meint, dass sie keine physische Ursache hat – und stimmt darin mit den bereits erwähnten Experten überein.

Dr. Doris Rapp, eine weltbekannte Allergologin für Kinderheilkunde, ist eine liebe Freundin von mir und eine meiner Heldinnen. Vor vielen Jahren beschloss sie, den engen Käfig der Schulmedizin hinter sich zu lassen, um Kindern zu helfen. Sie musste dafür Kritik von ihren Standesgenossen einstecken, behielt aber ihren Kurs bei. Heute gibt es Abertausende Menschen rund um den Globus, die Dr. Rapp als Schlüsselfigur in ihrem Leben bezeichnen würden, und die Liste der Auszeichnungen für ihr humanitäres Engagement ist so lang wie Ihr Arm.

In ihrem Bestseller *Ist das Ihr Kind?* schreibt sie über das «Stressfass».[10] In ihrem Buch fand ich vor vielen Jahren diesen Effekt zum ersten Mal diskutiert, und er hinterließ bei mir einen tiefen Eindruck. Stellen wir uns vor, der gesamte Stress in unserem Leben befände sich in einem großen, inneren Fass. Solange das Fass nicht voll ist, kann unser Körper neu hinzukommenden Stress bewältigen. Jemand mag wütend auf uns sein, etwas mag nicht so laufen, wie wir es gern hätten, oder wir mögen Toxinen ausgesetzt sein – aber uns geht es immer noch gut, Körper und Seele können damit umgehen. Sobald unser Fass allerdings voll ist, rasten wir bei der winzigsten Kleinigkeit aus. Der Tropfen, der das Fass zum Überlaufen bringt, ist also ein stimmiges Bild.

Sagen wir zum Beispiel, Sie hätten gestern Erdnüsse gegessen

---

9 Andrew Weil: *Health and Healing. The Philosophy of Integrative Medicine and Optimum Health*, Boston: Houghton Mifflin 1983, S. 57.

10 Doris Rapp: *Ist das Ihr Kind? Versteckte Allergien bei Kindern und Erwachsenen aufdecken und behandeln*, Hamburg: Promedico 1996.

und es ging Ihnen dabei gut. Aber heute essen Sie eine einzige Erdnuss und entwickeln eine allergische Reaktion. Das ergibt absolut keinen Sinn – es kann jedenfalls nicht an den Erdnüssen liegen, nicht wahr? Gestern haben Sie welche gegessen, und es ging Ihnen gut. Was ist heute anders? Die Wahrheit ist: Es liegt an den Erdnüssen, und es liegt nicht an den Erdnüssen. Ja, das Verspeisen der Erdnüsse hat eine negative körperliche Reaktion ausgelöst. Aber die Erdnüsse hätten diese Reaktion nicht triggern können, wenn Ihr Stressfass nicht voll gewesen wäre. Die wahre Ursache waren nicht die Erdnüsse, sondern es war der Stress (oder genauer gesagt seine innere «Quelle»). Ihr Stresspegel war der Faktor, der den Unterschied ausgemacht hat.

Diese Theorie erweist sich sowohl auf der körperlichen als auch auf der nichtkörperlichen Ebene als zutreffend. Wenn Sie Kinder haben, kennen Sie das wahrscheinlich. Wenn Sie Ihrem zweijährigen Sohn am Mittwoch sagen, dass es Zeit ist, vom Spielplatz heimzugehen, trottet er vielleicht folgsam mit. Aber wenn Sie ihm dasselbe in demselben Park um dieselbe Uhrzeit am Sonntag sagen, flippt er vielleicht aus und schüttet in dem schlimmsten Tobsuchtsanfall, den er bis dato hatte, einen ganzen Geysir an Adrenalin aus. Seine Reaktion hing beide Male davon ab, wie voll sein Stressfass war. Sobald es kurz vor dem Überschwappen steht, behandelt sein Unbewusstes das Verlassen des Spielplatzes wie einen lebensbedrohlichen Notfall. (Äußerlich sieht es einfach nur so aus, als würde er überreagieren.) Sie ersehen daraus, dass wir nicht darauf ausgelegt sind, mit einem vollen Stressfass zu leben. Solchermaßen aus dem Gleichgewicht gebracht zu leben, führt zu körperlichen und nichtkörperlichen «Fehlfunktionen».

Die vordringliche Aufgabe unserer Stressreaktion ist es, uns zu schützen, und nicht, uns glücklich zu machen. Auf körperlicher wie nichtkörperlicher Ebene ist unsere Stressreaktion viel eher geneigt, überzureagieren, als unterzureagieren, und oft setzt sie nur «sicherheitshalber» die Kampf-oder-Flucht-Reaktion in Gang. Würde sie in einer gefährlichen Situation unterreagieren, könnten wir sterben; dann hätte die Stressreaktion bei ihrer wichtigsten Aufgabe versagt. Außerdem bestimmt die Menge des ausgeschütteten Adrenalins, die sich nach dem Stresslevel der momentanen Situation richtet, die Kraft der Erinnerung in unserem spirituellen Herzen fürs ganze Leben. Unser Unterbewusstsein wird stets Erfahrungen den Vorzug geben, die «seiner Meinung nach» für unsere Sicherheit sorgen und uns von Gefahren fernhalten, die es auf der Grundlage unserer Erinnerungen beurteilt – vor allem unserer angstbesetzten Erinnerungen. Sie verstehen nun, warum wir alle nicht sehr hilfreiche Programme in unserem spirituellen Herzen haben: Eine belastende Erinnerung, die genau jetzt in unserem Leben Unheil anrichtet, könnte gut und gern darauf zurückgehen, dass wir im Alter von zwei Jahren mal einen schlechten Tag im Park hatten!

Unser Stressfass enthält sogar generationenübergreifende Erinnerungen. Sie können eine idyllische Kindheit und ein Leben ohne jedes Trauma gehabt haben, aber aus irgendeinem Grund haben Sie trotzdem ein gewichtiges Problem mit Ihrem Selbstwertgefühl, mit Depressionen, Ihrer Gesundheit oder mit Süchten. Ich habe mit vielen Menschen gearbeitet, die in diese Kategorie fallen und irgendwann feststellen, dass bereits vor Generationen in der Familie eine gravierende Traumatisierung stattgefunden hat (zum Beispiel wurde ein Kind von einem Zug erfasst und kam um), die alle Familienangehörigen grundlegend verändert hat. Diese Erinnerungen – potente Viren für die menschliche Festplatte – werden wie die DNA weitergegeben. Je mehr Adrenalin ausgeschüttet wurde, als sich der Vorfall ereignete, desto stärker ist die Erinnerung daran, desto stärker beeinträchtigt sie Sie und desto wahrscheinlicher wird sie an künftige Generationen weitergereicht. Die Erinnerungen, die Sie beeinflussen, sind vielleicht also nicht mal Ihre eigenen. Generationenübergreifende Erinnerungen können jenes Phänomen erklären, das wir vor einigen Jahrzehnten als «Teufelskreis» und «Durchbrechen des Teufelskreises» oder auch als Verhaltens-, Denk- und Gefühlsmuster bezeichnet haben, die sich in bestimmten Familien immer und immer wiederholen. Wenn Sie der Person, die gerade das Problem hat (selbst wenn es genetischer Natur und schon viele Generationen von seinem Ursprung entfernt ist), den Stress nehmen, wird selbst ein genetisches Problem heilen können.

Eine meiner Klientinnen fand irgendwann heraus, dass der Ursprung ihrer aktuellen Probleme über hundert Jahre zurücklag. Nachdem sie ein wenig in ihrer Familiengeschichte herumgestochert hatte, entdeckte sie, dass ihre Ururgroßmutter im Amerikanischen Bürgerkrieg hatte mit ansehen müssen, wie ihr Mann und drei Söhne in ihrem Haus umgebracht wurden und das ganze Anwesen bis auf die Grundmauern niederbrannte. Wir können nur ahnen, wie dieses Ereignis sich auf den Stresspegel, die Gesundheit und die Lebensumstände dieser Frau auswirkte. Sie gab diese Stresserinnerungen (und ihre Symptome) an ihre Nachkommen weiter, selbst an jene, die der Situation schon so fern waren, dass sie nicht einmal mehr davon wussten – auch an meine Klientin. Aber diese Art von Stress bedeutet nicht, dass es keine Heilung davon gibt. Als wir diese Erinnerung aus einer vergangenen Generation identifiziert hatten, konnten wir an der Wurzel der Probleme meiner Klientin arbeiten und sie heilen. In Teil III lernen Sie, wie Sie das selbst tun können.

Wenn Sie damit die Einzelheiten aus den erwähnten wissenschaftlichen Forschungsarbeiten vergleichen, dann besagen sie das Gleiche: Die Ursache jedes Problems kann mit unserem Unterbewusstsein verknüpft sein, das auch «Zellerinnerung» oder «spirituelles Herz» heißt. Der Auslöser ist etwas in unserer gegenwärtigen Situation, das an die Erinnerung aus der Vergangenheit geknüpft ist, und das Symptom ist die Stressreaktion.

So erzeugen Zellerinnerungen negative Symptome

Und nun kommt, was all das wirklich zu bedeuten hat. Ihr Körper besteht aus 7 000 000 000 000 000 000 000 000 000 (sieben Quadrilliarden) Atomen. Jedes einzelne davon wird durch Ihre Gedanken beeinflusst. Jedes Mal, wenn Sie einen neuen Gedanken haben, werden neue Verknüpfungen oder Nervenbahnen in Ihrem Gehirn angelegt. Wenn durch bestimmte Ereignisse immer wieder dieselben Gedanken oder Emotionen automatisch getriggert werden, rühren diese von einem Nervennetzwerk her, das geknüpft wurde, als Sie ein derartiges Ereignis zum ersten Mal erlebten. Diese Nervennetzwerke sind Ihre Zellerinnerungen. Jedes Mal, wenn Sie ein ähnliches Ereignis erleben, wird dieselbe Erinnerung getriggert; Sie wissen normalerweise gar nicht, woher es kommt oder warum Sie diese Gefühle haben.

Die Herausforderung liegt darin, dass die meisten Ihrer Stressreaktionen auf Autopilot laufen und auf Erinnerungen an vorausgegangene Erlebnisse beruhen. Wenn Sie mit wunderbaren Rollenvorbildern aufgewachsen sind und das nötige Rüstzeug für Ihr Leben mitbekommen haben, mögen Sie einer der wenigen Menschen sein, die heute glücklich und zufrieden leben. Aber wenn Sie in Ihrer Vergangenheit Traumata erlitten haben, die noch nicht geheilt wurden, weder in Ihrem eigenen Leben noch in dem Ihrer Vorfahren, dann werden sich in Ihrem Leben wahrscheinlich ähnliche Erlebnisse häufen, die dank Ihrer Zellerinnerungen immer wiederkommen.

Ihre Zellerinnerungen sind die Anhaltspunkte, an denen sich Ihr Gehirn orientiert, um zu entscheiden, wie es hier und jetzt reagieren soll. Das ist der Grund, warum so viele von uns als Erwachsene in unseren Beziehungen unsere Eltern nachahmen, im Guten wie im Schlechten – selbst wenn wir es eigentlich besser wissen und uns nach Kräften bemühen, uns anders zu verhalten.

Wenn Sie also eine Erinnerung besitzen, die mit Wut zu tun hat, Angst, geringem Selbstwertgefühl oder Hunderten anderen, ähnlich negativen Gefühlen, dann kann Sie diese Erinnerung krank machen, zu chronischen Misserfolgen führen und Ihre wichtigsten Beziehungen zerstören. So mögen Sie bei jeder Situation in Ihrem Leben denken, dass Sie sich unvoreingenommen und als vernünftig denkender Erwachsener damit auseinandersetzen und eine neue, bewusste Entscheidung treffen, wie Sie in diesem Augenblick jetzt und hier reagieren sollen. Tatsächlich aber sucht Ihr spirituelles Herz nach einer Erinnerung, die am besten zu dem Sinnesreiz passt, welchen es noch vor Ihnen auffängt. Laut aktuellem Forschungsstand vergeht eine Sinneswahrnehmung (ein Bild, Geruch, Gefühl etc.) nach einer Sekunde. Wie auch immer wir also nach Ablauf einer Sekunde reagieren, hat nichts mehr mit unseren Sinnen zu tun, sondern mit unserer Erinnerungsdatenbank.[11] Wie Anaïs Nin vor vielen, vielen Jahren sagte: «Wir sehen die Dinge nicht, wie sie sind. Wir sehen sie, wie *wir* sind.» Denken Sie an das Beispiel der beiden Männer im Auto zur Rushhour. Der eine sieht rot, der andere bleibt cool. Sie befinden sich in der exakt gleichen Situation. Den Unterschied macht also nicht die Situation. Sondern der innere Zustand. Und so ist es auch.

Wenn Ihr spirituelles Herz eine glückliche Erinnerung findet, neigen Sie dazu, positiv zu reagieren. Wenn es eine schmerzhafte Erinnerung findet, neigen Sie dazu, ängstlich oder wütend zu reagieren. Diese angstbesetzte Erinnerung wird negative Symptome in Ihrer physiologischen Natur hervorbringen wie auch in Ihren Gedanken, Glaubenssätzen, Emotionen und Verhaltensweisen. Eine Erinnerung funktioniert gewissermaßen wie ein Handy, in-

---

11 *Your Brain. A User's Guide: 100 Things You Never Knew*, National Geographic 2012 (Sonderheft).

dem sie fortwährend sendet und empfängt. Besagte Erinnerung funkt ein «Angstsignal» an umliegende Zellen wie auch an den Hypothalamus in Ihrem Gehirn, der die Stressreaktion steuert. Wenn die Zellen dieses Signal erhalten, verschließen sie sich und beginnen abzusterben oder zu entarten; sie beseitigen keine Toxine mehr, noch nehmen sie Sauerstoff, Nährstoffe, Flüssigkeit oder Ionen auf, die sie eigentlich benötigen. Wenn die Zelle lange genug in diesem geschlossenen Zustand verharrt, steigt die Wahrscheinlichkeit sprunghaft an, dass ein Krankheitsgen aktiviert wird. Dr. Bruce Lipton behauptet sogar, dass dies die *einzige* Möglichkeit ist, wie sich eine Krankheit in Ihrem Leben manifestieren kann. Wenn das nicht der Fall ist, können Sie buchstäblich nicht krank werden, denn Ihr Immun- und Selbstheilungssystem wird immer optimal arbeiten.

Wenn der Hypothalamus das Angstsignal aus der Zellerinnerung empfängt, aktiviert er die Stressreaktion. Bingo – jetzt fangen die Probleme nämlich erst an. Unsere Kampf-oder-Flucht-Reaktion wird getriggert, unser Hypothalamus überschwemmt unseren Körper mit Hormonen wie Kortisol, und wir wechseln in den Schmerz-Lust-Modus, sodass wir um jeden Preis den Schmerz oder die Angst loswerden müssen. Nun wollen wir entweder wegrennen oder das da vor uns vernichten. Unser Gehirn hat unser rationales, bewusstes Denken so weit heruntergefahren, dass es *nur noch* um Kampf oder Flucht kreisen kann. Dieser Stress macht uns krank, müde, dumpf, negativ, kurz: zum Versager – und bringt praktisch jedes denkbare negative Symptom hervor. Erkennen Sie die Verbindung?

Diese Vorstellung erlaubt sehr wichtige Rückschlüsse auf die Rolle unseres Bewusstseins bei der Entscheidungsfindung und überhaupt bei jeder Verhaltensweise. Dr. William Tiller sagte mir über bewusste und unbewusste Absichten: «Wenn sie kollidieren, gewinnt stets das Unbewusste.» Eine Sekunde bevor wir bewusst entscheiden, dies oder jenes zu tun, ist ein chemisches Aktionspotenzial in unserem Gehirn feststellbar, das vorwegnimmt, wie unsere Entscheidung ausfallen wird, und den Körper schon mobilisiert – eine ganze Sekunde, bevor unser Bewusstsein beschließt, was wir tun werden. Unsere bewusste Entscheidung wird also eigentlich von unserer Programmierung gesteuert, sobald wir eine Angsterinnerung besitzen, die zur aktuellen Situation in Beziehung steht (was uns häufig nicht klar ist): Wir liefern nur die logische Erklärung für die Entscheidung, die unser Unbewusstes/Unterbewusstsein bereits getroffen hat. *National Geographic* nennt das die «Illusion einer Absicht».[12]

Viele Beispiele dafür haben Sie schon selbst erlebt. In den USA gibt es Farmerfamilien, die seit Generationen ausschließlich Chevys fahren («Das ist bei uns Familientradition»). Selbst wenn Chevys abgeschlagen auf Platz 47 des Automobilrankings landen, werden solche Familien jede nur denkbare rationale Erklärung anführen, warum hier eine Verschwörung am Werk ist und Chevys eigentlich auf Platz 1 stehen *müssten*. Natürlich haben diese Argumente nichts mit der wahren Qualität der Fahrzeuge zu tun, sondern mit der Programmierung, die in diesen Familien von Eltern und Großeltern weitergegeben wird. Wenn Chevys auf Platz 1 stehen, sind bei ihnen Bewusstsein und Unbewusstes in Harmonie. Wenn nicht, zerbrechen sie sich den Kopf, warum all diese Lügen über Chevys verbreitet werden, und stehen fortwährend unter Stress – was, wie unwichtig dieses oberflächliche Thema auch scheinen mag, ihr Stressfass weiter anschwellen lässt und vermutlich eine Vielzahl von Symptomen in ihrem Leben manifestiert, deren Ursache sie nicht ausmachen können. Warum hören sie nicht damit auf? Warum begreifen sie nicht, was sie da treiben, und fangen an, die Wahrheit zu glauben? Weil ihr Unbewusstes «anordnet», dass

12 Ebd.

sie Chevys kaufen müssen, und das Bewusstsein das natürliche «Bedürfnis» hat, den aktuellen Umständen einen Sinn abzuringen sowie dem, was sie denken, fühlen, glauben und tun. Deshalb tun sie, was zu tun sie sich «genötigt» sehen, auch wenn sie den Grund nicht kennen und Rechtfertigungen dafür suchen, weil sie es nicht wirklich wissen.

Ein schwerwiegenderes Beispiel ist unsere religiöse Erziehung. Ich persönlich bin in einem streng religiösen Elternhaus aufgewachsen, was in einen schizophrenen inneren Konflikt mündete: Man brachte mir bei, dass Gott Liebe ist – aber auch, dass er nur darauf wartet, bis ich eine Handbreit vom rechten Weg abweiche, um mich dann zu bestrafen. Als junger Erwachsener warf ich diese Gottesvorstellung über Bord, weil sie für mich nicht schlüssig war. Oder zumindest mein Bewusstsein warf sie über Bord, weil sie mich so sehr belastete. Mein spirituelles Herz brauchte tatsächlich Jahrzehnte, um es ihm gleichzutun. Aber an diesem Punkt begann ich, mich auf die Suche zu machen. Mit der Zeit heilten und änderten sich meine Glaubenssätze, und heute will ich keiner Religionsgemeinschaft mehr angehören (d. h., regelmäßig ein bestimmtes Gebäude aufzusuchen, das einen bestimmten Namen hat und bestimmte Regeln, denen man folgen muss, um ein «gutes Mitglied» zu sein). Ich habe in allen gute und schlechte Seiten gefunden.

Aber natürlich will ich damit ganz und gar nicht andeuten, dass ich auf Menschen herabschaue, die an eine Religion glauben und sie leben. Das tue ich nicht. Ich spreche nur über meine eigenen Glaubenssätze und meinen eigenen Weg. Heute verstehe ich mich als Anhänger Jesu. Punkt, nicht mehr und nicht weniger. Jesus lehrte, dass es genügt zu lieben; wenn man kein Liebe-volles Leben führt, hat man das Ziel verfehlt. Ich glaube, dass es meine Aufgabe ist, jeden Menschen in jeder Situation zu lieben, ohne Berechnung und Hintergedanken – ob derjenige mich nun mag und nett zu mir ist oder das Gegenteil. Meine Aufgabe ist es, nicht zu verurteilen, nur zu lieben. Ich glaube daran, dass das «spirituelles» Leben ist, nicht religiöses.

Hier nun meine Frage: Was ist mit Ihnen? Huldigen Sie VW oder Audi? Sind Sie religiös oder nicht? Anhänger von Dortmund oder Bayern? Für die Regierung oder gegen sie? Haben Sie das vergleichs- und wettbewerbsgesteuerte Gefühl, dass das, wofür auch immer Sie sind, ganz oben auf der Hitliste landen muss? Oder sind Sie stets auf der Suche und offen für die Wahrheit, worum es sich auch immer handeln mag? Die USA und Deutschland gehören zu den reichsten und gesegnetsten Nationen der Erde. Und trotzdem machen viele Amerikaner und Deutsche unglaublich viel Stress um Geld, weil sie ihre finanzielle Situation mit der von jemand anderem vergleichen, der es ihrer Meinung nach besser hat. Immer wenn jemand in meine Praxis kommt, der ein Stressproblem mit Geld hat, frage ich ihn: «Haben Sie ein Zuhause? Immer Essen auf dem Tisch? Strom?» Dann lautet die beschämte Antwort meistens: «Ja.» Diese Leute machen sich üblicherweise Sorgen um etwas, das nie passieren wird – und selbst wenn sie viel verloren haben, werden sie irgendwie doch immer ein Dach über dem Kopf und etwas zu essen haben. Aber die Ursache für ihren Stress ist die innere Angstprogrammierung, die sie dazu bringt, sich mit anderen zu vergleichen – und nicht, weil ihre Sicherheit für Leib und Leben bedroht wäre.

Ich habe einmal eine Online-Umfrage gelesen, bei der gefragt wurde: «Wenn Sie Ihr Haus, Ihr Hab und Gut und alle Menschen, die bei Ihnen leben, nehmen und in den ärmsten Teil Äthiopiens verfrachten könnten – würden Sie sich anders fühlen?» Ich war fasziniert von den Antworten der meisten Leute: Ja, sie würden sich anders fühlen – aber sie wären nicht zufriedener und hätten auch nicht mehr Mitgefühl. Sie wären besorgt, denn nun müssten sie ihren Besitz gegen alle anderen verteidigen, die es ja so viel schlechter hätten! Diese Art von unbewusster Absicht ist der Grund, warum wir die Erinnerungen in unserem spirituellen Herzen bereinigen und umprogrammieren müssen. Sonst sind wir nicht mehr als Marionetten an den Fäden unterbewusster und unbewusster Probleme, die uns nicht nur nicht helfen oder dienlich sind, sondern vor allem nicht einmal echt sind.

Schauen wir uns an, wie eine unbewusste Absicht in Aktion aussieht. Ein Mann nähert sich einer Autoschlange vor einer roten Ampel und wird wütend. Wut ist eine angstbesetzte Emotion; wenn er also in einer Situation, die nicht lebensbedrohlich ist, Angst hat, ist das ein Anhaltspunkt für einen Virus auf seiner Festplatte – was schlicht bedeutet, dass es in seinem Überlebensmechanismus eine Fehlfunktion gibt. Will heißen: In seinem spirituellen Herzen (oder seinem Unterbewusstsein) sind Erinnerungen abgespeichert, die ihm sagen, dies sei eine lebensbedrohliche Situation – ob sich dies nun von seiner Erziehung herleitet, einem Erlebnis von früher oder auch von einer generationenübergreifenden Erfahrung, von der er vielleicht gar nichts ahnt. Wenn wir mal annehmen, dass er die Einführung in diesem Buch gelesen hat, dann weiß sein Bewusstsein, was er tun sollte: geduldig in seinem Auto sitzen und den Fahrer vor ihm lieben. Na, dann viel Glück!

Sie sehen das Problem: Diese bewusste Erkenntnis hat keine Chance. Wenn seine Hirn- und Körperchemie ihm sagen, er müsse kämpfen, ist das Letzte, was er tun kann und will, voller Liebe im Auto zu sitzen. Das ist das Letzte, was jeder von uns tun würde! Nur wenige sind in der Lage, ihrer Schmerz-Lust-Programmierung zu widerstehen, wenn ihr Körper sich im aktivierten Kampf-oder-Flucht-Modus befindet. Willensanstrengung greift einfach nicht, weil der Knopf gedrückt wurde, noch ehe wir überhaupt realisiert haben, was vor sich geht. Tatsächlich wird die einzige Willensanstrengung, die der Betreffende aufbringen kann, darin bestehen, auf die Hupe zu drücken oder zu tun, was auch immer ihm hilft, am schnellsten «Dampf abzulassen» oder den Schmerz loszuwerden, den er gerade spürt. Normalerweise reicht das aber nicht aus, um ihn dazu zu bringen, zu tun, was er für das Richtige hält.

Echte Heilung ohne die Heilung Ihrer Erinnerungen gibt es nicht

Es gibt also keine echte Heilung, ohne dass auch Ihre Erinnerungen geheilt werden müssten – auf der körperlichen wie auf der nichtkörperlichen Ebene! Wenn Sie das, was Sie gerade erleben, nicht mögen, dann verlassen Sie sich darauf: Sie haben Erinnerungen an ähnliche, negative Erfahrungen abgespeichert und eine bestimmte Programmierung für das, was sie gerade erleben. Sie erleben und reproduzieren mit anderen Worten Ihre angstbesetzten Erinnerungen immer und immer wieder. Wenn Sie sich irgendwo in Ihrem Leben in einem Teufelskreis wiederfinden, sind solche Erinnerungen die Ursache für diesen Teufelskreis. Tatsächlich ist alles – Ihre Physiologie, Ihre Gedanken, Ihre Glaubenssätze, Ihre Gefühle und Ihr Verhalten – eine Manifestation Ihrer Erinnerungen und der Glaubenssätze, die sich aus ihnen entwickelt haben. Ihre angstbesetzte Programmierung beherrscht Ihre aktuelle Situation.

Ich hoffe, dass Sie nun klarer erkennen, warum Willenskraft und die meisten Therapieansätze nicht greifen: Sie erreichen die Wurzel des wahren Problems nicht. Selbst Therapien wie die bewusste Desensibilisierung, die bis zu den relevanten Erinnerungen vorzudringen *scheinen*, bewirken keine dauerhafte Heilung. Warum? Sie neigen dazu, unser Unbewusstes dahingehend zu programmieren, dass es diese Erinnerungen *unterdrückt* und so unsere emotionalen Reaktionen von ihnen abtrennt. Das ist Bewältigung, nicht Heilung. Außerdem tragen diese Erinnerungen selbst im unterdrückten Zustand zum Füllen des Stressfasses bei. Oder anders ausgedrückt: Sie versetzen uns effektiv in einen Dauerzustand inneren, unbewussten Stresses. Selbst wenn diese Erinnerungen Sie nicht mehr aktiv und emotional behelligen, können sie noch immer mehr Probleme denn je verursachen und die verschiedensten Symptome auslösen, die Sie einfach nicht loswerden können. Unterdrückung plus Bewältigung ist das *Gegenteil* von Heilung. Viele Menschen fühlen sich am Ende nur noch wie betäubt, anstatt sich an den positiven Auswirkungen von Liebe, Freude oder Frieden zu freuen. Unterdrückung plus Bewältigung ergibt noch immer Stress.

Über die Jahre kommen immer wieder Klienten zu mir, die mit einem bestimmten Problem fertigwerden wollen, dann aber spontan einen weiteren traumatischen Zwischenfall erwähnen, der sich schon viele Jahre zuvor ereignet hat. Sie glauben, dass sie ihn verarbeitet haben, denn sie sind deswegen schon seit 30 Jahren in Therapie. Ich sage dann: «Großartig», weiß aber auch, dass dieses Problem wahrscheinlich auch in meiner Arbeit mit ihnen wieder hochkommen wird. In den meisten Fällen wurde es einfach verdrängt, oder die Betroffenen haben Bewältigungsmechanismen erlernt – es wurde jedoch keineswegs geheilt.

Hypnose ist eine weitere Technik, die versucht, in unser Unbewusstes einzudringen und dort Probleme zu heilen. Aber ich persönlich würde selbst dem Menschen, dem ich am meisten vertraue, niemals erlauben, mich zu hypnotisieren. Ich sage nicht, dass es nicht funktionieren kann. Aber so wohlmeinend und erfahren der Therapeut auch sein mag, Hypnotiseure können sehr leicht in unserem Unbewussten etwas durcheinanderbringen, ohne es zu wollen, oder unabsichtlich eine posthypnotische Suggestion zurücklassen, die die Dinge viel schlimmer machen könnte, als sie vorher waren. Und niemand – nicht einmal der Hypnotiseur – wüsste, warum.

Ich habe das schon öfter erlebt, einmal während eines meiner Doktorandenpraktika. Der Hypnotiseur war ein Genie – jedenfalls meiner Meinung nach. Er war Chefarzt an einer Top-Universität und extrem erfahren und als Fachmann renommiert. Ich sah gerade zu, wie er einen Patienten hypnotisierte, als ich durch ein geschlossenes Fenster undeutlich jemanden sprechen hörte. Die Frau da draußen hatte keine Ahnung, dass im Gebäude eine Hypnosesitzung stattfand; sie unterhielt sich einfach. Aber durch das Fenster hörte ich schwach: «... wird es niemals können». Ich weiß nicht, wovon sie sprachen. Über einen Job, eine Beziehung, eine neue Bluse? Aber als ich diese Bemerkung hörte, kam mir – scheinbar ganz beiläufig – ein Gedanke: *Ob der Patient in Hypnose das wohl auch gehört hat?* Der Ausdruck auf seinem Gesicht jedenfalls ließ mich annehmen, dass er es gehört hatte; wenn dem so war, dann musste die Bemerkung «wird es niemals können» sofort zur hypnotischen Suggestion werden, die schnurstracks in sein Unbewusstes abtauchte. Welche Lösung auch immer der Hypnotiseur vorschlug, das Unbewusste des Patienten sagte ihm, dass er «es niemals können» werde. Etwa sechs Monate später hörte ich, dass die Probleme des Patienten sich nach der Hypnose dramatisch verschlimmert hatten, und niemand wusste, warum. Ich ging zu dem Hypnotiseur und erzählte ihm, was ich gehört und gesehen hatte, und fragte, ob das der Grund sein könnte, warum sich alles zum Schlechten gewendet hatte. Dem Gesicht nach zu urteilen, das er machte, wusste er, dass das sehr gut sein konnte. Dennoch antwortete er: «Ich bezweifle, dass das etwas damit zu tun hat.» Aber er wisse es nicht wirklich, und er glaube auch nicht, dass er irgendetwas dagegen unternehmen könne. Um die Sache noch komplizierter zu machen, unser Unbewusstes kann also die Worte des Hypnotiseurs anders interpretieren, als sie gemeint sind, je nach einer vorausgehenden Programmierung durch eine Angsterinnerung.

Das Zellgedächtnis

Bitte beachten Sie, dass es sich hierbei lediglich um meine persönliche Meinung handelt. Ich habe erlebte, dass Hypnose gute Ergebnisse erzielte, etwa bei der Raucherentwöhnung, aber ich würde mich ihr niemals unterziehen – dabei kann einfach zu viel schieflaufen.

Eine konventionelle Therapie kann über Jahre gehen und keinerlei anhaltenden Effekt haben, da sie entweder vollkommen auf das Bewusstsein fixiert ist («Sprechen wir über Ihre Mutter») oder in den Tiefen Ihres Unbewussten ohne Taschenlampe und wirklich für diese Arbeit geeignete Instrumente herumstolpert. Stattdessen müssen wir die Ursache ins Visier nehmen und heilen, die in der ursprünglichen Erinnerung zu suchen ist, welche diese Reaktion auslöst. Genauer gesagt: Wir müssen den Virus auf der menschlichen Festplatte identifizieren, die Programmierung dieser Erinnerung bereinigen (damit sie das Angstsignal, das unser Immunsystem und unsere wertvollsten Ressourcen blockiert, nicht mehr sendet) und sie dann umprogrammieren, sodass sie im Einklang mit Wahrheit und Liebe steht und all die positiven Dinge hervorbringt, die hervorzubringen unser Körper geschaffen wurde. Dafür brauchen wir nicht nur die Kraft des Willens oder der Worte, sondern ganz handfeste Instrumente, die zur Bereinigung und Umprogrammierung entwickelt und getestet wurden.[13]

---

13 Nebenbei bemerkt, manche Menschen brauchen einfach Informationen oder Anleitungen, um den nächsten Schritt zum Erfolg zu machen. Sich beraten zu lassen und Informationen über Karriere, Beziehungen usw. zu bekommen, ist großartig – wenn derjenige keine unbewussten Viren in diesem Bereich hat, sondern einfach nur ein besseres Verständnis braucht.

Heilen Sie die Wurzelerinnerungen

Auch wenn die Forscher noch immer nicht alles darüber wissen, wie die Marker auf unseren Zellen in Laborexperimenten manipuliert werden können, kann ich Ihnen schon jetzt die frohe Botschaft verkünden, dass Sie nicht erst auf den wissenschaftlichen Durchbruch warten müssen, um Ihre Erinnerungen zu bereinigen und umzuprogrammieren. Das ist schon jetzt möglich.

Moment mal: Wie soll man etwas heilen können, das in der Vergangenheit passiert ist – und vielleicht sogar nicht mal Ihnen selbst, wie bei generationsübergreifenden Erinnerungen? Für das spirituelle Herz (oder das Unterbewusstsein/Unbewusste), wo alle Programme für diese Probleme ablaufen, gibt es keine Vergangenheit und keine Zukunft, nur die Gegenwart. Alles geschieht ungefiltert als unmittelbares Dolby-Surround- und 360-Grad-Erlebnis, jetzt, in diesem Moment. Obwohl wir Erinnerungen in unserer Vergangenheit verorten, gehören sie für das Unbewusste vollkommen der Gegenwart an, und wir können hier und jetzt auf sie zugreifen. Sie werden in Teil III genau lernen, wie Sie Ihre Wurzelerinnerungen erkennen und heilen; an dieser Stelle werden wir nur die allgemeinen Grundlagen behandeln. Diese müssen Sie verstanden haben, wenn wir sie später in die Praxis umsetzen wollen.

Der erste Schritt zur Heilung unserer Erinnerungen besteht darin, das Geschehnis, das die jeweilige Erinnerung hervorgebracht hat, in seiner ganzen Wahrheit zu begreifen. Wann immer eine schmerzliche Erinnerung entsteht, entsteht dabei gleichzeitig auch ein unrichtiger Glaubenssatz (eine Lüge oder eine Fehlinterpretation des Ereignisses); es ist also eigentlich der unrichtige Glaubenssatz oder unsere Interpretation dieses Ereignisses, die uns dazu bringen, aus Angst heraus zu reagieren – und nicht das Ereignis selbst.

Tatsächlich geht eine Erinnerung, die Angst auslöst, *immer* auf eine falsche Interpretation des ursprünglichen Ereignisses zurück. Die wahre Ursache meiner Angst und meines Stresses ist nicht der Umstand, dass Mama gestorben ist; es ist mein fester Glaube, dass es mir nie wieder gutgehen wird, weil Mama gestorben ist. Es ist nicht die Krebsdiagnose; es ist mein fester Glaube, dass mein Leben nun vorbei ist, da bei mir Krebs diagnostiziert wurde. Es ist nicht die Unfreundlichkeit an sich, die jemand anders mir erwiesen hat; es ist mein fester Glaube, diese Unfreundlichkeit könne nur bedeuten, dass ich als Mensch nicht viel wert bin.

Übrigens, das ursprüngliche Ereignis mag von einem Psychologen (oder jemand anders) als «traumatisch» oder auch nicht bezeichnet worden sein. Der Vorfall mag in unseren ersten sechs Jahren passiert sein, als wir aus irgendeinem Grund einen Wutausbruch hatten und der dann als Trauma einprogrammiert wurde. Ich habe viele Klienten gehabt, deren Erfolgsprobleme auf solche Arten von scheinbar unbedeutenden Vorfällen zurückgehen. Ich nenne sie oft «Eis-am-Stiel-Erinnerungen», nach einer Klientin, die entdeckte, dass ihre Erfolgsprobleme auf einen Wutanfall zurückgingen, den sie mit fünf gehabt hatte, weil sie kein Eis am Stiel bekam.[14]

Ob wir unsere Erfahrungen von früher heute als «traumatisch» einstufen oder nicht, spielt für unser Unterbewusstsein und unser Unbewusstes keine Rolle. Es geht darum, die Erinnerung zu heilen, die dieses Angstsignal auslöst. Wir müssen die Lüge erkennen und löschen, die der schmerzhaften Erinnerung entspringt, und sie durch die Wahrheit ersetzen. Genauso, wie Sie sich einen Splitter herausziehen, können Sie die Lüge entfernen, die Ihnen so viel Kummer macht und dafür sorgt, dass Sie die Welt durch eine düster getönte Brille sehen.

---

14 A. Loyd/B. Johnson: *Der Healing Code*, Reinbek: Rowohlt 2012, S. 147.

Um keine Missverständnisse aufkommen zu lassen: Wenn ich sage, wir müssen «die ganze Wahrheit» über ein bestimmtes Ereignis verstehen, meine ich die Wahrheit, soweit wir sie erkennen können – wir müssen nicht notwendigerweise alle historischen Einzelheiten dieser Situation kennen. Außerdem sind die meisten Menschen gar nicht in der Lage, die ganze Wahrheit zu einem Ereignis zu recherchieren, denn Kampf/Flucht/Schock hindern sie daran; es tut einfach zu weh. Tatsächlich kommen wir an die meisten unserer Erinnerungen nicht heran, weil sie in unserem Unbewussten abgelegt sind. Keine Sorge, ich zeige Ihnen, wie sich auch sie heilen lassen. Dies ist übrigens ein weiterer Grund, warum Willenskraft nicht greift: Dafür brauchen wir Instrumente, die direkt an der unbewussten Ursache ansetzen und sie heilen; doch darüber mehr im vierten Kapitel.

Aber woher sollen Sie eigentlich erkennen, dass Ihre Erinnerungen vollständig geheilt sind und der Teufelskreis durchbrochen ist – ganz ohne Willensanstrengung? Daran, dass Sie, wenn Sie das nächste Mal unter äußerem Druck stehen, Frieden und Freude spüren (die «Nebenwirkungen» der Liebe) und nicht innere Unruhe und Stress (die «Nebenwirkungen» der Angst).

In den Jahren, in denen Hope unter Depressionen litt, wurde uns eines Tages ein großes Paket geliefert. Unsere Söhne Harry und George waren noch klein, und alle waren gespannt auf den Inhalt. Wie sich herausstellte, war es etwas, das klein und zerbrechlich war, daher hatte man die Schachtel mit Styroporkügelchen gefüllt. Wir gingen wieder zum Tagesgeschäft über, bis ich etwa drei Stunden später von oben furchtbaren Krach hörte. Ich rannte die Treppe hinauf und fand George weinend und Hope fuchsteufelswild vor; die Styroporkügelchen lagen überall im frisch gesaugten Haus verstreut. Überflüssig zu erwähnen, dass in den nächsten 24 Stunden der Haussegen schief hing.

Zwei Jahre später, als Hopes Depression geheilt war, passierte es wieder: Erneut wurde ein großes Paket geliefert, das voller Styroporkügelchen war. Wieder war alles in Ordnung, bis ich ein paar Stunden später furchtbaren Krach von oben hörte. Während ich auf dem Weg nach oben war, um zu schlichten, hatte ich ein Déjà-vu-Erlebnis. Aber als ich oben ankam, war ich fassungslos: Ich sah, wie meine schöne Frau kichernd und wie ein zehnjähriges Schulmädchen händeweise Styropor in die Luft warf und so tat, als wären es Schneeflocken. Harry und George folgten ihrem Beispiel, tollten herum, wälzten sich am Boden, jauchzten vor Vergnügen und amüsierten sich prächtig. Auch dieses Ereignis beeinflusste unser häusliches Leben für die nächsten 24 Stunden, aber auf ganz andere Weise. Ich würde heute eine Million Dollar für ein Video von diesen fünf Minuten geben.

Was in aller Welt aber ist in diesen beiden Jahren nur passiert, dass sich Hopes Reaktion so dramatisch verändern konnte? Hope war umprogrammiert. Als das Styroporereignis zum ersten Mal eintrat, betrachtete Hope die Situation durch die Brille des Schmerzes und der Angst. Zwei Jahre später war diese Programmierung weg, was ihren Blick auf die Situation veränderte, und jetzt war ihre natürliche Reaktion darauf, Spaß daran zu finden. Niemand hat es ihr eingeredet; es gab kein «Du musst». Ihre natürliche, unmittelbare Reaktion hatte sich ins absolute Gegenteil verkehrt. So, meine Freunde, sieht es aus, wenn man den «Teufelskreis durchbricht».

KAPITEL 3:

Die Spirituelle Physik der Wahrheit und Liebe

Wie wir im letzten Kapitel gesehen haben, zeigen neueste Forschungen und alte spirituelle Weisheiten, dass Ihre Erinnerungen die Ursache so gut wie jedes physischen, emotionalen und spirituellen Symptoms sind, das man haben kann, und dass sie sich im Informationsfeld jeder einzelnen Körperzelle finden. Hierin steckt eine wichtige Implikation. Kein einziges Symptom, das Sie im Laufe des Lebens entwickeln – selbst wenn es ganz und gar körperlich ist –, hat eine «handfeste» Ursache. Sie ist weder aus Knochen noch Blut oder Gewebe, sie ist Energie. Dass alles Energie ist, sollte uns nicht überraschen, denn Einsteins Gleichung $E = mc^2$ zeigt, dass alles immer auf eine Form von Energie hinausläuft. Oder um es mit den Worten des Forschers William Collinge auszudrücken: «Einstein zeigte mit Physik, was die Weisen seit Jahrtausenden lehren: nämlich dass alles in unserer materiellen Welt – sei es belebt oder nicht belebt – aus Energie besteht und dass alles Energie ausstrahlt.»[1] Und doch haben wir die Vorstellung, dass alles Energie ist, noch nicht systematisch auf unsere eigenen Lebensprobleme angewandt, schon gar nicht auf unsere hartnäckigsten Konflikte.

---

1 William Collinge: *Subtle Energy. Awakening the Unseen Forces in Our Lives*, Warner Books 1998, S. 2–3, zitiert in: Donna Eden (mit David Feinstein): *Energy Medicine. How to Use Your Body's Energies For Optimum Health and Vitality*, New York: Tarcher/Penguin 2008, S. 26.

Der Schlüssel zu Gesundheit und Erfolg ist spiritueller, nicht physischer Natur

Beginnen wir mit dem großen Ganzen. Wenn Sie auf dem Laufenden sind, wissen Sie wahrscheinlich, dass der allgemeine Gesundheitszustand in unserer Gesellschaft sich verschlechtert hat, auch wenn wir heute eine längere Lebenserwartung haben. 1971 erklärte Richard Nixon dem Krebs den Krieg, als er in den USA noch auf der Liste der Todesursachen an achter Stelle rangierte. Heute, über vierzig Jahre später, steht er auf Platz eins weltweit – und die Zahl der Fälle nimmt epidemische Ausmaße an. 2014 hat die WHO, die Weltgesundheitsorganisation, erklärt, aller Voraussicht nach würde die Zahl der Krebsfälle in den nächsten zehn Jahren um 50 Prozent steigen.[2]

Es geht nicht nur um Krebs. Fast jede andere Diagnose ist ebenfalls sprunghaft angestiegen – ebenso wie die Menge an Geld, die aufgewandt wird, um die Symptome zu behandeln und mögliche Behandlungsformen und Heilverfahren zu erforschen. In einigen Fällen sind die Nebenwirkungen traditioneller Therapien und Medikamente schlimmer als die eigentlichen Symptome der Krankheit. Wir geben Milliarden von Dollar für Arzneimittel und Testreihen aus – und in vielen Fällen zeigen die Ergebnisse, dass der Placeboeffekt ebenso wirkungsvoll (oder noch wirkungsvoller) ist als das getestete Mittel.

Das trifft sowohl auf die westliche Schulmedizin als auch auf alternative Heilweisen zu. Ja, ich glaube an natürliche Heilmittel. Jahrelang habe ich jeden Tag Nahrungsergänzungsmittel eingenommen. Meine Frau und ich haben jahrelang homöopathische Arzneien geschluckt. Ich meditiere. Ich bete. Ich mache Sport und

---

2 «Cancer Cases Set to 'Rise by Half by 2030.» *Discovery News,* February 4, 2014.

trinke sauberes Wasser. Aber wenn wir mal ehrlich sind, müssen wir zugeben, dass unser Gesundheitszustand in den USA in den letzten 20 bis 30 Jahren – *trotz* der Flut alternativer Heilweisen – schlechter und schlechter geworden ist. Ich habe viel darüber nachgedacht und meditiert. Wie kann das sein? Wie können wir medizinische Entdeckungen machen *und* immer mehr auf alternative Therapien setzen, und unsere Gesundheit befindet sich weiter im freien Fall? Das Einzige, was mir dazu in den Sinn kommt, ist der Umstand, dass wir *offenbar am falschen Ort nach der Lösung suchen*. Wir denken einzig und allein in Begriffen von traditioneller versus alternative Medizin. Aber die Quelle der Heilung ist nicht in der traditionellen *oder* der alternativen Medizin zu finden. Sie ist überhaupt nicht in der physikalischen Welt zu finden. Sondern in der spirituellen Welt – der Welt der Energie.

Wenn Salomon recht hat und jedes Problem, das wir haben, dem spirituellen Herzen entspringt, dann bedeutet das: Wenn ich Krebs bekomme, ist er auf ein Problem des spirituellen Herzens zurückzuführen – ob wir Liebe oder Angst empfinden, Vergebung oder Unversöhnlichkeit, Freude oder Trauer, Frieden oder innere Unruhe, Selbstwert oder Selbstablehnung. Dasselbe gilt für Diabetes, multiple Sklerose und jede andere Krankheit. Ich will damit nicht sagen, dass *nicht* auch genetische Dispositionen oder die Ernährung dazu beitragen könnten, dass uns Krankheiten heimsuchen. Aber das Zünglein an der Waage, das Ja oder Nein, liegt im spirituellen Herzen. Gewiss, unser kollektives spirituelles Leben als Gesellschaft ist weit von dem Punkt entfernt, an dem es stehen sollte – und das ist auch der Grund, warum unser Stresslevel aus dem Ruder läuft. Unsere spirituelle Realität ist die wirkmächtigste Realität unseres Lebens, und doch neigen wir dazu, den Löwenanteil unserer Zeit und Aufmerksamkeit auf die physischen und äußeren Umstände zu konzentrieren.

Wenn dem so ist, dann ist das gewissermaßen eine gute Nachricht. Wir haben uns bisher auf die Schul- und Komplementärmedizin konzentriert, aber noch nicht auf die spirituelle Medizin. Oder wenn doch, dann betrachten wir sie von der falschen Seite.

Warum die meisten Affirmationen keinen Erfolg haben

Eine spirituelle Methode, die viele Menschen verinnerlicht haben, um äußere Ergebnisse zu erzielen, sind Affirmationen. Wir haben bereits Dr. Bruce Liptons Arbeiten erwähnt, die enthüllt haben, dass unsere Glaubenssätze die Ursache fast jedes Symptoms und Problems sind, das wir haben. Da körperliche und nichtkörperliche Ergebnisse durch die Tür der Glaubenssätze in unser Leben treten, ist es in den letzten 50 Jahren ziemlich populär geworden, sich Glaubenssätze durch Affirmationen «zurechtzuzimmern». Diese Herangehensweise ist mit dem Versuch vergleichbar, einen sehr schweren Felsbrocken hochzuheben – Sie schaffen es vielleicht mit viel Stress und Anstrengung, aber Sie könnten sich dabei auch verletzen.

Vor etwa zehn oder zwölf Jahren hatte ich das Gefühl, als würde ich von allen Seiten auf Affirmationen gestoßen. Damals kam eine Reihe von Bestsellern über Affirmationen auf den Markt, und auf Schritt und Tritt erzählte mir jemand davon. Sie schienen in der Welt der Selbsthilfe ziemlich angesagt zu sein. Einmal war ich mit einem Mann unterwegs, der Magenprobleme hatte. Überall, wohin wir gingen, sagte er: «Mein Magenproblem ist schon geheilt. Mein Magenproblem ist spurlos verschwunden. Mein Magenproblem ist schon geheilt. Mein Magenproblem ist spurlos verschwunden.» Ich hörte mir das eine Weile an und fragte dann: «Hilft das denn?» Er antwortete: «Ja, ich glaub schon.» Natürlich hörte ich ihn drei Monate später immer noch murmeln: «Mein Magenproblem ist schon geheilt. Mein Magenproblem ist spurlos verschwunden ...»

Affirmationen werden aber selbstverständlich nicht nur gegen gesundheitliche Probleme aufgeboten. Viele Leute wünschen sich auch finanziellen Erfolg herbei: «Eine Million Dollar sind zu mir unterwegs. Eine Million Dollar kommen genau jetzt zu mir.»

Vor einigen Jahren veröffentlichte die University of Waterloo die erste Doppelblindstudie zu diesem Thema, von der ich jemals erfahren habe. In der ganzen Welt beherrschte sie die Schlagzeilen, Fernsehen wie Printmedien berichteten darüber. Die Studie hatte erbracht, dass Menschen, die bereits mit einem stabilen Selbstwertgefühl gesegnet waren, sich noch besser fühlten, wenn sie sich entsprechende Affirmationen vorsagten. Wer aber kein so stabiles Selbstwertgefühl hatte (und das war die Mehrheit der Probanden) und sich dieselben positiven Affirmationen vorsagte, fühlte sich anschließend *noch schlechter*.[3]

Warum ist das so? Die beiden wichtigsten Faktoren für das Erreichen von Ergebnissen durch Glauben sind *Wahrheit* und *Liebe*. Zunächst müssen wir an die echte Wahrheit glauben, um langfristige, nachhaltige Ergebnisse hervorzubringen. Ebenso, wie es verschiedene Arten von Liebe gibt (zum Beispiel Agape und Eros), gibt es auch verschiedene Arten von Glauben. Ich unterscheide hier zwischen Placebo, Nocebo und Defacto. Ein Placeboglaubenssatz ist der Glaube an eine positive Unwahrheit, der einen vorübergehenden positiven Effekt zeigt (wie wir im Fall der Arzneimittel gesehen haben). Studien zufolge stellt sich ein Placeboeffekt in 32 Prozent aller Fälle ein, und auch das nur vorübergehend.[4]

---

[3] Joanne V. Wood, W. Q. Elaine Perunovic und John W. Lee: «Positive Self-Statements: Power for Some, Peril for Others», in: *Psychological Science* 20/2009, Nr. 7, S. 860–866.

[4] Dr. Irving Kirsch von der Harvard Medical School erklärt: «Der Unterschied zwischen der Wirkung eines Placebos und der Wirkung eines Antidepressivums ist für die meisten Menschen minimal.» Er

Ein Noceboglaubenssatz ist eine negative Unwahrheit, die verhindert, dass ein positiver Effekt eintreten kann. Noceboglaubenssätze sind die Fehlinterpretationen oder «Splitter» aus unserer inneren Programmierung, über die wir im zweiten Kapitel gesprochen haben; sie blockieren die Heilung und den Erfolg, die möglich wären. Sagen wir beispielsweise, dass der Arzt Brustkrebs bei Ihnen festgestellt hätte. Eine Biopsie wurde vorgenommen, Ihre weißen Blutkörperchen wurden gezählt, und die Therapie wurde durchgeführt, sei sie nun konventionell oder alternativ. Sie gehen zur Nachsorge zum Arzt, und er überbringt Ihnen die gute Nachricht: Der Krebs lässt sich nicht mehr nachweisen. Er persönlich findet, dass Sie großartig aussehen. Aber Sie gehen nach Hause und können die Wahrheit nicht glauben, die der Arzt Ihnen mitgeteilt hat. Sie grübeln: *Was, wenn er etwas übersehen hat? Was, wenn der Krebs zurückkommt?* Das ist ein Noceboglaubenssatz. Er kann jede Heilung, die möglich oder bereits im Gange ist, förmlich blockieren oder neue gesundheitliche Probleme schaffen. Noceboergebnisse können dem heutigen Forschungsstand nach ebenfalls in 30 bis 40 Prozent der Fälle äußere Ergebnisse hervorbringen.

Ben Johnson, ein lieber Freund von mir und der einzige Arzt, der in dem Film *The Secret – Das Geheimnis* auftritt, erzählte mir von einem Patienten, dessen Vater, Großvater und Urgroßvater alle im Alter von vierzig Jahren an einem Herzanfall gestorben waren –

---

führt weiter aus, es sei nicht, dass die Antidepressiva wirkungslos seien, aber ihre Wirksamkeit kommt durch den Placeboeffekt zustande (die Kraft des Glaubens in eine positive Unwahrheit, dass diese Tablette mich besser fühlen lässt), nicht die chemischen Bestandteile des Mittels. Seine Forschungen haben auch gezeigt, dass das Gleiche auch für eine Anzahl weiterer Beschwerden gilt: Reizdarmsyndrom, RSI-Syndrom, Magengeschwüre, Parkinson und sogar chronische Knieschmerzen. «Treating Depression: Is There a Placebo Effect? CBS News, *60Minutes*, February 19, 2012.

eine ziemlich ungewöhnliche Koinzidenz. Und obwohl der Patient keinerlei Herzprobleme hatte, war er absolut überzeugt davon (und hatte Angst davor), dass er mit vierzig sterben würde; niemand konnte ihn davon abbringen. Und wirklich: Er wird vierzig und stirbt. Die Sache ist nur: Bei der Autopsie war keinerlei Todesursache festzustellen. Keine Herzprobleme, kein Herzanfall, keine wie auch immer gearteten gesundheitlichen Probleme. Er hatte sich durch seinen Noceboglaubenssatz den Tod buchstäblich selbst an den Hals gewünscht.

Ein Defactoglaubenssatz ist der Glaube an die ganze Wahrheit oder die objektive Realität. Er funktioniert in 100 Prozent aller Fälle, wenn Sie daran glauben und sich danach verhalten. Man sollte noch erwähnen, dass Placebo- und Noceboglaubenssätze auf Angst beruhen, während Defactoglaubenssätze auf Liebe beruhen.

Wir leben in interessanten Zeiten. Nicht wenige Leute und Bücher wollen uns glauben machen, dass es keine objektive Realität gibt, dass Wahrnehmung die einzige Realität ist. Wenn das stimmt, müsste das bedeuten, dass jeder Glaubenssatz ein Defactoglaubenssatz ist – selbst wenn Sie widersprüchliche Glaubenssätze haben. Wenn es keine objektive Realität gibt, warum sollte man dann gesund leben oder sich vernünftig ernähren oder Sport treiben, da doch alles nur von der Wahrnehmung abhängt? Impfen Sie sich einfach selbst mit Placebo- oder Noceboglaubenssätzen, je nachdem Effekt, den Sie erreichen wollen. Aber natürlich leben wir so nicht, denn wir wissen tief drinnen, dass es meistens *sehr wohl* eine objektive Realität gibt.

Viele Affirmationen funktionieren nicht, weil sie nicht nur oft nicht wahr sind, sondern weil sie oft auch nicht in Liebe praktiziert werden. Wenn Sie Ihre Affirmation allein aus Angst und Eigeninteresse wiederholen, dann tun Sie das wahrscheinlich nicht in Liebe. Nehmen wir als Beispiel die erwähnte Affirmation «Mein Magenproblem ist schon geheilt». Zunächst einmal: Glaubte der Mann, der sich das immer wieder vorsagte, daran, dass es wahr war? Nein! Hoffte er, dass es sich bewahrheiten würde? Klar – aber wie gesagt, diese Art Glaubenssatz bringt keine dauerhaften Ergebnisse hervor. Außerdem: Wurde diese Affirmation in Liebe praktiziert? Wir können es nicht sicher sagen – aber sie wurde sicher aus Angst ausgeübt: dem Gegenteil der Liebe, der Mutter des Egoismus und dem unmittelbaren Auslöser von Stress – und das war wahrscheinlich die Ursache für die Entstehung seines Magenleidens. Sie können sich natürlich einreden, dass Sie Ihre Affirmationen in Wahrheit und in Liebe wiederholen; aber nur, wenn Sie ehrlich Ihr Herz und Ihre Absichten erforschen, können Sie es auch sicher wissen.

Ungefähr eineinhalb Jahre lang überprüfte ich in meiner Praxis Affirmationen wie diese mit dem Herzraten- oder Herzfrequenzvariabilitätstest (HRV), dem medizinischen Nachweis für Stress. Was ich herausfand: Wenn sich jemand Affirmationen vorsagte, an die er nicht glaubte, ließen sich Spitzen im Stresspegel feststellen. Durch Stress war sein Problem jedoch eigentlich erst entstanden. In Wirklichkeit versuchte derjenige also, sein Stressproblem durch etwas zu lösen, das noch mehr Stress verursachte.

Nicht nur, dass die Affirmation in Wahrheit und In Liebe geäußert werden muss – wenn sie wirken soll, muss der Sprecher auch an die Affirmation *glauben*. Es gibt einen Unterschied zwischen einem Glaubenssatz, der mehr wie eine Hoffnung oder ein Wunschtraum ist, und einem Glaubenssatz, den ich mit «Ich weiß, dass ich weiß, dass ich weiß» umschreiben möchte. Der letztere ist ein effektiver Glaubenssatz, der Ergebnisse erzielt. In den letzten etwa fünfundsiebzig Jahren der Gesundbetungsbewegung wurden zahlreiche äußerst populäre Wunderheiler als Betrüger entlarvt. In Zeitungen wurden Enthüllungsstorys publiziert, die klar belastendes Beweismaterial lieferten: Die Wunderheiler bedienten sich eigener «Spione», die im Publikum platziert wurden, Gespräche belauschten und dem sogenannten Heiler Informationen zukommen ließen, sodass er Dinge wusste, die er auf anderem Wege niemals erfahren hätte. Allerdings gab es durchaus Menschen, die ohne jeden Zweifel dabei auf wunderbare Art und Weise körperlich geheilt wurden. Das Interessante daran: Einige dieser Heilungen geschahen durch die Hände der *Betrüger*! Wie kann das sein? Es ist allein eine Sache des Glaubens. Die Heilung dieser Menschen war immer möglich, ob mit oder ohne Heiler. Der Körper der Patienten konnte es, sie glaubten, dass es möglich war, und so geschah es eben. Außerdem – das ist jedenfalls meine Meinung – wird Gott nicht *Sie* bestrafen, wenn der Kerl da oben auf der Bühne ein Betrüger ist. Doch das Gegenteil ist ebenfalls richtig: Nur weil Sie jemanden kennen, der innerhalb kurzer Zeit nach dem Herbeten bestimmter Affirmationen eine Million Dollar bekommen hat, heißt das nicht, dass es auch Ihnen passieren wird. Auf Sie mag das vielleicht nicht zutreffen, vielleicht entspringt Ihre Affirmation nicht der Liebe, oder Sie glauben nicht aufrichtig daran.

In letzter Zeit wurden Studien veröffentlicht, die bestimmten Affirmationen positive Effekte bescheinigten; diese «Affirmationen» waren wahre Aussagen, an die die Probanden bereits glaubten.[5] Der Knackpunkt ist, dass derlei Aussagen die drei erwähnten

---

5 Zwei Doppelblindstudien (Yale 2006 und University of Colorado in Boulder 2010) weisen darauf hin, dass Affirmationen helfen können, die Kluft von Geschlecht und Rasse bei schulischen Leistungen zu überbrücken. Den spirituellen Gesetzen der Natur zufolge leuchtet es ein, dass sich Ihre Leistungen verbessern, wenn Sie sich positive Wahrheiten über sich selbst wiederholen – besonders wenn Sie vorher ängstlich oder gestresst waren. Siehe dazu Geoffrey L. Cohen et al.: «Reducing the Racial Achievement Gap: A Social-Psychological Intervention», in: *Science* 313, Nr. 5791/2006, S. 1307–1310; sowie A. Miyake et al.: «Reducing the Gender Achievement Gap in College Science: A Classroom Study of Values Affirmation», in: *Science* 330, Nr. 6008/2010, S. 1234–1237.

Kriterien erfüllen – sie sind auf Wahrheit und Liebe gegründet, und sie werden geglaubt –, und nicht, ob man sie «Affirmationen» nennt.

Einen wahren Glaubenssatz leitet man sich nicht einfach her wie eine Algebragleichung in der Schule; er will gefunden werden wie ein 20-Euro-Schein auf dem Boden. Wenn Sie die ganze Wahrheit in Ihr Herz und Ihre Seele lassen (was einige Zeit dauern und einiges Suchen erfordern kann), obendrein noch Liebe hinzufügen und versuchen, unvoreingenommen auf das Ergebnis zu warten, das Sie sich wünschen, dann werden Sie am Ende feststellen, dass Sie glauben! Sie sehen es, fühlen es, schmecken es – Sie *wissen* es! Der Grund, warum Sie Ihre unterbewussten Viren entfernen müssen, liegt darin, dass es Lügen sind, die Sie daran hindern, die ganze Wahrheit zu begreifen. Sobald Sie sie entfernt haben, können die Ihnen angeborenen Mechanismen wieder arbeiten, um auf ganz natürlichem Wege die Wahrheit zu erkennen und zu integrieren. Diese Mechanismen heißen auch «Gewissen» (oder von mir auch «Liebeskompass» genannt) und wohnen im spirituellen Herzen. Ihr Gewissen ist vorprogrammiert und wird fortwährend upgedatet, um auf die ganze, reale Wahrheit reagieren zu können – und zu lieben.

Bestimmte Affirmationen können sogar schaden, wenn sie versuchen, uns eine neue «Wahrheit» einzuprogrammieren, die womöglich ganz und gar keine Wahrheit ist und auf Angst beruht, nicht auf Liebe. Diese Affirmationen stehen vielleicht sogar im Widerspruch zu Ihrem eigenen Wahrheit/Liebe-Gewissen und versuchen, Ihr Gewissen zu verändern, ohne die Viren zu entfernen. Das Ergebnis: Sie haben nun entweder zwei innere Viren zu ein und demselben Problem, oder die Wahrheit wetteifert mit einer Lüge um die Vorherrschaft, was innerlich für Verwirrung und noch mehr Stress sorgt. Nichts von alldem ist förderlich, um das zu erreichen, was Sie sich wirklich wünschen.

Wie also kriegen wir die Kurve vom ineffektiven zum effektiven Glaubenssatz, vom Placebo und Nocebo zum Defacto, bei dem wir nicht mehr verzweifelt auf etwas hoffen, das – wie wir tief drinnen fürchten – nie passieren wird, und wir im Einklang mit Frieden und Liebe sagen können: «Ich weiß, dass ich weiß, dass ich weiß»? Es ist eigentlich ganz einfach: Wir müssen *verstehen*. Der Unterschied zwischen Placebo-, Nocebo- und Defactoglaubenssätzen hängt davon (abgesehen davon, ob sie auf Liebe oder Angst beruhen), ob Sie die ganze Wahrheit verstehen oder sie missverstehen. Ich habe dieses Missverständnis immer und immer wieder bei meinen Klienten beobachtet. Wenn jemand behauptet, er würde die Wahrheit kennen, aber nichts in seinem Leben ändert sich zum Besseren hin, dann liegt das fast immer daran, dass er die Wahrheit falsch interpretiert oder sie falsch versteht.

Ein Beispiel dafür ist die unterschiedliche Verschaltung des männlichen und des weiblichen Gehirns. In der ersten Zeit unserer Ehe saß immer ich am Steuer, wenn Hope und ich irgendwohin mussten. Ich hielt immer genügend Abstand zum Wagen vor uns, aber Hope wurde trotzdem nervös, stemmte sich gegen das Armaturenbrett und rief: «Alex!» Diese regelmäßig wiederkehrenden «Beinahe-Unfälle», die gar keine waren, begannen mich zu nerven, und wir gerieten in Streit. Es war keine große Sache, aber immerhin ein emotionaler Stachel, der saß. Dann las ich in der Forschungsliteratur, dass sich die Tiefenwahrnehmung der Männer physisch und genetisch von der der Frauen unterscheidet; das Beispiel, das der Autor anführte, war die Sache mit dem Fahren und Stoppen – exakt Hopes und mein Thema. Als wir das gelesen hatten, «verstanden» wir es, und es war von diesem Tag an keine Rede mehr davon.

Wenn Sie schließlich das fehlende Puzzleteilchen kennen und die ganze Wahrheit sehen, können Sie sie sofort und mühelos auf eine ganz tiefe, neue Art glauben – was Ergebnisse schafft, die vorher nicht möglich waren. Wenn das bei meinen Klienten in Bezug auf ihre Lebensthemen der Fall ist, höre ich oft ein erstauntes «Ach, so ist das!» oder «Jetzt habe ich's verstanden!». Sie holen fast immer tief Luft, und ein strahlendes Lächeln breitet sich auf ihrem Gesicht aus. Sie «glauben» nun wirklich – de facto.

Die meisten von uns wissen bereits, dass, was immer wir tun, im Einklang mit der Wahrheit und Liebe getan werden muss. Wir wissen instinktiv, dass es richtig ist, ehrlich zu sein, und falsch, es nicht zu sein. Wir spüren, dass es richtig ist, anderen zu helfen und nichts zu tun, was sie verletzt. Die meisten von uns wollen sogar ganz ausdrücklich alles im Einklang mit der Wahrheit und Liebe tun. Aber warum *tun* wir es dann nicht? Die meiste Zeit meines Lebens über konnte ich das nicht, das weiß ich. Ich bin natürlich immer noch nicht perfekt darin, aber schon viel besser als früher. Oft habe ich das Gefühl, dass ich im Einklang mit der Liebe, mit Freude und Frieden und Wahrheit lebe. Ich wünsche Ihnen das auch. Das ist der einzige Grund, warum ich dieses Buch schreibe. Nur auf diesem Weg kann ich so viele Menschen erreichen.

Ich vermittle meine Konzepte in meiner Praxis seit 25 Jahren – und ich habe mehr als einmal Prügel dafür einstecken müssen, dass ich diese Konzepte lehrte und bei meinen Klienten anwendete, bevor mich die Forschung bestätigte. Einst galt dies als Grenzwissenschaft, nun gilt es als innovativ. Zum Beispiel sind zahlreiche Schulmediziner heute damit einverstanden, dass alles Energie ist, wie die wachsende Zahl der wissenschaftlichen Belege nahelegt. Einer davon ist Dr. Mehmet Oz – «Amerikas Arzt» –, der 2007 im internationalen Fernsehen verkündete, dass die Energiemedizin das nächste große Kapitel in der Medizin sein werde. Ich habe diese Konzepte unter der Bezeichnung «Spirituelle Physik» zusammengefasst, weil sie Spiritualität und Wissenschaft so in Übereinstimmung bringen, dass wir sie auf jeden Lebensbereich anwenden und dauerhafte Ergebnisse erzielen können. Meine Hoffnung ist, dass dieses Kapitel Ihnen das Verständnis eröffnet, das Ihr Glaube braucht, um vom Placebo- oder Nocebomodus in den Defactomodus zu wechseln – und dieselben Ergebnisse zu erzielen, die ich nun ununterbrochen seit 25 Jahren beobachte. Und natürlich will ich damit nicht sagen, dass Sie das einfach mit Willensanstrengung tun sollen – jedenfalls nicht, bis Sie all das bereinigen und umprogrammieren, was Sie bis heute davon abgehalten hat.

Das Physikalische an der Spirituellen Physik

Wenn Einsteins Gleichung beweist, dass alles Energie ist, bedeutet das natürlich, dass auch Liebe Energie ist – und dass sie eine Frequenz hat wie jede andere Energieform auch. Tatsächlich sind Liebe und Licht zwei Seiten derselben Medaille. Beide haben positive Heilungsfrequenzen; Licht ist die eher physikalische Manifestation dieser energetischen Frequenz, während Liebe nichtphysikalischer Natur ist. Auf einer ganz anderen Frequenz begegnen uns Dunkelheit und Angst, die ebenfalls zwei Seiten einer Medaille sind. Dunkelheit ist eher deren physikalische Manifestation, Angst ist nichtphysikalischer Natur.

Wussten Sie schon, dass ein Magnetresonanztomograph, auch Kernspintomograph genannt, kein fotografisches Abbild Ihres Körpers erstellt? Seine Bilder entstehen auf der Grundlage der Energiefrequenzen, die er aufzeichnet. «Resonanz» ist in diesem Fall gleichbedeutend mit «Frequenz». MRTs werden mit Hunderten Frequenzen gefüttert, etwa der Frequenz einer gesunden Leberzelle oder der Frequenz einer kranken Leberzelle. Wenn der MRT dann einen Körper abscannt und dabei die Frequenz einer kranken Leberzelle auffängt, macht er ein Bild mit einem dunklen Fleck, weil er diese Frequenz der Dunkelheit in der Leber auffängt.

Ich habe über zweihundert Ärzten folgende Frage gestellt:

«Wenn Ihre Seele, Ihr Körper und Ihre Selbstheilungskräfte in funktionstüchtiger Verfassung sind, können Sie dann in normalen, alltäglichen Situationen krank werden?» Die Antwort, die ich jedes einzelne Mal erhielt, lautete: Nein. In normalen, alltäglichen Situationen (ich rede hier nicht von Reisen in fremde Länder, in denen man einen fiesen Killervirus aufschnappt, mit dem sich der Körper noch nie auseinandergesetzt hat) kann man wirklich nicht krank werden, wenn das körpereigene Immunsystem und die mentalen/spirituellen Selbstheilungskräfte reibungslos arbeiten.

An dieser Stelle sollte man zwei wichtige Dinge zu unseren Selbstheilungskräften anmerken. Erstens steuern unsere Selbstheilungskräfte nicht nur den physischen Teil unseres Ichs, sondern unsere gesamte Person in ihrer physischen, mentalen *und* spirituellen Ausprägung. Nichtphysische Anteile unserer Selbstheilungskräfte helfen uns, Liebe, Freude, Frieden und Geduld anstelle von Wut, Trauer, Angst oder Besorgnis zu spüren. Zweitens erleben wir negative Symptome (Schmerz, Angst, Krankheit, Wut etc.) nicht, weil Negatives anwesend ist, sondern weil Positives abwesend ist. Den Forschungsarbeiten von Dr. Caroline Leaf zufolge verfügen wir über keinerlei Mechanismus – weder physischer noch emotionaler oder spiritueller Natur –, der negative Auswirkungen auf unseren Körper haben könnte. Wir verfügen nur über Mechanismen, die die positiven Effekte Gesundheit, Vitalität und Immunabwehr erzeugen.[6] Jeder einzelne Mechanismus in unserem Körper arbeitet daran, Gesundheit und Glück in ihrem ganz natürlichen Zustand herzustellen. Zu glauben, dass Krankheit ein natürlicher Zustand unseres Körpers ist, wäre, wie wenn Sie Ihr defektes Auto zum Händler brächten und fragten: «Warum haben Sie dieses Auto

---

6 Caroline Leaf: *Who Switched Off My Brain? Controlling Toxic Thoughts and Emotions*, New York: Nelson/Word Publishing Group 2009.

so gebaut, dass es kaputtgeht?» Der Händler wird ziemlich verblüfft dreinschauen und sagen: «Das haben wir doch gar nicht getan! Irgendein Teil hat nicht richtig funktioniert, deshalb ist das Auto kaputt. Ja richtig, Sie haben seit 40 000 Kilometern nicht mehr das Öl gewechselt!» Mit unserem Körper ist es genauso. Wenn etwas Negatives in unserem Leben passiert, ist es immer auf eine Fehlfunktion unserer positiven Systeme zurückzuführen.

Lassen Sie mich noch einmal zusammenfassen: Solange Seele und Körper so arbeiten, wie sie sollen, können Sie nicht körperlich krank werden, *und* Sie werden sich auf der nichtkörperlichen Ebene gut fühlen – Sie können gar nicht in Angst, Beklemmung, Sorgen, Trauer, Wut und anderen negativen Gefühlen versinken.

Nur eines kann dafür sorgen, dass Ihre Selbstheilungskräfte nicht ordentlich arbeiten: Angst. Immer dann, wenn Angst Ihre Stressreaktion triggert, wird – wie wir schon im ersten Kapitel gesehen haben – eine Angstfrequenz oder ein Signal aus Ihren Erinnerungsdatenbanken an den Hypothalamus im Gehirn gefunkt, das den Stressschalter umlegt. Wenn Ihr Hypothalamus dieses Angstsignal nicht empfängt, legt er den Stressschalter nicht um. (Es ist kein Zufall, dass ein anderer Name für «Stressreaktion» «Angstreaktion» lautet.) Diese Reaktion ist Teil Ihres Überlebensinstinktes, der Ihnen hilft, am Leben zu bleiben.

Wie wir im zweiten Kapitel erklärt haben, soll unsere Stressreaktion nur dann eintreten, wenn unser Leben in diesem Augenblick in unmittelbarer Gefahr ist.[7] Aber das ist ja nicht der Fall, oder? Viele von uns wechseln zehn- oder fünfzehnmal am Tag in den Kampf-oder-Flucht-Modus – bis Stress irgendwann zum Dauerzustand wird.

---

7 Übrigens meine ich mit «Stress» nicht den gesunden Stress oder die körperliche Ertüchtigung wie beim Sport. Dieser Stress, den wir brauchen, um gesund zu bleiben, wird «Eustress» genannt.

In den drei Jahren, in denen ich die Healing Codes dem Herzfrequenzvariabilitätstest unterzog, lautete eine der Fragen, die ich den Probanden stellte: «Fühlen Sie sich gestresst?» Über 90 Prozent all jener, deren Testergebnis offenbarte, dass sie in diesem Moment unter heftigem klinischem, physiologischem Stress standen, antworteten mit Nein. Warum? Sie waren daran gewöhnt. Was eine seltene Ausnahme hätte sein sollen, war zur Norm geworden. Wir sind permanent gestresst, und wir wissen es nicht einmal.

Jedes destruktive Gefühl, das wir erleben, geht auf Angst zurück. Augenblick mal – sicher gibt es doch eine Emotion, die nichts mit Angst zu tun hat, oder? Okay, denken wir mal nach: Wir spüren Wut, wenn das, was wir fürchten, eintritt. Wir spüren Beklemmung und Sorge, wenn wir glauben, dass das, was wir fürchten, in der Zukunft eintreten wird. Wir spüren Trauer und Depression, wenn das, was wir fürchten, eingetreten ist. Wir glauben, dass wir es nicht ungeschehen machen können und dass es unser Leben für immer verändert – daher rühren unsere Hoffnungslosigkeit und Hilflosigkeit. Wir spüren Unversöhnlichkeit, wenn wir fürchten, dass etwas nicht in Ordnung ist und vielleicht nie wieder ins Lot kommen wird. Wir spüren Ablehnung, wenn wir fürchten, dass jemand uns nicht lieben oder akzeptieren wird (oder uns bereits zurückgewiesen hat), und es gibt nichts, was wir daran ändern können – dabei brauchen wir es doch so dringend, akzeptiert zu werden. Ich könnte endlos so weitermachen. Ausnahmslos jede negative innere Erfahrung in Ihrem Leben wird auf irgendeine Weise aus Angst und dem Glauben an eine Unwahrheit geboren. Jede Angst entspringt der Abwesenheit von Liebe, so wie Dunkelheit immer die Abwesenheit von Licht ist.

Gedanken, Emotionen und Erinnerungen, die auf Angst beruhen, vermehren den Stress (ausgenommen körperliche Arbeit und Sport), wenn Sie sich nicht unmittelbar in Lebensgefahr befinden. Jedes Mal, wenn wir angstbesetzte Gefühle erleben (dazu gehören alle negativen Emotionen, Glaubenssätze und Gedanken), fahren wir unsere Selbstheilungskräfte herunter oder schalten sie ganz ab. Das bedeutet nicht nur, dass wir anfällig für Krankheiten und Leiden werden, sondern dass wir, wenn dieser Zustand langfristig andauert, irgendwann in der Zukunft garantiert krank werden. Gleichzeitig fahren wir Glück, Zufriedenheit, Leistungsfähigkeit, Erfolge und Erfülltheit im Leben herunter oder schalten sie ganz ab.

Dabei wollen wir doch gar nicht in Angst leben und unsere Selbstheilungskräfte abstellen. Was also ist das Gegenmittel gegen die Angst? *Liebe* ist das Gegenmittel. Der weltberühmte Arzt Bernie Siegel schreibt in seinem Buch *Prognose Hoffnung*, dass er durch die Macht der Liebe ein medizinisches Wunder nach dem anderen erlebt hat. Dasselbe gilt für mich. Und hier kommt die Physik ins Spiel: Die Frequenz der Liebe neutralisiert die Frequenz der Angst unmittelbar. Nur um die Verbindung zwischen Liebe, Licht und Heilung zu unterstreichen: Das althebräische Wort für «Heilung» bedeutet wörtlich «geblendet vom Licht».

1952 wurde ein Mann namens Lester Levenson nach seinem zweiten Herzanfall von den Ärzten aus dem Krankenhaus nach Hause zum Sterben entlassen. Sie warnten, dass auch nur einen Schritt zu gehen seinem Leben auf der Stelle ein Ende setzen könnte. Überflüssig zu erwähnen, dass diese düstere Prognose Levenson in eine Krise stürzte, und so begann er nach einer Lösung jenseits der Medizin zu forschen, da diese ihm offenbar nicht mehr helfen konnte. Er fand sie: Liebe. Er hatte ein transformatorisches Aha-Erlebnis über die Liebe, das meinem sehr ähnelte und durch das er erkannte, dass Liebe die Lösung für all seine Probleme war. So einfach und so tiefgehend war es. Er begann, sich darauf zu konzentrieren, alles und jeden zu lieben und alle Gedanken und Gefühle loszulassen, die nicht auf Liebe gründeten. Schließlich verschwanden seine medizinischen Probleme vollständig, und er verbrachte die nächsten vierzig Jahre seines Lebens damit, anderen beizubringen, das zu tun, was er selbst durch die Sedona-Methode und die Technik des Releasing geschafft hatte.[8] Alles, was auf Angst beruht, lässt sich schlussendlich durch die Macht der Liebe heilen – auch körperliche Symptome. Im Gegensatz zu angstbesetzten Gedanken, Glaubenssätzen und Erinnerungen lassen auf Liebe basierende Gedanken, Glaubenssätze und Erinnerungen physischen und nichtphysischen Stress kurz- und langfristig schwinden.

Das Gegenteil von Angst ist Liebe; in Anwesenheit von Liebe kann es keine Angst geben, es sei denn, Sie befänden sich in einer lebensbedrohlichen Situation. Die Vorstellung, dass Liebe und Angst Gegensätze sind, ist Ihnen vielleicht neu, da viele Leute denken, das Gegenteil von Angst sei Frieden. In gewisser Hinsicht stimmt das auch, denn Frieden ist ein direkter Ausdruck von Liebe und entspringt der Liebe. Es ist unmöglich, wahren (nicht nur situationsabhängigen) Frieden in sich zu tragen, ohne Liebe in sich zu tragen. Umgekehrt tragen Sie Frieden in sich, wenn Sie Liebe in sich tragen, ungeachtet der aktuellen Situation. Sie sind womöglich auch geneigt zu denken, dass das Gegenteil von Liebe nicht Angst ist, sondern Selbstsucht. Und auch hier hätten Sie in gewisser Hinsicht recht. Aber Selbstsucht ist wiederum auch nur ein direkter Ausdruck von Angst und aus Angst geboren. Wenn keine Angst da ist, ist auch keine Selbstsucht da (okay, klammern wir mal den Fünfjährigen aus, der unbedingt sein Eis haben will). Wenn Sie als Erwachsener die Angst verbannen, werden Sie auf ganz natürlichem Weg freundlich und tolerant sein und anderen, die es nötig

---

8 «About Lester», www.lesterlevenson.org (abgerufen am 5. Dezember 2013). Levensons Schüler Hale Dwoskin entwickelte einen Prozess, der «Sedona-Methode» heißt. Siehe sein Buch *Die Sedona-Methode. Wie Sie sich von emotionalem Ballast befreien und Ihre Wünsche verwirklichen*, Kirchzarten: VAK-Verlag 2012.

haben, helfen wollen. Wenn Sie in einem dunklen Raum das Licht anschalten, verschwindet die Dunkelheit völlig

Liebe ist der innere Zustand, dem alle positiven Haltungen entspringen: Freude, Frieden, Geduld, Toleranz, Glaube usw. Angst ist der innere Zustand, dem alle physischen und nichtphysischen Störungen, Blockaden, Ausfälle und Leiden entspringen. Es gibt keine Angst im Zustand der Liebe, ebenso wenig, wie es Dunkelheit in einer Umgebung voller Licht gibt. Worüber wir hier sprechen, ist buchstäblich eine Frage von Leben und Tod – in Bezug auf Körper, Emotionen, Beziehungen, Wirtschaft und jeden anderen Lebensbereich.

Das Spirituelle an der Spirituellen Physik

Um die spirituelle Seite der Spirituellen Physik erklären zu können, müssen wir zum spirituellen Herzen zurückkehren, in dem all unsere Lebensprobleme wurzeln. (Wie Sie sich aus dem zweiten Kapitel erinnern werden, ist das spirituelle Herz das, was die Wissenschaftler Zellgedächtnis und andere das Unterbewusstsein/das Unbewusste nennen.) Schon seine erste Erwähnung in althebräischen Texten macht deutlich, dass die *Vorstellungskraft* oder *Imagination* ein integrales Element bzw. die Sprache des spirituellen Herzens ist – nicht die Worte. Ob Sie es glauben oder nicht: Einstein meinte, dass seine größte Entdeckung nicht die Relativitätstheorie gewesen sei. Sondern die Erkenntnis, dass die Vorstellungskraft mächtiger als alles Wissen ist, weil sie die Quelle all seiner Entdeckungen war.

Anstelle des Wortes «Vorstellungskraft» ziehe ich allerdings den Ausdruck «Bildermacher» vor, um hervorzuheben, dass wir hier von der kreativen Kraft in uns sprechen, die Bilder schafft, und nicht von den Tagträumen. Mein spiritueller Mentor Larry Napier hat mir als Erster vom Bildermacher erzählt – also davon, wie alles, was existiert, entstanden ist. Geht ein Architekt einfach hin und fängt mit einem Gebäude an? Geht ein Bauunternehmer einfach hin und buddelt ein Loch? Nein. Sie sehen das Endergebnis zunächst als Bild in ihrem Bildermacher, bringen es anschließend zu Papier, und erst *dann* gehen sie hin und erschaffen es. Das trifft auf meine Jeans zu, auf ein Stück Kreide, meine Kamera, auf Edisons Glühbirne und auf Einsteins Relativitätstheorie. Alles auf dem Planeten Erde hat seinen Ursprung im Bildermacher, und jeder einzelne Mensch hat seinen eigenen Bildermacher. Zu lernen, wie man auf ihn zugreift, ist der Schlüssel, um alles zu heilen, was uns plagt, weil es die direkte Verbindung zur Quelle und die Sprache der Quelle ist. Und diese Quelle ist unser spirituelles Herz.

Der Bildermacher ist keine Metapher. Er ist real, genauso real wie das Buch in Ihren Händen (sei es nun gedruckt oder ein Hör- oder E-Book). Wenn er aber real ist, ist er dann der Schulmedizin oder der alternativen Medizin zuzuordnen? Weder – noch. Er ist spiritueller Natur, was ich daher weiß, dass die Wissenschaft ihn nicht lokalisieren kann. Sie kann alles andere in unserem Körper aufspüren und weiß, wie es arbeitet: Blut, Hormone, Organe und all die anderen Körpersysteme. Wir können sogar erkennen, wie wir denken, indem wir beobachten, welche Areale des Gehirns aufleuchten, wenn wir verschiedene Dinge tun und denken und träumen. Wir haben den Bildschirm gefunden und vermessen, auf dem wir mit Hilfe unserer angeborenen optischen Systeme physische Körper sehen, die sich in unserer unmittelbaren Umgebung befinden. Nicht finden können wir jedoch den Bildschirm, der es uns erlaubt, innerlich Bilder heraufzubeschwören und sie zu betrachten. Ich glaube, dass wir ihn nie finden werden, weil er dem Reich der Seele angehört. Das spirituelle Herz ist das Gefäß des Geistes, genauso, wie der Körper das Gefäß der Seele ist.

Dr. Eben Alexander, Neurochirurg in Harvard, hatte an der

Schwelle des Todes eine Vision, die sein Leben umgekrempelt hat – ganz ähnlich Einsteins Vision von der Relativitätstheorie und allen anderen Visionen, die große Entdeckungen und umwälzende Erkenntnisse anstoßen. Doch diese Vision stellte sich ein, als die Mechanismen in seinem Gehirn, die für solch eine Vision zuständig sein könnten, gar nicht arbeiteten – was für ihn und mich ganz eindeutig beweist, dass diese Vision in einer spirituellen Dimension ablief. Vor seinem Nahtoderlebnis glaubte Dr. Alexander nicht an ein Leben nach dem Tod oder überhaupt an Spiritualität – vor allem deswegen, weil die Wissenschaft bisher nicht in der Lage war, beides nachzuweisen. Aber seine Erfahrung stellte seine Meinung über die Existenz einer spirituellen Dimension und das Leben nach dem Tod so vollkommen auf den Kopf, dass er den Bestseller *Blick in die Ewigkeit* schrieb, um zu erklären, warum das so war.[9] Er sprach auch im US-Fernsehen über seine Erfahrungen und ihre naturwissenschaftlichen Grundlagen.

Wikipedia zufolge glauben 97 Prozent aller Menschen weltweit daran, dass es eine spirituelle Dimension oder Gott gibt. Meiner Meinung nach ist dieser Prozentsatz so hoch, weil fast jeder von uns mehrmals im Leben gewisse Erfahrungen mit der Spiritualität macht. Sie sind mit Worten nicht zu beschreiben und mit Physik auch nicht – genau wie unsere Erfahrungen mit der Liebe. Für mich ist dieser hohe Prozentsatz einer der Hauptindikatoren dafür, dass diese Dimension tatsächlich existiert. Warum ich das behaupte? Weil historisch gesehen der jeweils vorherrschende Glaube derjenige ist, für den es die meisten physikalischen und messbaren Belege gibt. Deshalb wurde Galilei ins Gefängnis geworfen – weil er laut über seine Beobachtungen zu Erde, Mond und Sternen sprach. Wenn man aus unserer Perspektive auf die Erde sieht, scheint sie

---

9 Eben Alexander: *Blick in die Ewigkeit. Die faszinierende Nahtoderfahrung eines Neurochirurgen*, München: Ansata 2013.

eine flache Scheibe zu sein, um die alle anderen Himmelskörper kreisen. Der Mediziner Dr. Ignaz Philipp Semmelweis wurde Mitte des 19. Jahrhunderts ausgelacht und von der Ärzteschaft angefeindet, weil er glaubte, dass wir mit unseren Händen unsichtbare Keime übertragen, die Infektionen auslösen können. Er ordnete an, dass die Geburtshelfer sich zwischen den einzelnen Entbindungen die Hände waschen sollten; infolgedessen war die Überlebensrate auf seiner Station höher als irgendwo anders, eben aufgrund dieser Anordnung.

Nur zu glauben, was man sehen kann, das ist die Norm, wie der alte Spruch lautet: «Ich glaube es erst, wenn ich es sehe.» Als Antwort auf die Frage, ob es Spiritualität überhaupt gibt, lässt sich allerdings das genaue Gegenteil festhalten: ein Glaube, den 97 Prozent der Weltbevölkerung hegen, an etwas, das nicht messbar ist, das man nicht sehen kann und für dessen Existenz es wenige bis gar keine Beweise gibt. Wow! Ich weiß nicht, ob man ein zweites Thema auf dem Planeten findet, in dem 97-prozentige Einhelligkeit besteht, auch nicht in Dingen, die wir sehen und messen können.

Aber obwohl die Wissenschaft das Spirituelle nicht lokalisieren kann und obwohl 97 Prozent von uns an eine spirituelle Realität oder an Gott glauben trotz des Mangels an Beweisen, kommen wir jetzt in ein Zeitalter, in dem die Wissenschaft anfängt, Beweise für die Existenz des Spirituellen zu liefern. In ihrem Buch *Der Fingerabdruck Gottes – Wie religiöse und spirituelle Erfahrungen das Gehirn verändern* liefern die beiden Neurowissenschaftler Andrew Newberg und Mark Robert Waldman umfangreiches Beweismaterial dafür, dass der Faktor Nummer eins, der unsere Gehirnfunktion und unsere Gesundheit verbessert – sogar mehr als körperliches Training –, das *Gebet und ein entsprechender Glaube an Gott oder eine spirituelle Quelle* ist. Sie reden nicht über Kirchgang. Sie sind Neurowissenschaftler, die streng wissenschaftlichen Kriterien folgen und dann die Ergebnisse vorlegen, die sie gefunden haben,

Wenn also Gebet und der Glaube an Gott/Quelle/Liebe den größten Einfluss auf die Gehirnfunktion und die Gesundheit haben, dann bedeutet das auch, dass sie den größten Einfluss auf *alles* in Ihrem Leben haben, denn Ihre Gehirnfunktion wirkt auf alles ein – Ihr Herz-Kreislauf-System, Ihre Hormone und, vielleicht am allerwichtigsten, Ihr Kontrollmechanismus für Stress.[10]

Die Sprache unseres spirituellen Herzens ist die der Bilder. Alles, was uns jemals widerfahren ist, findet sich in unseren Herzen in Form von Bildern abgespeichert. Dr. Pierce Howard schreibt in *The Owner's Manual for the Brain*: «Alle Daten werden als Bilder verschlüsselt und abgerufen.» Dr. Antonio Damasio, ein Neurowissenschaftler, der Direktor des Brain and Creative Institute an der University of Southern California ist, der immer wieder als Kandidat für den Nobelpreis gehandelt wird, sagt: «Denken ohne Bilder ist unmöglich.»

Wenn wir unsere Erinnerungen sehen, ist das, als würden sie auf einem Bildschirm in unserem Geist erscheinen. Ich nenne diesen Bildschirm den *Herzschirm*: unser Fenster zu unserem Bildermacher. Aber genauso wie Wissenschaft und Medizin unseren Bildermacher nicht lokalisieren können, können sie auch das Fenster zu unserer Einbildungskraft nicht physikalisch lokalisieren. Auch

---

10 Als ich mein erstes Buch *Der Healing Code* veröffentlicht hatte, erhielt ich kritische Kommentare, weil ich Gott und Spiritualität mit Gesundheit in Verbindung brachte. Einige vermuteten, ich wolle missionieren, aber das will ich nicht. Aber ich habe eine andere Mission – sie ist Ihre Gesundheit und Ihr Glücklichsein und von jedem anderen, dem ich möglicherweise helfen kann. Ich erwähne Gott in diesem Zusammenhang nur, weil ich unwiderlegliche Beweise gesehen habe, dass eine persönliche Verbindung zu Gott/Quelle/Liebe der machtvollste Faktor in unserem Erfolg und unserer Gesundheit ist, und die wissenschaftlichen Beweise dafür beginnen explosionsartig zuzunehmen.

das ist ganz real, aber nicht in der Welt der Physik angesiedelt – sondern im Reich des Spirituellen.

In unserem Herzen speichern wir Milliarden über Milliarden von Bildern ab. Sie können sich Ihren Herzschirm als großen, hochauflösenden, holographischen Computer-, Smartphone- oder Tabletmonitor vorstellen, der die gerade aktivierten Erinnerungen zeigt – genau wie geöffnete Dateien, Icons oder Bilder auf Ihrem Computer. Was auch immer gerade auf dem Bildschirm sichtbar ist, steuert Ihre aktuelle Erfahrung. Wenn Angst auf dem Schirm erscheint, werden Sie in Ihrem physischen Körper Stress spüren, bis das schwächste Glied bricht und Sie bestimmte negative Symptome entwickeln. Jeder Mediziner, den ich kenne, stellt diesen Zusammenhang her, denn es stimmt.

Bei Dauerstress wird das schwächste Glied in Ihrem Körper und Ihrer Seele als Erstes brechen. Für meine Frau Hope bedeutete das Depression. Bei mir ist es Sodbrennen. Das schwächste Glied ist bei jedem Menschen anders und abhängig von allen möglichen, auch genetischen Faktoren. Wir erwähnten bereits, dass 95 Prozent aller Krankheiten stressbedingten Ursprungs sind: Die fehlenden 5 Prozent sind genetisch bedingt. Diese genetische Neigung zu einer bestimmten gesundheitlichen Störung *lässt sich ebenfalls auf Stress zurückführen*: Sie stammt von irgendjemand in Ihrer Ahnenreihe, bei dem ein Krankheitsgen infolge von Stress aktiviert wurde. Wenn bei dem Menschen, der Träger dieses Krankheitsgens ist, der Stress verschwindet, setzt sich die Reihe nicht fort. Das funktioniert nur, wenn der Mensch die Angst loswird. Wenn er das tut, legt der Hypothalamus im Gehirn den Stressschalter um, der Stress weicht – und das Immunsystem kann die genetische Neigung zu dieser bestimmten Krankheit heilen.

Hier ein Beispiel dafür, wie unser Herzschirm unser aktuelles Erleben steuert: Einmal zogen wir zu Hause bei uns eine Schublade auf, und Hope ging übergangslos an die Decke, Zeter und

Mordio schreiend. Ich sah in die Schublade und reagierte nicht; okay, ich kicherte vielleicht ein bisschen. Denn darin lag Harrys Gummischlange. Am selben Tag, nur ein paar Minuten später, sah Hope etwas und meinte: «Oh, wie schön.» Ich sah hin und begann unmittelbar zu weinen. Die letzte Rose, die ich gesehen hatte, hatte auf dem Sarg meiner Mutter gelegen. In beiden Fällen erlebten Hope und ich die gleichen physischen Umstände zur gleichen Zeit, aber hatten die entgegengesetzten Reaktionen. Warum? Wir hatten verschiedene Bilder für das, was wir sahen, in unserem Herzen.

Das Problem ist, dass etwa 99 Prozent der Menschen keine Ahnung von 99 Prozent dessen haben, was sich auf ihrem Herzschirm abspielt. Deshalb machen sie Kurse über Kurse, nehmen Pille um Pille, konsultieren Therapeut über Therapeut und merken vierzig Jahre später, dass sie Unmengen von Geld ausgegeben und noch immer dieselben Probleme haben – oder noch schlimmere. Normalerweise geben sie auf und sterben, ohne dass sich etwas verändert hätte. Aber so weit muss es nicht kommen! Sie haben nur nicht an der richtigen Ursache ihres Problems angesetzt, nämlich den angstbesetzten Erinnerungen ihres Herzschirms.

Wenn wir vom physikalischen Anteil der Spirituellen Physik ausgehen, dann wissen wir: Wenn Angst auf diesem Schirm ist, ist der Schirm dunkel. Etwas passiert: Sie stecken im Stau, Sie beißen in ein Sandwich, das nicht so gut schmeckt, wie Sie hofften, jemand sieht Sie seltsam an, Ihr Sitznachbar hat Parfum aufgetragen, das Sie nicht riechen können – irgendetwas dieser Art. Das entsprechende Ereignis nehmen Sie über die Augen in sich auf und verwandeln es in ein Bild, auch wenn die Daten durch einen anderen der fünf Sinne übertragen werden. Alle Daten werden als Bilder verschlüsselt – denken Sie daran. Sogar Dinge, die wir riechen und hören und schmecken, werden als Bilder abgespeichert und als Bilder wieder abgerufen. Bilder sind nicht nur die Sprache des Herzens, sie sind die *universale* Sprache, und über sie läuft Kommunikation mit Lichtgeschwindigkeit ab – also mit etwa 300 000 Kilometern pro Sekunde. Worte brauchen viel länger, außerdem muss man die gleiche Sprache sprechen.

Dr. Bruce Lipton zufolge findet dieses Bild anschließend Eingang in die Bilderdatenbank aus all unseren persönlichen und generationsübergreifenden Erinnerungen, die in unserem spirituellen Herzen angelegt ist; dort wird es mit Millionen von anderen Bildern verglichen, um zu ermitteln, wie die Reaktion ausfallen soll. Hope und ich sahen die Gummischlange, und sofort tauchte ein negatives Bild auf ihrem Herzschirm auf. Es hatte mit Angst und Dunkelheit zu tun. Bei mir nicht. Auf meinem Herzschirm waren Liebe und Licht. Was ich in meiner Einbildungskraft sah, war, dass Harry irgendwann fröhlich mit der Schlange gespielt hatte. Mir ging es gut dabei.

Als mein Blick allerdings auf diese Rose fiel, bestürmten mich viele Bilder. Liebevolle Erinnerungen an Mom ebenso wie angstbesetzte – in Dunkelheit getauchte Bilder und einige voller Licht. Meine Reaktion fiel gemischt aus. Was auf unserem Herzschirm auftaucht, beeinflusst unverzüglich unsere Körperphysiologie. Wenn zum Beispiel Angst auf dem Herzschirm erscheint, beginnen Sie vielleicht zu schwitzen, haben ein Gefühl der Enge in der Brust oder bekommen Kopfweh. Wenn das geschieht, sollten Sie sich nicht auf Ihre körperlichen Symptome konzentrieren. Ja, Ihre Reaktion hat auch eine physische Komponente, aber diese kommt zu 100 Prozent vom Herzschirm. Wenn Sie Paracetamol brauchen, nehmen Sie es, aber während Sie das tun, sollten Sie auch an der Wurzel der Symptome arbeiten, damit Sie morgen in derselben Situation nicht wieder Paracetamol brauchen.

Unsere Programmierung bestimmt zu einem großen Teil, was auf unserem Herzschirm auftaucht. In ihrer Kindheit wurde meine Frau darauf programmiert, dass sie «ein braves Mädchen» sein und alles tun sollte, was wer auch immer von ihr verlangte. Wenn sie das nicht tat – oder nicht perfekt –, war sie ein böses Mädchen. Der Glaubenssatz, dass sie ein braves Mädchen sein solle, sorgte immer dafür, dass sie etwas tat, wonach ihr nicht unbedingt war, und sie sich nicht immer so verhielt, wie es ihre Art war. Diese Programmierung erzeugte jahrzehntelang Angst und Dunkelheit auf ihrem Herzschirm und setzte ihren Körper fortwährend unter Stress, bis das schwächste Glied brach und sie eine Depression entwickelte. Warum wurde sie die Depression zwölf Jahre lang nicht los, egal, was sie auch unternahm? Weil sie die ihr zugrunde liegenden Erinnerungen nicht in Ordnung bringen konnte – sie wusste ja nicht einmal, welche es waren. In denselben Situationen erschienen immer wieder dieselben angstbesetzten Bilder auf ihrem Schirm, und in 99 Prozent aller Fälle hatten sie mit Angst und Dunkelheit zu tun. Deshalb war sie niedergeschlagen. Besorgt. Ängstlich.

Ich habe es bereits gesagt, aber es lohnt sich, es zu wiederholen: Jeder von uns hat solche schlechten Programmierungen, niemand ist perfekt. Unser Gehirn kennt fünf Frequenzbereiche: Alpha, Beta, Gamma, Delta und Theta. In den ersten sechs Lebensjahren – und nur dann – befindet sich unser Gehirn im Alpha-Delta-Zustand. In diesem Frequenzbereich sind wir nicht dazu fähig, Informationen zu filtern. Stellen Sie sich zum Beispiel vor, Sie wären fünf Jahre alt und würden im Garten mit Ihrem Papa Ball spielen. Sie versuchen, den Ball ins Tor zu schießen, und verfehlen es, und Ihr Papa lacht und meint: «So wirst du nie ein Fußballer.» Sie sind nicht fähig, das zu filtern und richtig einzuordnen, Ihre Festplattenprogrammierung ist schließlich funkelnagelneu. Niemand auf der Welt hat *keine* derartigen Erinnerungen! Außerdem ist es sehr schwierig, eine Programmierung zu verändern, wenn sie in diesem Alter implementiert wird. Der Forschung zufolge sind mindestens zehn positive Aussagen notwendig, um eine einzige negative Aussage zu neutralisieren – aber die meisten Eltern machen eher zehn negative Aussagen! Und schon haben wir sie – die angstbesetzte Programmierung.

Selbst wenn alle um uns herum wie durch ein geheimnisvolles Wunder immer im Einklang mit der Liebe und Wahrheit handeln würden, könnten wir noch immer von vergangenen Generationen schlechte Programmierungen geerbt haben. Wir alle besitzen schlechte Programmierungen, der Herzschirm aber ist unser direktes Bindeglied zu ihnen, über das wir sie heilen können. Unser Herzschirm ist zudem verbunden mit den Herzschirmen aller anderen um uns herum – vor allem jener Menschen, die uns am nächsten stehen –, sodass wir über eine Art organisches WLAN-Netzwerk stets Energiefrequenzen senden und empfangen. Im vierten Kapitel, wenn wir über das Herzschirm-Tool sprechen, lernen wir, uns auf Frequenzen der Liebe einzustimmen und sie auszusenden.

Energie geht nie verloren; sie verändert nur die Form. Wenn Sie in einem stockdunklen Raum den Lichtschalter betätigen, wird sofort jeder Winkel erhellt. Wohin ist die Dunkelheit verschwunden? Die korrekte Antwort lautet: Sie existiert nicht mehr. Die Definition von Dunkelheit ist schlicht die Abwesenheit von Licht. Wenn also Licht da ist, kann es per definitionem nicht dunkel sein. Genauso funktioniert es in Sachen Angst und Liebe im Körper auch. Es ist dieselbe Physik. Wenn Sie Liebe in die Angst gießen, ist keine Angst mehr da. Das klingt seltsam in unseren Ohren, denn in diesem Kontext haben wir bisher nicht so gesprochen. Trotzdem wurde dieser Paradigmenwechsel von Einstein schon 1905 vorhergesagt.

Wann immer wir Paradigmen signifikant verändern wollen, sträuben sich diejenigen dagegen, die gut mit den alten zurechtgekommen sind. Als zum Beispiel die Brüder Wright mit ihren «Flugmaschinen» anfingen, wandten sie sich zunächst an die Eisenbahngesellschaften. Sie sagten: «Wir geben euch die Chance, die Könige der Lüfte zu werden.» Die Leute von der Eisenbahn lachten ihnen ins Gesicht und meinten, nichts könne je die Eisenbahn ersetzen. Heutzutage gibt es die meisten alten Eisenbahngesellschaften nicht mehr, nicht wahr? Sie bekamen die Gelegenheit zu einem Paradigmenwechsel, aber sie hielten an ihrem alten Paradigma fest und gingen deshalb unter.

Ein neues Paradigma für Gesundheit, Heilen und Erfolg, das für das letzte Jahrhundert vorausgesagt wurde, manifestiert sich gerade. Wollen Sie am alten Paradigma festhalten oder dem neuen folgen? Dabei ist es nicht erst im Kommen – es ist schon da. Die American Psychological Association (APA) hat 2013 die erste energiemedizinische Therapie für die Behandlung von psychischen Störungen zugelassen – nachdem sie 20 Jahre lang diesen Bereich verlacht, bespöttelt und kleingemacht hatte. Woher dieser Sinneswandel? Der Grund sind überwältigende Belege aus der Praxis, dass derlei Behandlungen viel rascher und effektiver zum Erfolg führen und keinerlei Nebenwirkungen haben.

Diese Fakten werden auch auf dem Gebiet des Sports wahrgenommen. Gleich nach seinem Studium unterschrieb Football-Trainer James Franklin im Januar 2014 einen 37-Millionen-Dollar-Vertrag mit der Penn State University, nachdem er das Team der Vanderbilt University zum ersten Mal nach hundert Jahren zum Gewinner gemacht hatte. Er wurde im Fernsehen von Dan Patrick über seinen Erfolg als Trainer interviewt. Franklins Antworten waren, gelinde gesagt, ungewöhnlich. Als er über Zielsetzung gefragt wurde (alle Trainer setzen Ziele und legen großen Wert darauf), antwortete Mr. Franklin, dass er für sein Team keine äußeren Ziele setzen würde. Er sagte, wenn man nicht das richtige Ziel setzt, kann das destruktive Wirkungen haben. Also richten sich die Ziele, die er seinem Team setzt, auf den gegenwärtigen Moment und den jetzigen Tag: spirituell, akademisch, physisch und sozial in Bestform zu sein. Er sagte, in seiner Arbeit «geht alles um Beziehungen».[11]

Seit Tausenden von Jahren wissen wir – oder hätten es zumindest wissen können –, dass das spirituelle Herz die Quelle aller Lebensthemen ist; aber weil wir ein altes Paradigma hatten, das besagte, dass Physik und Spiritualität getrennt betrachtet werden müssen, waren wir nicht dazu in der Lage, dieses spirituelle Wissen auf unseren physikalischen Körper anzuwenden. Mit einem Skalpell kann man kein Herzensthema herausschneiden. Man kann keine Pille nehmen, um es auszuschwemmen. Die Schnitt-, Brenn- und Giftmethode funktioniert auch nicht. Ebenso wenig jede andere alternative physikalische Methode. Selbst wenn wir also gewusst hätten, wie wichtig die Herzensthemen sind, hätten wir dieses Wissen nicht wirklich im Gesundheitswesen angewandt – denn das Gesundheitswesen, wie wir es kennen, verfügte weder über geeignete Methoden noch Instrumente, um diese Herzensthemen tatsächlich zu heilen. Und selbstverständlich haben wir dieses Wissen auch nicht auf unsere Erfolgsprobleme angewandt.

Unter dem Paradigma der Spirituellen Physik stehen Physik und Spiritualität absolut im Einklang miteinander. Tatsächlich befindet sich echte Wissenschaft *immer* im Einklang mit der Spiritualität. Wenn das spirituelle Herz die Quelle all unserer Themen ist, dann ist das einzige Mittel, das die Quelle heilen kann, eine Energiemethode – eben weil die Themen des Herzens (also unsere Erinnerungen) pure Energie sind. Wir sollten uns nicht gegen dieses neue Paradigma sträuben, wir sollten es feiern! Endlich sind wir dazu in der Lage, die wahre Quelle unserer Probleme sowohl zu identifizieren als auch zu heilen!

Dennoch wurde nicht mit Kritik an mir gespart. Ein paar so-

---

11 James Franklin on *The Dan Patrick Show*, 14. Januar 2014, http://www.danpatrick.com/dan-patrick-video/.

genannte Experten schimpften mich profitgierig und einen Betrüger, weil ich jene Prinzipien lehre, die Physik und Spiritualität vereinen. Aber bei meinen Reisen durch die Welt bietet sich mir ein ganz anderes Bild. Die Menschen sind ganz begeistert, diese Prinzipien zu lernen und anzuwenden, weil sie so gut funktionieren, wie niemals zuvor etwas funktioniert hat. Wir sind endlich fähig, zur tiefsten Ursache zu kommen und sie zu heilen.

Wir wissen jetzt: Es gibt keine Trennung zwischen Spiritualität und Erfolg und Gesundheit. Wenn Sie an die Trennung glauben und entsprechend handeln, dann wird das Endergebnis *Ihre* Trennung von Erfolg und Gesundheit sein.

Die Lösung für unsere Erfolgsprobleme besteht weder darin, uns auf unser Problem zu konzentrieren, noch darin, es fortwährend zu ignorieren. Beides wird dazu führen, dass wir immer schlechtere Erfahrungen machen. Die Lösung liegt darin, Dunkelheit/Angst/Unwahrheit durch Licht/Liebe/Wahrheit zu ersetzen – und zwar immer! Die Quelle von Liebe/Licht/Wahrheit ist die Quelle der Lösung für jedes Problem, während die Quelle von Dunkelheit/Angst/Unwahrheit der Ursprung jedes Problems ist, ob es sich nun um Terrorismus handelt, Hunger, Krankheit, Armut oder Unglück. Wenn beide Extreme aufeinandertreffen, wird Licht/Liebe/Wahrheit immer gewinnen, aus demselben Grund, warum Licht einen dunklen Raum erhellt, selbst wenn man es nicht sofort bemerkt. Gandhi wusste um diesen Zusammenhang («Stets hat in der Geschichte der Weg der Wahrheit und der Liebe gewonnen»), wie alle großen spirituellen Lehrer darum wussten.

Auf lange Sicht:
Scheitert die Liebe nie!
Gewinnt die Angst nie!

Von jetzt an, was ist Ihre Wahl?

Mit dem Konzept des Zellgedächtnisses und der Spirituellen Physik haben Sie nun die grundlegenden Prinzipien des Love Principle kennengelernt. In Teil II erkläre ich, wie sich diese Prinzipien in die Praxis übertragen lassen und was sie mit Ihrem Erfolg zu tun haben.

TEIL II
Wie das Love Principle funktioniert

KAPITEL 4:

Drei Tools, um Ihre Festplatte und deren Software zu bereinigen und umzuprogrammieren

In diesem Teil werden wir zwei Verfahren kennenlernen, die den Kern des Love Principle ausmachen: die Anwendung der Drei Tools, mit denen sich die menschliche Festplatte bereinigen und umprogrammieren lässt, und das Setzen von Erfolgs- anstelle von Stresszielen. Aber bitte versuchen Sie nicht, diese Verfahren vorschnell anzuwenden; in Teil III erfahren Sie, wie es richtig geht.

Wir Menschen sind multidimensionale Wesen mit einer physischen, mentalen und spirituellen Dimension. Wenn wir Erfolg im Leben haben wollen, müssen wir uns um alle drei Ebenen kümmern, damit sie gesund bleiben und im Einklang miteinander stehen. In diesem Kapitel werde ich Ihnen die Drei Tools vorstellen, die ich entdeckt und in den letzten 20 Jahren getestet habe – und die genau das bewirken: das Energiemedizinische Tool (für die körperliche Ebene), die Umpolungsaussagen (für die geistige Ebene) und das Herzschirm-Tool (für die spirituelle Ebene). Noch einmal: Wenn man die *ganze* Wahrheit versteht, führt das zu einem Glauben, der echte Kraft hat. Nun, da Sie mehr über die wissenschaftlichen und spirituellen Prinzipien hinter der Wirkweise dieser Instrumente wissen, hoffe ich, dass diese Instrumente für Sie auch leichter zu gebrauchen sein und Sie sie mit der Zeit immer selbstverständlicher anwenden werden.

Mit «physisch» meine ich unsere gesamte Physiologie bis hinab zu den Licht- und Dunkelheitsfrequenzen, Atomen, Molekülen und Zellen. Zum «Mentalen» gehören das Wach-Bewusstsein, der

Wille und die Emotionen oder das, was ich generell als «Seele» bezeichnen würde. «Spirituell» umfasst unser Unbewusstes, unser Unterbewusstsein und unser Gewissen. Da wir jetzt wissen, dass alles Energie ist und wie Energie wirkt, wissen wir auch, dass es ganz zweifelsohne auch jeweils die beiden anderen Aspekte beeinflussen wird, wenn wir zum Beispiel den emotionalen Aspekt ansprechen. Wenn ich also sage, dass jedes Instrument mit einem bestimmten Aspekt unseres Seins verknüpft ist, meine ich damit nicht, dass etwa das Energiemedizinische Tool nur an unseren physischen Symptomen ansetzt; ich meine vielmehr, dass dieses Instrument direkt Einfluss auf unsere Physiologie nimmt, um eine Heilung auf allen Ebenen unseres Seins in Gang zu setzen: der physischen, mentalen und spirituellen Ebene – und sogar auf der Ebene der äußeren Situationen.

Mir ist klar, dass ich in Bezug auf diese Drei Tools den Mund sehr voll nehme – jedoch aus gutem Grund: Ich habe noch nie bei einem Klienten erlebt, dass sie *nicht* zum Erfolg geführt hätten (laut Aussagen der Klienten, nicht meinen), wenn sie genauso eingesetzt wurden, wie ich es meinen Klienten über längere Zeit hinweg beigebracht hatte.[1] Ich habe diese Tools bei Leuten funk-

---

[1] Es trifft ebenfalls zu, dass ich Gebete und eine liebevolle Beziehung zur Liebe/zur Quelle/zu Gott für das Wichtigste in meinem Leben halte. Meiner Meinung nach sind sie sogar wichtiger als alles andere, was ich in diesem Buch erwähne. Ja, ich glaube sogar, dass sie die Quelle all dessen sind, worüber ich in diesem Buch schreibe und was ich an Wertvollem in Zukunft noch lernen werde – deshalb ermuntere ich jeden, Gelegenheiten zu einem transformatorischen Aha-Erlebnis zu suchen, bevor er sich mit den Drei Tools vertraut macht. Was jedoch mitnichten heißen soll, dass Sie meine Glaubenssätze über die Liebe/Quelle/Gott oder das Beten teilen müssen, damit diese Instrumente auch bei Ihnen funktionieren. Das ist nicht der Fall!

tionieren sehen, die jede nur denkbare Weltanschauung hatten, bei Männern und Frauen und allen Altersgruppen. Ich konnte keinerlei Unterschiede in der Wirksamkeit feststellen. Sie scheinen ebenso bei allen Menschen zu wirken, wie die Schwerkraft bei allen Menschen wirkt, ob man nun an die Schwerkraft glaubt oder nicht.

Bitte beachten Sie: Die folgenden Anweisungen sind Vorschläge, keine festen Regeln. Fühlen Sie sich frei, diese Instrumente so zu kombinieren und anzuwenden, wie es sich am besten für Sie anfühlt. Wenn ich mit einem Klienten arbeite, neige ich dazu, die Anwendung der Tools so auszuwählen, dass es zu dem individuellen Klienten, der Situation und dem jeweiligen Problem passt. Natürlich kann ich in einem Buch das nicht für jeden Einzelnen machen. So habe ich für jedes Tool einen allgemeingültigen Prozess entwickelt, der zuverlässig und vorhersehbar für praktisch jede Person und jede Situation wirkt. Das haben wir immer wieder getestet. Die Instruktionen werden auch bei Ihnen wirken, wenn Sie sie befolgen, aber wenn Sie Schwierigkeiten mit ihnen haben, sollten Sie sich die Freiheit nehmen, sie nach Gutdünken anzupassen. Es gibt wirklich keine falsche Anwendungsmöglichkeit für diese Instrumente. Übrigens: Ein Bild sagt bekanntermaßen mehr als tausend Worte. Unter www.thehealingcodes.com können Sie sich deshalb ein Video ansehen, das die Anwendung jedes der Drei Tools demonstriert.

Der Rest dieses Kapitels erklärt, wie die Instrumente wirken, und enthält allgemeine Gebrauchshinweise. Und obwohl Sie natürlich die Anwendung üben dürfen, noch während Sie all das lesen, empfehle ich es Ihnen zu diesem Zeitpunkt nicht. In Teil III erhalten Sie schrittweise Anleitungen, wie Sie diese Instrumente einsetzen müssen, um Ihre Wurzelerinnerungen zu identifizieren und zu heilen, die vielleicht den Erfolg in Ihrem Leben blockieren (Kapitel 6: Befunderhebung), und um ganz konkrete, erfolgsorientierte Ziele zu ermitteln (Kapitel 7: Die Erfolgsmethode des Love Principle).

Und noch eins: Bei der Lektüre dieses Kapitels merken Sie vielleicht, dass Sie schon einmal eine Technik kennengelernt oder angewendet haben, die den hier vorgestellten Instrumenten ähnlich ist. Obwohl ich diese selbst entdeckt habe, soll das nicht heißen, dass das nicht auch schon jemand anders getan hat. Denn natürlich fußen sie auf Prinzipien, die bereits seit vielen Jahren gelehrt werden. Zum Beispiel könnten Sie bereits ein ähnliches Instrument aus der Energiemedizin benutzt haben, das zumindest Ihre Symptome merklich gebessert hat. Aber wenn die Ergebnisse nicht von langer Dauer waren, dann vielleicht deshalb, weil Sie die spirituelle und emotionale Ebene ebenfalls einbeziehen müssen. Allein für sich genommen können die Instrumente schon Wunderbares bewirken, doch weil sie jeweils nur eine Ebene eines Problems mit drei Ebenen ansprechen, stellt sich kein langfristiger oder hundertprozentiger Erfolg ein. Ich glaube, dass das der Grund ist, warum viele Techniken ihren Zweck nicht dauerhaft erfüllen. Eine Technik spricht fast nie alle drei Dimensionen unserer Existenz an; doch sie alle müssen geheilt und miteinander in Einklang gebracht werden, wenn sich Erfolg oder Heilung einstellen soll.

Wenn die Ursache der Erfolgsprobleme, die Sie am meisten quälen, geheilt werden soll, schlage ich vor, dass Sie es mit allen drei Tools versuchen. Einer der Hauptgründe, weshalb ich dieses Buch geschrieben habe, ist der, Ihnen *alle* Instrumente an die Hand zu geben, die Sie brauchen, um die Wurzel Ihrer Probleme endgültig zu heilen (gleichgültig, wie sich Ihre Symptome manifestieren), um Ihre Festplatte mit einem neuen Erfolgsprogramm zu überschreiben und anschließend die Früchte unglaublichen Erfolgs für den Rest Ihres Lebens zu genießen. Wenn Sie diese Instrumente ausprobieren, entdecken Sie vielleicht, dass eines oder zwei bei Ihnen bessere Ergebnisse zu zeitigen scheinen. Das ist okay – wenden Sie jenes Instrument oder jene Instrumentenkombinationen an, die am besten funktionieren. Sie können nur nicht wissen, welche das sind, wenn Sie sie nicht alle eine gewisse Zeitlang ausprobieren.

Am Ende dieses Kapitels finden Sie eine Anleitung, wie Sie alle Tools innerhalb einer Technik gemeinsam anwenden, um ein Optimum an Effizienz und Ergebnissen zu erzielen. Dennoch empfehle ich Ihnen, jedes Instrument zunächst einzeln zu testen, um sich mit seiner Wirkweise vertraut zu machen.

Das Energiemedizinische Tool: Die Wurzelprobleme über den Körper heilen

Meiner Erfahrung nach hat das Energiemedizinische Tool bei den meisten Menschen aus dem Stand heraus die größte Wirkung. Es wendet an bestimmten Punkten unseres Körpers Energie an, um ein Symptom oder eine Störung zu heilen. Energiemedizin ist seit mindestens fünfzehn Jahren ein heißes Thema, und wir lernen jeden Tag mehr über ihre Anwendung hinzu. Ausgehend von den wachsenden wissenschaftlichen Beweisen, die ich in den vorigen Kapiteln dargelegt habe, glauben selbst viele Schulmediziner, dass die Anwendung unseres Wissens über Energie auf unsere Gesundheitspraxis zu einem Durchbruch führen könnte, wie wir ihn noch nie erlebt haben. Donna Eden, Expertin auf dem Gebiet der Energiemedizin und Autorin des Klassikers *Energy Medicine*, hat die Lösung Tausender hartnäckiger Probleme dokumentiert, die die Schulmedizin einfach nicht heilen konnte. In über 30 Jahren Erfahrung in der Heil- und Lehrtätigkeit weltweit hat Eden erlebt, wie die Energiemedizin Bronchitis im Endstadium heilte, nach einem Herzanfall einen Patienten mit Nulllinie ins Leben zurückholte, schwere geistige Behinderungen kurierte sowie Tausende ähnlich dramatischer Heilerfolge.[2]

Erst kürzlich entdeckte ich, dass Sigmund Freud in der Psychotherapie eine Technik anwandte, die meiner ganz ähnlich ist. Ja, *der* Freud – der berühmte österreichische Neurologe und Arzt, der als der Vater der Psychotherapie, Psychiatrie, Beratung und Therapie gilt. Ob Sie es glauben oder nicht, Energiemedizin war sein Mittel der Wahl, wenn alles andere versagte. Seinen eigenen Worten zufolge hat sie ihn nie im Stich gelassen. In gewisser Weise war er der Erste, der der Welt zeigte, dass das Nichtkörperliche das Körperliche verändern kann. Freud mag noch nicht gewusst haben, wie es wirkt, aber er wusste, dass – sobald er sich dieser Technik bediente – die tiefer sitzenden Probleme seiner Patienten hochkommen würden. Das Energiemedizinische Tool, das ich Ihnen im Folgenden erklären werde, beinhaltet dieselbe Handhaltung, die auch Freud seinen Patienten beibrachte (Hände über der Stirn), auch wenn ich zwei weitere Handhaltungen hinzugefügt habe, die die Anwendung meiner Meinung nach noch bedeutend wirksamer machen.

Die Energiemedizin ist nichts Schräges, Geheimnisvolles oder Esoterisches, sondern etwas Physikalisches (das heißt, dass sie auf der Physik gründet). Im Jahr 1905 bewies Einstein, dass sich alles auf Energie zurückführen lässt ($E = mc^2$). In anderen Worten, jede Zelle in Ihrem Körper funktioniert durch Energie, und jede Zelle besitzt ihr eigenes Kraftwerk, das Mitochondrium. Solange die Zelle über genug positive Energie verfügt, ist sie gesund. Wenn sie jedoch nicht genügend Energie hat oder ihr negative Energie zugeführt wird, beginnt sie, krank zu werden. Und wir können das

---

2 Donna Eden (mit David Feinstein): *Energy Medicine. How to Use Your Body's Energies for Optimum Health and Vitality*, New York: Tarcher/Penguin 2008, S. 23, 32, 76–78.

Energieniveau unserer Zellen im CT, MRT und mit ähnlichen Verfahren messen. Energiemedizin versucht einfach, positive, gesunde Energie in die Zellen einzubringen, denen es an dieser Energie mangelt. Mehr steckt nicht dahinter. Energiemedizin ist in ihrer frühen Ausprägung älter als die westliche Schulmedizin. Seit Albert Einsteins Entdeckung haben immer wieder Nobelpreisgewinner vorausgesagt, dass wir eines Tages herausfinden werden, wie diese Prinzipien wirksam auf dem Gebiet der Gesundheit angewendet werden können, und dass dies die Medizin und das Gesundheitswesen verändern wird – genauso wie die Energie ganz allgemein, die in der Elektronik, im WLAN und Computer am Werk ist, seit 1905 tatsächlich jeden Bereich der Technik verändert hat. Wie ich schon im vorigen Kapitel sagte: Es geschieht genau jetzt.

Energiemedizin im Allgemeinen ist nichts Neues; aber erst, seitdem wir immer besser verstehen, dass Energie die Wurzel jedes Problems ist, ist die Medizinwissenschaft in der Lage zu dokumentieren, wie machtvoll sie tatsächlich ist, warum sie so wirksam ist und dass sie es uns heute erst ermöglicht, Dinge zu tun, die wir vorher zu vollbringen nicht fähig waren.

So funktioniert das Energiemedizinische Tool

Die Wirkungsweise des Energiemedizinischen Tools ist ziemlich einfach. Im Körper funktioniert alles auf der Basis von Energie: jede Zelle, jeder Gedanke und jedes Gefühl. Desgleichen strahlt unser Körper fortwährend Energie ab, vor allem über die Hände.[3]

---

3 Dr. Mitsuo Hiramatsu, Wissenschaftler am Central Research Laboratory bei Hamamatsu Photonics in Japan, leitete ein Forschungsteam, das mittels eines Photonenzählers herausfand, dass unsere Hände mehr Energie (in Form von Licht oder Photonen) emittieren als jeder andere Teil unseres Körpers. In einer Studie, die im *Journal of Photochemistry and Photobiology B: Biology* veröffentlicht wurde, stellten die Forscher zudem fest, dass unsere Stirn und unsere Füße

Wenn Sie die Hände auf bestimmte Körperstellen legen, leiten Sie nutzbare heilende Energie in Ihren Körper zurück. Wenn Sie Ihrem Körper mehr nutzbare Energie zur Verfügung stellen, kann er besser arbeiten und die zusätzliche Energie dazu verwenden, Störungen zu beheben. Denken Sie daran, dass unsere Probleme im Wesentlichen zunächst nur innere Energiemuster sind, nicht Knochen, Blut oder Gewebe. Die Grundlagenphysik besagt, dass diese Energiemuster durch andere Energiemuster verändert werden können. Ich glaube, dass Freud genau dieses Wissen bei seinen Patienten angewandt hat, wie ich in den letzten 25 Jahren bei meinen Klienten.

Das Energiemedizinische Tool wird auf drei Positionen eingesetzt: über dem Herzen, über der Stirn und über dem Scheitel. In diesen Bereichen liegen jene Körperareale, die direkt die Stressantwort beeinflussen (oder von ihr beeinflusst werden), wie auch die Kontrollzentren für jede Zelle im Körper. Sie können das Energiemedizinische Tool bei sich selbst anwenden oder bei jemand anderem, oder jemand anders kann es bei Ihnen anwenden. Ich habe herausgefunden, dass die Resultate besser sind, wenn es jemand anders an Ihnen praktiziert, wie es Freud an seinen Patienten tat und ich es an meinen Klienten tue.

nachweislich Photonen abstrahlen. Der ursprüngliche Artikel von Jennifer Viegas auf Discovery News (vom 7. September 2005) ist online nicht mehr verfügbar, aber eine Kopie ist auf ABC Science eingestellt unter www.abc.net.au/science/articles/2005/09/07/1455010.htm (abgerufen am 12. Dezember 2013).

Position 1: Das Herz

Legen Sie eine Hand (egal, welche) mit der Handfläche nach unten über dem Herzen auf Ihren Brustkorb und dann die zweite darüber, und zwar ebenfalls mit der Handfläche nach unten.

Bei dieser und den folgenden Positionen haben Sie immer zwei Möglichkeiten: Sie können entweder die Hände in dieser Position etwa eine bis drei Minuten lang an Ort und Stelle ruhen lassen (so hat Freud es gemacht) oder sie ebenso lange sanft kreisen lassen (zunächst mit dem oder gegen den Uhrzeigersinn, je nachdem, wie es sich natürlicher für Sie anfühlt). Beim Kreisen bewegen Sie die Haut über dem Knochen langsam mit (aber Sie reiben nicht darüber!) und ändern Sie alle 10 bis 15 Sekunden die Richtung. Ich praktiziere das Kreisenlassen bei den meisten meiner Klienten, denn ich habe die Erfahrung gemacht, dass es etwa zweimal effek-

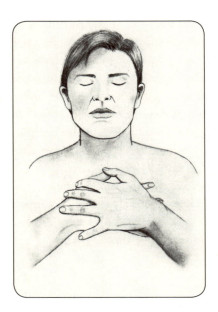

tiver ist, als die Hände stillzuhalten, weil sich zweimal schneller Ergebnisse einstellen. Wenn Sie aus irgendeinem Grund die Hände nicht kreisen lassen können, werden sich die gleichen Ergebnisse einstellen, obwohl es länger dauern kann.

Diese Position der Hände lässt Energie in Ihr Herz-Kreislauf-System und Ihre Thymusdrüse strömen, ebenso in Schlüsselpunkte Ihres Immunsystems. Die Thymusdrüse ist integraler Bestandteil unseres Immunsystems: Sie reguliert die Ausschüttung der Hormone und chemischen Botenstoffe über unser Drüsensystem. Einige Ärzte behaupten sogar, sie *sei* unser Immunsystem: Wenn die Thymusdrüse versagt, versagt auch unser Immunsystem. Interessanterweise arbeitet sie am besten, wenn wir ganz jung sind – im Besonderen zum Zeitpunkt unserer Geburt und kurz vor der Pubertät. Die aktuelle Forschung befasst sich daher mit der Frage, ob Krebs und viele andere Krankheiten heilbar sind, wenn die Thymusdrüse zu höherer Leistung motiviert werden kann.

In unserer Brust liegt auch das Zentrum des Herz-Kreislauf-Systems, dessen elektromagnetisches Feld 50- bis 100-mal stärker als das des Gehirns ist. Wenn man das zentrale Nervensystem (zu dem auch das Gehirn gehört) als Kontrollzentrum unseres Körpers begreift, dann ist meiner Meinung (und der anderer Ärzte) nach das Herz-Kreislauf-System unser Haupttransmitter und -empfänger: Es überträgt die Botschaften, die das zentrale Nervensystem abgeschickt hat. Wenn das zutrifft, dann steuern zentrales Nervensystem, Gehirn, Drüsen-Hormon-System und Herz-Kreislauf-System zusammen alle Kontrollmechanismen in unserem Körper, und zwar sowohl körperliche als auch nichtkörperliche (= geistig-seelische). Dieselben Bereiche also, in die wir über das Energiemedizinische Tool Energie einströmen lassen.

Position 2: Die Stirn

Legen Sie eine Hand (egal, welche) auf die Stirn; Ihr kleiner Finger kommt auf der Nasenwurzel genau unter der Augenbraue zu liegen, die zweite Hand legen Sie darüber. Beide Handflächen zeigen nach unten. Wieder können Sie die Hände einfach in dieser Position eine bis drei Minuten lang ruhen lassen oder, um schneller Ergebnisse zu erzielen, über den gleichen Zeitraum die Haut über der Stirn kreisförmig verschieben, wobei Sie alle 10 bis 15 Sekunden die Richtung ändern. Die Bewegung muss nicht einmal kreisförmig sein, wenn es sich besser anfühlt, die Haut lediglich vor und zurück zu schieben; ich habe jedoch festgestellt, dass das Kreisen am raschesten zu einem Resultat führt.

Auch Freud hat seinen Patienten stets die Hand auf die Stirn gelegt. Es funktioniert sogar noch besser, wenn man diese Position mit der Herzposition und der Scheitelposition kombiniert (was Freud nicht tat). Als Arzt muss Freud gewusst haben, welche *physischen* Systeme in diesem Bereich liegen, aber er wusste nicht, warum ihre Stimulation so zuverlässig *psychologische* Themen hochkommen ließ, während andere Techniken das nicht taten. Heute wissen wir es.

Wenn Sie Energie in die Stirn strömen lassen, stimulieren Sie damit einen der wichtigsten physiologischen Mechanismen in Ihrem Körper: das gesamte Gehirn mit linker und rechter Hemisphäre. Roger Sperrys Split-Brain-Experimenten von 1972 zufolge (für die er den Nobelpreis erhielt) umfasst die rechte Gehirnhälfte das limbische System und unsere Retikulärformation, die Intuition, Emotionalität und Bildhaftigkeit verwalten. Unsere linke Gehirnhälfte steuert Analytik, Logik und Rationalität. Außerdem versorgen Sie das Chakra des dritten Auges, eines der stärksten Energiezentren des Körpers, mit Energie.

Ausgehend von Sperrys Forschungsarbeiten glaube ich darüber hinaus, dass die rechte Gehirnhälfte auch das Hauptkontrollzentrum des spirituellen Herzens sein könnte, in dem unser Geist «sitzt»: unser Unbewusstes, unser Unterbewusstsein, unser Gewissen und die sogenannte letzte Grenze – alles andere, über das wir heute noch gar nichts wissen. Ebenso glaube ich, dass das Hauptkontrollzentrum für unsere Seele neben unserem Körper die linke Gehirnhälfte sein könnte – unser Bewusstsein und unser Wille. Und all das versorgen wir über die Stirn mit Energie!

Position 3: Der Scheitel

Legen Sie eine Hand (egal, welche) auf Ihren Scheitel und die andere Hand darüber, beide mit nach unten gerichteter Handfläche. Diese Position aktiviert nicht nur alle physiologischen Mechanismen der Stirnposition (nur aus einem anderen Winkel), sondern auch die Wirbelsäule, die Wirbel und das Kronenchakra, ein weiteres mächtiges Energiezentrum, das, wie viele glauben, unsere Verbindung zum Spirituellen herstellt. Nun verstehen Sie, wie dieses physiologische Instrument alle drei Aspekte unseres Seins ansprechen kann: den physischen, den mentalen und den spirituellen.

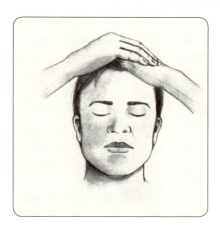

Wenn Sie besagten drei Bereichen – Herz, Stirn und Scheitel – Energie zuführen, verbessern Sie auf physischer Ebene die Blutzirkulation und die Funktionalität in den Kontrollzentren für jede Zelle, jeden Gedanken, jede Emotion und jeden Glaubenssatz wie auch für Ihr Herz, Ihr drittes Auge und das Kronenchakra, die drei stärksten Energiezentren des Körpers. Kurz gesagt aktivieren und verstärken Sie die Kontrollmechanismen für alles in Ihrem Leben: Physisches und Nichtphysisches, Bewusstes und Unbewusstes, Innerliches und Äußerliches, Gesundheit, Beziehungen, Wohlergehen ... einfach *alles*.

Das Energiemedizinische Tool anzuwenden ist, als würden Sie den Rasenmäher betanken oder die Batterie des Akku-Bohrers aufladen oder einem Verhungernden zu essen und zu trinken geben. Sie geben Ihrem Körper die Kraft zu tun, was er tun muss. In seiner aktuellen Verfassung ist er vielleicht in der Lage, wie gewöhnlich zu funktionieren. Aber dank dieses Tools kann er Außerordentliches vollbringen – er kann unsere Erinnerungen, Gedanken und Gefühle heilen, was wir uns ja wünschen und wozu unser Körper auch geschaffen wurde.

Ich stimme Freud zu: Dieses Instrument – besonders wenn es in allen drei Positionen angewandt wurde – hat mich kaum je im Stich gelassen. Es ist das Instrument, auf das ich mich am häufigsten und schon am längsten verlasse.

Die Anwendung des Energiemedizinischen Tools

Sie können das Energiemedizinische Tool in zweierlei Richtung anwenden. Zum einen, wenn Sie momentan etwas plagt, etwa akute Beklemmung, Kopfschmerz, Schmerzen oder jede andere negative Emotion. Und so geht's:

1. Denken Sie an ein Problem, das Sie stört, und bewerten Sie es auf einer Skala von 0 bis 10. Auch wenn Sie eine ganze Liste mit Problemen haben, die Sie bearbeiten möchten, sollten Sie sich immer nur auf eines konzentrieren – idealerweise auf jenes, das Sie am meisten quält. Vielleicht geben Sie diesem Problem eine 7 – es ist nicht das schlimmste, das Sie jemals hatten, aber ganz klar belastend. (Wenn es Ihnen schwerfällt, Ihre Probleme nach dieser Skala zu bewerten, machen Sie sich keine Gedanken. Dann fragen Sie sich einfach, ob Sie das betreffende Problem stört oder nicht.)

2. Schließen Sie die Augen und entspannen Sie sich. Sprechen Sie ein kurzes, schlichtes, aufrichtiges Gebet aus tiefstem Herzen, mit dem Sie darum bitten, dass die Ursache Ihres Problems (also das ihm zugrunde liegende spirituelle Thema) geheilt werden möge. Wie ich in Bezug auf Affirmationen schon gesagt habe, sollte dieses Gebet im Einklang mit der Wahrheit und Liebe gesprochen werden. (Sie sollten also nicht etwas sagen, das nicht dem derzeitigen Istzustand entspricht, oder einen Wunsch äußern, der jemand anderem schadet oder Nachteile verschafft.) Äußern Sie den aufrichtigen Wunsch, dass Ihr Problem geheilt werden möge, anstatt zu behaupten, dass es schon geheilt sei, und formulieren Sie Ihr Gebet im Einklang mit der Liebe, indem Sie um ein Ergebnis bitten, das allen dient und bei dem niemand verliert. Wenn Sie zum Beispiel Sorgen haben, könnten Sie sagen: «Ich bitte um etwas, das meine Sorge an der Wurzel vollständig heilen könnte. Ich bitte darum, von dieser Sorge erlöst zu werden, sodass ich frei werde, besser zu arbeiten, ein besserer Vater/eine bessere Mutter zu sein, ein besserer Ehemann/eine bessere Ehefrau (etc.), und darum, dass es ein Win-win-Ergebnis für alle Beteiligten ist.» «Sorge» ersetzen Sie nach Bedarf durch «Wut», «Magenschmerzen» oder etwas anderes, das Sie quält. Beten Sie aus tiefstem Herzen, lassen Sie das Endergebnis und jede Willensanstrengung los und erlauben Sie so, dass der Prozess, das Licht und die Liebe ihre Arbeit tun.

3. Beginnen Sie mit der ersten Position und legen Sie die Hände auf Ihr Herz. Platzieren Sie die Hände so wie oben beschrieben. Nun konzentrieren Sie sich auf Ihr Problem – aber versuchen Sie nicht, etwas daran zu verändern. Sehen Sie es sich einfach nur an. Alternativ können Sie sich einfach entspannen und auf positive Bilder konzentrieren, die für Sie für Liebe und Licht stehen. Konzentrieren Sie sich auf das, was sich für Sie am besten und richtigsten anfühlt. Ich persönlich konzentriere mich gern auf das Problem und sehe zu, wie es dahinzuschmelzen beginnt. Um beim Beispiel der Sorge zu bleiben: Beobachten Sie das Bild der Sorge auf Ihrem Herzschirm – bemerken Sie irgendeine Veränderung?

4. Halten Sie die Hände ruhig übereinander oder lassen Sie sie kreisen, indem Sie die Haut leicht über dem Brustbein verschieben – im Uhrzeigersinn oder gegen den Uhrzeigersinn. Ändern Sie die Richtung alle 10 bis 15 Sekunden wie oben beschrieben.

Denken Sie daran: Wenn Sie die Hände kreisen lassen, beschleunigt das die Wirksamkeit des Tools; wenn es Ihnen nicht möglich ist, die Hände kreisen zu lassen, oder wenn Sie rasch müde werden, ist es genauso in Ordnung, die Hände einfach nur ruhig zu halten. Es wird die Wirksamkeit der Technik nicht beeinträchtigen.

5. Halten Sie diese Position ein bis drei Minuten lang. Sie müssen keine Stoppuhr mitlaufen lassen, und wie lange es dauert, liegt ganz bei Ihnen. Ich empfehle allerdings, mit einer Minute zu beginnen, denn eine längere Dauer kann bei manchen Leuten eine Heilreaktion triggern. Eine solche Heilreaktion sind etwa Kopfschmerzen oder andere neu auftretende negative Symptome, die sich während der Anwendung einer Heiltechnik manifestieren; das geschieht in etwa 10 Prozent aller Fälle. Das bedeutet einfach, dass Sie zu viel auf einmal wollen. Wenn Sie eine Heilreaktion wahrnehmen, machen Sie einfach mit der nächsten Position weiter. Wenn sich auch diese Position unangenehm anfühlt, halten Sie inne und lassen Sie Ihren Körper zur Ruhe kommen. Andernfalls entspannen Sie sich und beobachten Sie das Symptom (um zu sehen, ob sich etwas verändert), solange Sie diese Position halten.

6. Wenn die Zeit um ist, wechseln Sie zur nächsten Position: der Stirn. Bringen Sie die Hände in die zweite Position, wie ich sie bereits erklärt habe. Wenn Sie möchten und dazu in der Lage sind, lassen Sie die Hände kreisen und wechseln Sie alle 10 bis 15 Sekunden die Richtung, sofern es nicht unangenehm ist. Bleiben Sie die ganze Zeit entspannt. Vielleicht beobachten Sie das Problem, das Sie verändern wollen; dann denken Sie daran: Beobachten Sie einfach – versuchen Sie nicht, aktiv zu werden. Halten Sie diese Position weitere ein bis drei Minuten. Beachten Sie: Sie müssen beim Kreisen der Hände nicht die Richtung wechseln. Machen Sie sich zur Regel, das zu tun, was sich für Sie am besten anfühlt.

7. Wenn die Zeit um ist, wechseln Sie zur letzten Position: dem Scheitel. Bringen Sie Ihre Hände wie beschrieben in die dritte Position. Verfahren Sie so wie bei den vorigen beiden Positionen: Lassen Sie die Hände kreisen, wobei Sie alle 10 bis 15 Sekunden die Richtung ändern, sofern es nicht unangenehm wird, und beobachten Sie Ihr Problem ein bis drei Minuten lang.

8. Wiederholen Sie den Zyklus der drei Positionen zwei- oder dreimal pro Tag, bis Sie Ihr Problem oder Ihre negativen Gefühle bei 0 einstufen (was heißt, dass sie Sie nicht mehr quälen). In der einzelnen Sitzung können Sie den Zyklus aus den drei Positionen so oft wiederholen, wie Sie möchten, sofern sich keine Heilreaktion einstellt; ich empfehle allerdings eine zwei- oder dreimalige Wiederholung des Zyklus pro Sitzung, was etwa zehn Minuten dauert, oder die Wiederholung des Zyklus ein- oder zweimal am Tag für jeweils zehn Minuten. Eine einzelne Sitzung kann schon ausreichen, um die Ursache vieler Probleme zu heilen; manche Probleme wiederum brauchen Tage, Wochen oder gar Monate, um sich vollständig lösen zu lassen. Wenn Ihr Problem Sie nach einem Tag noch stört, können Sie dieses Instrument zwei- oder dreimal pro Tag anwenden, und zwar so viele Male, wie es dauert, um auf 0 zu kommen (was bedeutet, dass Sie das ursprüngliche Problem selbst in einer stressgeladenen äußeren Situation nicht mehr belastet).

9. Bitte machen Sie sich keine Gedanken um das Timing. Es dauert so lange, wie es eben dauert, um auf 0 zu kommen. Wichtig ist nur, es richtig und konsequent zu machen.

Sie können das Energiemedizinische Tool ab jetzt bei sich selbst gegen jedes körperliche oder innere Symptom anwenden, das Sie stört. Sie können es auch bei jemand anderem anwenden, der vielleicht nicht selbst dazu in der Lage ist, zum Beispiel bei kleinen Kindern oder alten Leuten, aber auch bei Tieren. Wie ich schon sagte: Meiner Erfahrung nach sind die Ergebnisse am überzeugendsten, wenn jemand dieses Tool bei jemand anderem anwendet.

Ergebnisse können sich ziemlich deutlich und fast unverzüglich einstellen, wie es bei einer Ärztin der Fall war, die ich auf einem meiner Seminare 2012 in Spanien traf. Nach Seminarende fragte mich diese Ärztin, ob sie mich sprechen könne. Wir fanden einen Rückzugsort für unser Gespräch, und bald stellten sich ihre ungelösten Probleme klar dar – sie beruhten alle auf äußeren Erwartungen und einem Leben voller fortgesetzter, maximaler Willensanstrengung. Das ging so weit, dass sie nur Ärztin geworden war, um es ihrer Familie recht zu machen, und nicht, weil sie selbst es wirklich wollte. Ich arbeitete nur mit dem Energiemedizinischen Tool an ihr – und wir lösten 20 Probleme in 20 Minuten.

Sie sagte, der Unterschied sei unmittelbar spürbar und ganz anders als alles, was sie je erlebt habe. Sie fühlte Liebe, Freude, Frieden, Freiheit und Energie. Mehr noch, sie wollte nicht mehr Ärztin sein, nur um ihren Eltern einen Gefallen zu tun, sondern um Menschen zu helfen – insbesondere wollte sie mit Patienten arbeiten, um die tatsächliche Ursache ihrer Symptome zu heilen, auf dieselbe Art und Weise, wie dieses Tool ihr geholfen hatte. Als ich sechs Monate später wieder von ihr hörte, war keines der 20 Probleme zurückgekehrt – sie waren noch immer alle restlos gelöst.

Natürlich stellen sich solche Ergebnisse normalerweise nicht innerhalb eines Tages ein wie bei ihr. Was aber noch wichtiger war: Sie stellten sich ein, ohne dass sie versuchte, dies herbeizuführen, oder es auch nur erwartete. Als wir diese 20 Probleme mit dem Energiemedizinischen Tool lösten, verlagerte sich ihr Fokus ganz natürlich und mühelos auf Liebe, Freude und Frieden im gegenwärtigen Moment – obwohl sich doch die äußeren Umstände nicht verändert hatten. Alles beruhte auf einer inneren Veränderung.

Dies ist eine Möglichkeit, wie Sie das Energiemedizinische Tool anwenden können: auf bestimmte Symptome, die Sie aktuell erleben. Eine zweite Möglichkeit besteht darin, es vorbeugend anzuwenden, wenn Sie gerade keine Probleme haben oder auch sogar nachdem diese geheilt wurden. Sie können dieses Instrument fünf bis zehn Minuten zwei- oder dreimal am Tag anwenden, einfach nur, um den alltäglichen Stress abzubauen. Sie können es sogar anwenden, während Sie fernsehen oder etwas Ähnliches tun. Ich habe viele Klienten, die es mit großem Erfolg so gehalten haben; dennoch ist es immer noch am besten, es in einem meditativen Rahmen wie oben beschrieben anzuwenden. Und es sollte immer auch präventiv benutzt werden und nicht ausschließlich, um bereits aufgetretene Probleme zu heilen.

Außerdem gibt es noch eine dritte Anwendungsmöglichkeit. Sie besteht in einem 40-tägigen Reinigungs- und Umprogrammierungsprozess, der Teil der Love-Principle-Erfolgsmethode ist. Anstatt ein einzelnes Symptom zu bearbeiten, ist diese Erfolgsmethode so angelegt, dass Sie mit ihrer Hilfe in einem bestimmten Bereich Ihres Lebens langfristigen Erfolg anvisieren können – etwa wenn Sie eine Firma gründen, eine bessere Mutter/ein besserer Vater sein, in Ihrer Karriere oder im Sport Fortschritte machen, eine gemeinnützige Organisation gründen, einen neuen Lebensmittelpunkt suchen oder etwas anderes tun wollen, das Sie als Berufung oder persönlichen Erfolg definieren würden. Wir werden uns mit dieser Erfolgsmethode im siebten Kapitel beschäftigen.

Das Tool der Umprogrammierungsaussagen:
Die Wurzelprobleme über den Mind[4] heilen

Dieses Tool heilt hauptsächlich die logisch und analytisch denkende linke Gehirnhälfte und spricht sowohl den Mind (der Willen und Emotionen umfasst) als auch die Seele an. Es beeinflusst aber auch das unterbewusste Herz und den Geist sowie die Physiologie. Die Sprache des Mind sind Worte.

Werfen wir zunächst einen Blick darauf, wie sich die Frequenzen der Liebe und der Angst in unserem Leben äußern.

LIEBE	ANGST
Freude	Traurigkeit, Hoffnungslosigkeit, Hilflosigkeit
Frieden	Angst, Besorgnis
Geduld, richtige Ziele	Wut, falsche Ziele
Freundlichkeit, Akzeptanz	Ablehnung
Güte, Unvoreingenommenheit, Versöhnlichkeit	Schuldgefühle, Scham, Voreingenommenheit, Unversöhnlichkeit
Vertrauen, Loyalität, Hoffnung, Glauben	Kontrollzwang, um Situationen im Hinblick auf erwünschte Ergebnisse zu manipulieren
Demut oder die Wahrheit über sich selbst glauben	Eine Lüge über sich selbst glauben (dass man minderwertig oder überlegen ist)

---

4 Das englische Wort «Mind» umfasst viel mehr als das deutsche Wort «Geist» oder «Bewusstsein» oder «Verstand», deswegen wurde es im Text beibehalten (Anm. der Übersetzerin).

LIEBE	ANGST
Selbstkontrolle	ungesunder Kontrollzwang über Gedanken, Gefühle, Vorstellungen und Handlungen

Die Begriffe auf der linken Seite entspringen liebe- und lichtvollen Frequenzen und bringen diese wieder hervor, während die auf der rechten angstvollen und dunklen Frequenzen entspringen und diese ebenfalls wieder hervorbringen. Ob Sie die linke oder rechte Spalte erleben, wird dadurch bestimmt, ob Sie die Wahrheit oder eine Lüge zu dieser bestimmten Frage glauben. Die Lüge hat immer Angst und die negativen Eigenschaften im Gefolge, die rechts aufgelistet sind. Die Wahrheit hat immer die Liebe im Gefolge, die die links aufgezählten Tugenden mit sich bringt. Die Umprogrammierungsaussagen können die Frequenz der Angst und ihrer negativen Kettenreaktion durch die Frequenz der Liebe und ihrer positiven Kettenreaktion ersetzen und umwandeln.

In diesem Abschnitt habe ich alle Umprogrammierungsaussagen eingeschlossen, die man überhaupt je für ein Erfolgsproblem brauchen könnte. Das bedeutet, dass dieser Abschnitt länger und komplizierter ist als wahrscheinlich jeder andere. Aber lassen Sie sich davon nicht einschüchtern. Ich habe eine große Zahl von Klienten gehabt, die eine Umprogrammierung erfahren haben, obwohl nur eine Aussage oder ein Bereich bearbeitete wurde, auf den sie besonders reagierten. Sie beteten, meditierten und wiederholten die Aussage tage- oder wochenlang, bis das Thema geklärt war, und diese Klärung war dann der Wendepunkt zum Erfolg. Wenn Sie also auf einige Aussagen stärker reagieren als auf andere, dann richten Sie Ihre Aufmerksamkeit darauf. Sie können später dann auf die anderen Aussagen zurückkommen und sie durcharbeiten, bis Sie alle behandelt haben, die Sie behandeln wollen. Benutzen Sie die Aussagen so, wie sie am effektivsten für Sie wirken und sich für Sie am besten anfühlen – es gibt keine falsche Art, sie zu benutzen.

So funktionieren die Umprogrammierungsaussagen

Vom psychologischen und spirituellen Standpunkt aus betrachtet, glaube ich, dass jedes Problem, das Sie je haben können, in der folgenden Auflistung von Aktionen und Reaktionen wurzelt (stellen Sie sich eine lange Reihe aus Dominosteinen vor). Es funktioniert wie ein Flussdiagramm oder eine Kettenreaktion:

1. Zunächst starten Sie bei Ihrer aktuellen Programmierung, die auf Ihrem Zellgedächtnis aus vergangenen Generationen und Ihrer eigenen Lebenserfahrung gründet. Hier gibt es Lügen oder Wahrheit (oder wahrscheinlich beides).
2. Wenn sich aktuelle Ereignisse und Situationen «real» einstellen, vergleicht Ihr Unbewusstes Ihr aktuelles äußeres Erlebnis mit der aktuellen inneren Programmierung. Wenn Ihre Programmierung eine Lüge über diese Situation enthält, löst sie Schmerzen aus, indem sie Stresssignale an den Hypothalamus schickt, und die negativen Ergebnisse werden sich in Gestalt der erstgenannten Konsequenzen in der folgenden Liste manifestieren. Wenn sie die Wahrheit enthält, bleiben Körper/Geist/Seele im Frieden, und die positiven (letztgenannten) Resultate der Liste stellen sich ein.
3. Sie interpretieren das Ereignis falsch (auf der Basis einer Unwahrheit oder Lüge) oder richtig (auf der Basis der Wahrheit).
4. Sie treffen auf der Basis von Schmerz/Lust oder Integrität eine Entscheidung.
5. Sie erleben Angst oder Liebe.
6. Sie erleben ein Gefühl der Unsicherheit (Ablehnung) oder Selbstgewissheit (Sicherheit).

7. Sie erleben ein Gefühl der Bedeutungslosigkeit (Voreingenommenheit/Unversöhnlichkeit) oder der Bedeutsamkeit.
8. Sie erleben ungesunden Stolz (ein Gefühl der Minderwertigkeit oder Überlegenheit) oder Demut (den Glauben an die positive Wahrheit über Sie selbst).
9. Sie erleben einen ungesunden Kontrollzwang oder Loyalität, Vertrauen, Glauben, Hoffnung.
10. Sie reagieren blindlings oder bedacht.
11. Sie handeln egoistisch oder liebevoll.
12. Sie erleben Misserfolg, Unglück und Krankheit oder Erfolg, Glück und Gesundheit.

Alles, was Sie erleben und erfahren, umfasst in (zumeist) genau dieser Reihenfolge all diese Punkte, die einen positiven oder negativen Dominoeffekt erzeugen. Wie wir von Dr. Caroline Leaf wissen, verfügt unser Körper über keinerlei physischen oder nichtphysischen Mechanismus, der negativ geartet wäre – nur über positive Mechanismen. Wenn wir also etwas als negativ erleben, ist dies *immer* ein Indikator für eine Funktionsstörung eines positiven Mechanismus, etwa wie ein Computervirus. Beseitigen Sie die Funktionsstörung – den Virus –, und der positive Mechanismus wird seine Arbeit wiederaufnehmen, für die er geschaffen wurde. Das negative Resultat lässt sich stets auf eine Erinnerung mit einer Lüge darin zurückführen, die energetischer Natur ist. Wenden Sie das richtige Energietool an, um die Erinnerung zu korrigieren – das heißt, die Lüge zu eliminieren –, und die Symptome werden sofort nachlassen und so einen positiven Dominoeffekt einleiten.

Bitte beachten Sie: Es ist möglich, dass Sie in dem einen Bereich Ihres Lebens ein positives Ergebnis haben und in einem anderen ein negatives. Sie können zum Beispiel Glück, Gesundheit und Erfolg in Ihrer Ehe erleben und Unglück, Krankheit und Misserfolg im Beruf. Wenn Ihre Programmierung sowohl die Wahrheit als auch die Unwahrheit enthält, können Sie sogar in derselben Sache positive und negative Ergebnisse haben. Sie mögen Millionen von Dollar verdienen, können aber erfüllt von Beklemmung und Traurigkeit sein; oder Sie besitzen kaum etwas und sind vollkommen glücklich und gesund.

Die Kernthemen Bedeutsamkeit und Selbstgewissheit

Die Kernthemen, die im Zentrum dieser Kettenreaktion stehen, sind Bedeutsamkeit und Selbstgewissheit. Bedeutsamkeit und Selbstgewissheit sind so wichtig, weil sie direkt mit Fragen der eigenen Identität gekoppelt sind.

Bedeutsamkeit ist mit unserem Selbstwertgefühl verknüpft: mit dem, was wir unserer Meinung nach können und nicht können, mit Schuldgefühlen, Scham, Erwartungen, die wir erfüllen oder nicht, Versöhnlichkeit oder Unversöhnlichkeit und mit unserem Bild von uns selbst und anderen. Mit anderen Worten: Unsere Bedeutung sagt uns, wer wir sind. Bedeutung erfahren wir fast ausschließlich innerlich; wir ziehen sie aus unseren Erinnerungsdatenbanken und Überzeugungen.

Selbstgewissheit ist damit verknüpft, ob wir uns von anderen und uns selbst akzeptiert oder abgelehnt fühlen. In den 25 Jahren, seit denen ich weltweit mit Klienten zusammenarbeite, habe ich keinen davon getroffen, der ein ernsthaftes gesundheitliches oder psychologisches Problem hatte, ohne gleichzeitig auch Angst vor Ablehnung zu haben. Es mag damals beim Spielen im Kindergarten passiert sein, oder ein wohlmeinender Erwachsener hat etwas ziemlich Harmloses zu uns gesagt, aber als Kinder im Delta-Theta-Frequenzbereich waren wir nicht in der Lage, es zu filtern (wie bei der «Eis-am-Stiel-Erinnerung»). Oder wir wurden missbraucht oder misshandelt – körperlich oder emotional. Das Gegenteil von Ablehnung ist Akzeptanz oder Freundlichkeit; deshalb gehört es zum Wirksamsten, womit wir anderen helfen können, einfach freundlich zu ihnen zu sein. Natürlich heißt das auch, freundlich zu uns selbst zu sein. Anders als Bedeutsamkeit ist das Gefühl der Selbstgewissheit sowohl innerlicher als auch äußerlicher Natur. Es umfasst auch das Gefühl der körperlichen Sicherheit: ob also in unserer äußeren Lebenssituation unsere Grundbedürfnisse erfüllt sind, als da wären das Bedürfnis nach Nahrung, Obdach, Schutz etc.

Unser Gefühl der Selbstgewissheit und Sicherheit wird geprägt von unserer Abstammung *und* von unseren ersten Lebensjahren – je nachdem, ob wir Angst oder Liebe in allen möglichen Situationen erfahren. Wenn wir Liebe erleben, werden wir – sofern unsere Grundbedürfnisse erfüllt sind – insgesamt ein Gefühl der Bedeutsamkeit und Selbstgewissheit in der entsprechenden Situation erleben. Wenn wir Angst erleben, werden wir uns bedeutungslos und unsicher fühlen – mit anderen Worten, wir erleben Schuldgefühle, Scham, Ablehnung und das Gefühl der Unzulänglichkeit.

Abhängig davon, ob wir uns bedeutsam und selbstgewiss fühlen (oder nicht), sehen wir die Welt entweder mit den Augen des Glaubens, der Loyalität, des Vertrauens und der Hoffnung oder entwickeln einen ungesunden Kontrollzwang. Dieser Kontrollzwang bedeutet, dass wir durch Willensanstrengung ein bestimmtes Endergebnis (eine Erwartung) zu erzwingen versuchen; wir glauben, dass wir es erzielen müssen, um in Ordnung zu sein, was wiederum damit zu tun hat, dass wir Lust suchen und Schmerz vermeiden. Unsere Programmierung sagt uns, dass wir nicht vertrauen und glauben können, denn wir haben in der Vergangenheit Schmerz ohne Liebe empfangen. Denken Sie daran: Wenn wir vorrangig Lust suchen und Schmerz vermeiden wollen, leben wir, als wären wir immer noch sechs Jahre alt. Wenn wir als Erwachsene noch immer so leben, bedeutet das, dass wir in Bezug auf dieses Thema einen Virus auf unserer Festplatte haben. Etwas in unserem Unterbewusstsein gibt unserem Gehirn die falschen Anweisungen und hält es in einer gefährlichen und destruktiven Endlosschleife fest. Wie wir aus dem zweiten Kapitel wissen, infiziert sich unsere Festplatte mit Viren, wenn wir ein Ereignis falsch interpretieren. Wenn Sie in einer bestimmten Situation sowohl Schmerz empfinden als auch die Abwesenheit von Lust und Ihr Grundprogramm sagt, dass Schmerz schlecht ist und Lust gut, dann ist es höchst wahrscheinlich, dass Sie einer Lüge über die aktuelle Situation aufsitzen. Eine Lüge zu glauben wiederum schafft eine angstbesetzte Erinnerung, die unsere Reaktion auf alle in der Zukunft liegenden ähnlichen Situationen steuert und Teil unseres inneren Programms und Glaubenssystems wird. Und schon beginnt der Teufelskreis aller negativen Ergebnisse, die in der Tabelle auf Seite 152 aufgelistet sind.

Wenn Sie andererseits Liebe in einer bestimmten Situation erlebt haben, dann haben Sie keine Angst vor dem Endergebnis, wenn in der Zukunft eine ähnliche Situation eintritt. Sie sind in der Lage, von einem Ort des Friedens und der Entspannung im gegenwärtigen Augenblick aus zu vertrauen und zu glauben und dadurch alle positiven Ergebnisse aus der Tabelle umzusetzen.

Dies bringt eine sehr wichtige Implikation mit sich, die Sie vielleicht schon bemerkt haben werden. Meiner Meinung und Erfahrung nach ist fast jedes Problem ein *Beziehungsproblem*! Liebe existiert nicht außerhalb einer Beziehung. An der Wurzel jeder Angst findet sich also ein Problem mit einer Beziehung, sei es nun die Beziehung zu Ihnen selbst, zu Gott, anderen oder der Natur. Erst vor kurzem habe ich meinen Bruder wiedergetroffen – wir hatten vierzig Jahre lang keinen Kontakt. Ich fühle mich, als wäre ein Teil von mir, der tot war, wieder zum Leben erweckt worden. Ein unbeschreibliches Gefühl, das mich innerlich geheilt hat, auf eine Art, die jenseits aller Worte oder jeder Einschätzung liegt; dabei wusste ich nicht einmal, dass ich an dieser Stelle Heilung brauchte. Ich habe keine Ahnung, wie sehr der Verlust meines Bruders mein Leben und meine Gesundheit all die Jahre lang negativ beeinflusst hat.

Ich glaube, dass sich das auch auf alle Menschen übertragen lässt. Auch Ihre Bedeutung und Selbstgewissheit werden im Kontext von Beziehungen geformt (außer wenn Sie sich in einer lebensbedrohlichen Situation befinden oder Ihre körperlichen Grundbedürfnisse und Ihr Bedürfnis nach Sicherheit nicht erfüllt sind). Selbst wenn Sie glauben, dass Ihr Problem rein finanzieller oder gesundheitlicher Natur oder die Folge eines äußeren Umstands ist – wenn Angst/Schmerz/Lust beteiligt sind, muss es geradezu in einem Beziehungsproblem wurzeln. Wenn Sie also im siebten Kapitel die Erfolgsmethode kennengelernt haben, rate ich Ihnen dringend, das 40-Tage-Verfahren auf Erfolgsprobleme in *Beziehungen* anzuwenden. Heilen Sie Ihre Beziehungsprobleme, und Sie heilen die meisten Ihrer Erfolgsprobleme – und für gewöhnlich alle.

Genau dabei helfen Ihnen die Umprogrammierungsaussagen: Sie bereinigen den negativen Aspekt aller Schlüsselereignisse und programmieren uns positiv um, sodass wir glücklich, gesund und erfolgreich in jedem Lebensbereich werden – so, wie wir geschaffen sind.

Bitte beachten Sie: Diese Umprogrammierungsaussagen wurzeln – anders als viele Affirmationen – im Einklang mit der Wahrheit und Liebe und helfen uns dabei, Herz und Geist in jenen Zustand zurückzuversetzen, in dem sie sich befanden, als wir geboren wurden und unsere Festplatten noch virenfrei waren. Ich wende diese Aussagen bei Menschen überall auf der Welt erfolgreich seit 25 Jahren an.

Die Umprogrammierungsaussagen sind verknüpfte Abfolgen von Fragen und Aussagen, die Sie durch die erwähnte Kettenreaktion führen und dabei Schritt für Schritt den Festplattenvirus bereinigen. Im Folgenden finden Sie zwei Variationsmöglichkeiten: die Vollversion aus zwölf Sets von Umprogrammierungsaussagen, die in direktem Zusammenhang mit den zwölf Schlüsselereignissen in der Kettenreaktion stehen, sowie die verkürzte Fassung, die auf die vier zentralsten Ereignisse in der Kettenreaktion Bezug nimmt. Ich habe die verkürzte Fassung entwickelt, weil sich einige Klienten ein kürzeres Verfahren gewünscht haben (auch wenn manchmal durchaus gilt: Länger ist besser). Da die verkürzte Fassung bei manchen Menschen genauso wirksam sein kann, führe ich hier beide Versionen auf. Die Faustregel lautet: Wenn Sie die verkürzte Fassung anwenden und nicht sehr rasch eine vollständige Lösung Ihres Problems erleben, sollten Sie die Vollversion eine Zeitlang praktizieren.

Die Anwendung der Umprogrammierungsaussagen: Vollversion

Wenn Sie die Umprogrammierungsaussagen als Instrument einsetzen wollen, um Ihre Festplatte von Viren zu befreien und sich selbst auf die Wahrheit zu programmieren, sollten Sie sich einfach ein bestimmtes Thema oder Problem vergegenwärtigen und mit dem ersten Aussagen-Set anfangen. Die vier Aussagen in jedem der zwölf Sets beginnen alle genau gleich: «Ich wünsche mir», «Ich bin willens», «Ich bin bereit» und «Ich will». Jedes Set entspricht den Kernereignissen der obigen Kettenreaktion. Bitte beachten Sie: Die erste Aussage, die mit «Ich wünsche mir» beginnt, bezieht sich nicht auf Erwartungen, sondern auf Hoffnung, die auf Liebe gründet und nicht auf Angst.

Lesen Sie die erste Aussage im jeweiligen Set laut und entscheiden Sie – ausgehend von Ihrem Bauchgefühl (das physischer oder nichtphysischer Natur sein kann), ob Sie sie glauben oder nicht. So lautet zum Beispiel die erste Aussage im ersten Set: «Ich wünsche mir, die ganze Wahrheit und nichts als die Wahrheit über mich zu glauben: wer und was ich bin und wer und was ich nicht bin.» Sagen Sie diese Aussage zu sich selbst, entweder laut oder im Stillen. Versuchen Sie festzustellen, ob Sie etwas Negatives oder Widerstand spüren, und nehmen Sie genau wahr, was Sie fühlen und wo Sie es in Ihrem Körper fühlen. Die meisten Menschen erleben Negativität in ihrem Körper als Druck oder ein Gefühl der Schwere. Wiederholen Sie die Aussage so oft, bis Sie wirklich daran glauben. Sie wissen, dass Sie wirklich daran glauben, wenn die negative Emotion, Anspannung, Enge, Schwere oder Schmerzen verschwunden sind. Wenn Sie es nicht in Ihrem Körper spüren, lassen Sie sich von Ihren Gedanken und Emotionen leiten.

Sobald Sie die erste Aussage glauben, machen Sie nach der gleichen Vorgehensweise mit der zweiten weiter: Sagen Sie sie laut vor sich hin, entscheiden Sie, ob Sie daran glauben (das heißt, ob Sie irgendwelche negativen Gefühle oder eine Schwere spüren), und wiederholen Sie sie, bis Sie daran glauben und Schwere, Druck oder Schmerzen weg sind. Dann gehen Sie zur dritten Aussage über und schließlich zur vierten. Sobald Sie alle vier Aussagen in einem Set durchlaufen haben, fahren Sie mit dem nächsten Set fort und wiederholen die Vorgehensweise bis zum Ende.

Bitte beachten Sie, dass diese Umprogrammierungsaussagen nicht nur als Tool funktionieren, sondern auch als Diagnoseinstrument für die Unwahrheiten, an die Sie glauben. Während Sie diese Aussagen durcharbeiten und die entsprechenden Unwahrheiten identifizieren, können Sie das Energiemedizinische Tool und das Herzschirm-Tool (siehe Seite 184) auf derlei Unwahrheiten anwenden, um auch sie an der Wurzel zu heilen. Registrieren Sie einfach den Unglauben bei einer Umprogrammierungsaussage als Problem für jedes Tool und wenden Sie die Verfahren für die einzelnen Tools an, die in diesem Kapitel beschrieben sind. Wenn Sie bei einer bestimmten Aussage einfach nicht weiterkommen, lesen Sie den Abschnitt nach den Umprogrammierungsaussagen, der detailliert Auskunft darüber gibt, wie auftauchende bewusste oder unbewusste Blockaden geheilt werden können.

1. Die aktuelle Programmierung. Wir sehen die Dinge nicht, wie sie sind, sondern wie wir sind. Die Art, wie wir die Dinge sehen, hat mit unserer Programmierung zu tun, ähnlich wie bei einem Computer. Unsere aktuelle Programmierung rührt von vergangenen Generationen und unserer eigenen Lebenserfahrung her, je nachdem, was wir ererbt, gelernt, aufgenommen, beobachtet oder getan haben. Wir *alle* haben am Ende Wahrheiten und Lügen in unserer Programmierung, gleichgültig, wie gut es unsere Eltern mit uns meinten oder wie bewusst wir zu leben versuchen. Aber wenn wir das Leben führen wollen, das wir uns wünschen, müssen wir unsere angstbesetzten falschen Programmierungen loswerden.

Das sollten Sie verstehen: Sie sind nicht Ihre Programmierung. Wenn Ihre Festplatte Viren hat, sollten Sie sich diese wie Splitter in Ihrem spirituellen Herzen vorstellen, die eine negative Kettenreaktion verursachen. Betrachten Sie also diese Lügen als Teil Ihres Wesens. Wir werden dieses Instrument dazu benutzen, die Splitter zu entfernen, sodass Sie so leben können, wie Sie gedacht sind: dauerhaft in Glück, Gesundheit und Erfolg. Der erste Schritt besteht darin, Sie auf die Wahrheit umzuprogrammieren: die ganze Wahrheit und nichts als die Wahrheit.

- *Ich wünsche mir*, die ganze Wahrheit und nichts als die Wahrheit über mich zu glauben: wer und was ich bin und wer und was ich nicht bin.
- *Ich bin willens*, die ganze Wahrheit und nichts als die Wahrheit über mich zu glauben: wer und was ich bin und wer und was ich nicht bin.
- *Ich bin bereit*, die ganze Wahrheit und nichts als die Wahrheit über mich zu glauben: wer und was ich bin und wer und was ich nicht bin.
- *Ich will* die ganze Wahrheit und nichts als die Wahrheit über mich glauben: wer und was ich bin und wer und was ich nicht bin.

Wenn Ihnen die Unwahrheiten bewusst werden, an die Sie glauben, listen Sie sie auf und heilen Sie sie mit Hilfe des Energiemedizinischen Tools und des Herzschirm-Tools (ab Seite 184).

2. Es stellt sich eine «reale» Situation ein, und unser Unbewusstes vergleicht automatisch die äußeren Umstände mit unserer aktuellen inneren Programmierung. Ich setze «real» in Anführungszeichen, denn meiner Erfahrung nach sehen 99 Prozent der Leute ihre aktuelle Situation nicht so, wie sie wirklich ist, und handeln auch nicht im Einklang mit der Wahrheit danach. Sie handeln vielmehr nach ihrer Programmierung – die, um es nochmals zu erwähnen, auf Angst gründet. Sofort, innerhalb eines Augenblicks, entscheiden unser Unbewusstes und unser Unterbewusstsein über die dazu passenden Gedanken, Gefühle und Vorstellungen, und die basieren auf unserer aktuellen Programmierung und *nicht* auf der aktuellen Situation. Immer wenn Sie Angst, Wut, Beklemmung, Traurigkeit oder ein anderes negatives Gefühl spüren und Ihr Leben nicht in Gefahr ist, bedeutet das schlicht, dass Ihre Programmierung auf Angst basiert und Sie geradewegs zu all den negativen Ergebnissen führen wird, die Sie sich *nicht* wünschen! Wir wollen aber die richtige Verhaltensweise wählen können, um das Glück, die Gesundheit und den Erfolg zu erleben, die wir uns *sehr wohl* wünschen. Um aber die richtige Verhaltensweise zu wählen, brauchen wir die richtige Programmierung.

- Ich wünsche mir, der ganzen Wahrheit und nichts als der Wahrheit über meine aktuelle Situation entsprechend zu handeln und daran zu glauben – und nicht an Lügen, die auf Unwahrheiten in meiner Programmierung beruhen.
- Ich bin willens, der ganzen Wahrheit und nichts als der Wahrheit über meine aktuelle Situation entsprechend zu

handeln und daran zu glauben – und nicht an Lügen, die auf Unwahrheiten in meiner Programmierung beruhen.
- Ich bin bereit, der ganzen Wahrheit und nichts als der Wahrheit über meine aktuelle Situation entsprechend zu handeln und daran zu glauben – und nicht an Lügen, die auf Unwahrheiten in meiner Programmierung beruhen.
- Ich will der ganzen Wahrheit und nichts als der Wahrheit über meine aktuelle Situation entsprechend handeln und daran glauben – und nicht an Lügen, die auf Unwahrheiten in meiner Programmierung beruhen.

Wenn Ihnen die Unwahrheiten bewusst werden, an die Sie glauben, listen Sie sie auf und heilen Sie sie mit Hilfe des Energiemedizinischen Tools und des Herzschirm-Tools.

3. Unwahrheit oder Wahrheit. Jede Lüge ist eine Fehlinterpretation der Wahrheit; deshalb sind Lügen so leicht zu rationalisieren. Denn es liegt durchaus ein Körnchen Wahrheit in ihnen. Das Problem ist nur, dass es nicht die ganze Wahrheit und nichts als die Wahrheit ist. Die ganze Wahrheit weist immer den Weg zur Liebe, während Unwahrheit immer den Weg zur Angst weist. Um sich Zeit und Kummer zu ersparen, sollten Sie die betreffende Sache unter dem Blickwinkel der Wahrheit/Unwahrheit betrachten. Üben Sie, es sich bewusstzumachen, wenn Sie eine Lüge glauben, und handeln Sie nicht, bis Sie die Wahrheit kennen.
- Ich wünsche mir, die ganze Wahrheit und nichts als die Wahrheit in meinem Herzen, meiner Seele, meinem Mind und Geist zu glauben und nicht länger etwas, das unwahr ist.
- Ich bin willens, die ganze Wahrheit und nichts als die Wahrheit in meinem Herzen, meiner Seele, meinem Mind und Geist zu glauben und nicht länger etwas, das unwahr ist.

- Ich bin bereit, die ganze Wahrheit und nichts als die Wahrheit in meinem Herzen, meiner Seele, meinem Mind und Geist zu glauben und nicht länger etwas, das unwahr ist.
- Ich will die ganze Wahrheit und nichts als die Wahrheit in meinem Herzen, meiner Seele, meinem Mind und Geist glauben und nicht länger etwas, das unwahr ist.

Wenn Ihnen die Unwahrheiten bewusst werden, an die Sie glauben, listen Sie sie auf und heilen Sie sie mit Hilfe des Energiemedizinischen Tools und des Herzschirm-Tools.

4. Schmerz/Lust oder Integrität. Wir haben bereits über unsere Schmerz-Lust-Programmierung gesprochen: Dahinter verbirgt sich die einfache Gleichung Lust = gut und Schmerz = schlecht – komme, was da wolle. Diese Programmierung ist für die ersten sechs Jahre unseres Lebens geeignet, in denen unsere Überlebensinstinkte naturgemäß immer in Alarmbereitschaft sind; doch im Alter von sechs bis acht Jahren müssen wir uns aus dieser Programmierung lösen, um Entscheidungen zu treffen, die auf *Integrität* beruhen – darauf, was wahr, liebevoll, gut und hilfreich ist. Tatsächlich schließen sich ein Leben in Integrität und ein Leben nach unserer Schmerz-Lust-Programmierung gegenseitig aus: Beides gleichzeitig ist nicht möglich.

- Ich wünsche mir, meinen Schmerz-Lust-Blick auf das Leben aufzugeben, um in Integrität leben und das für mich beste Leben führen zu können.
- Ich bin willens, meinen Schmerz-Lust-Blick auf das Leben aufzugeben, um in Integrität leben und das für mich beste Leben führen zu können.
- Ich bin bereit, meinen Schmerz-Lust-Blick auf das Leben aufzugeben, um in Integrität leben und das für mich beste Leben führen zu können.

- Ich will und werde meinen Schmerz-Lust-Blick auf das Leben aufgeben, um in Integrität leben und das für mich beste Leben führen zu können.

Wenn Ihnen die Unwahrheiten bewusst werden, an die Sie glauben, listen Sie sie auf und heilen Sie sie mit Hilfe des Energiemedizinischen Tools und des Herzschirm-Tools.

5. Angst oder Liebe. Wenn wir mit Schmerz oder einem Mangel an lustvollem Erleben konfrontiert sind – was uns allen mehrfach täglich passiert –, haben wir die Wahl: Gehen wir mit der Situation in Liebe oder ängstlich um? Wir mögen auf beide Arten Schmerz und eine negative Situation erleben, aber ob wir ängstlich oder liebevoll reagieren, führt zu unterschiedlichen Arten des Denkens, Glaubens, Fühlen und Handelns. Angst führt zu allem, was Sie nicht in Ihrem Leben haben wollen; Liebe führt zu allem, was Sie sich wünschen. Das Problem ist, dass die meisten Leute, die sich für die Liebe entscheiden, die Spur wechseln, zur Angst zurückkehren und zu erzwingen versuchen, was sie sich wünschen, wenn der Schmerz nicht weggeht oder sich nicht rasch genug Lust einstellt. Wenn sie einfach nur auf der Spur der Liebe geblieben wären, hätten sie alles bekommen, was sie sich gewünscht haben, und noch mehr.

- Ich wünsche mir, im Einklang mit der Liebe und nicht mit der Angst zu denken, zu fühlen, zu glauben und zu handeln – in meinem Herzen, meinem Geist, meiner Seele, meinem Mind und Körper.
- Ich bin willens, im Einklang mit der Liebe und nicht mit der Angst zu denken, zu fühlen, zu glauben und zu handeln – in meinem Herzen, meinem Geist, meiner Seele, meinem Mind und Körper.
- Ich bin bereit, im Einklang mit der Liebe und nicht mit der Angst zu denken, zu fühlen, zu glauben und zu han-

deln – in meinem Herzen, meinem Geist, meiner Seele, meinem Mind und Körper.
– Ich will im Einklang mit der Liebe und nicht mit der Angst denken, fühlen, glauben und handeln – in meinem Herzen, meinem Geist, meiner Seele, meinem Mind und Körper.

Wenn Ihnen die Unwahrheiten bewusst werden, an die Sie glauben, listen Sie sie auf und heilen Sie sie mit Hilfe des Energiemedizinischen Tools und des Herzschirm-Tools.

6. Unsicherheit und Selbstgewissheit. Selbstgewissheit ist eines der Hauptidentitätsthemen, die wir bereits erwähnt haben. Sie (zusammen mit Bedeutsamkeit) ist ein Dreh- und Angelpunkt für die gesamte Liste: Alle Themen davor beeinflussen unser Gefühl der Selbstgewissheit und Bedeutsamkeit, und alle Themen danach entspringen ihm. Selbstgewissheit und Bedeutsamkeit sind untrennbar miteinander verknüpft: Manchmal geht die Selbstgewissheit der Bedeutsamkeit voraus und beeinflusst diese; manchmal geht auch die Bedeutsamkeit der Selbstgewissheit voraus und beeinflusst diese.

Unsere Selbstgewissheit ist sowohl äußerlich (bin ich in körperlicher Sicherheit, und werden meine Grundbedürfnisse in meiner aktuellen Situation befriedigt?) als auch innerlich (bin ich ein Mensch, mit dem andere eine Beziehung eingehen möchten?). Sie hat damit zu tun, ob wir uns sicher und akzeptiert fühlen oder unsicher und abgelehnt.

– Ich wünsche mir, alle Ängste und Unwahrheiten in Bezug auf mein Gefühl, sicher und akzeptiert zu sein, aufzugeben, sodass ich sicher und akzeptiert sein kann.
– Ich bin willens, alle Ängste und Unwahrheiten in Bezug auf mein Gefühl, sicher und akzeptiert zu sein, aufzugeben, sodass ich sicher und akzeptiert sein kann.

- Ich bin bereit, alle Ängste und Unwahrheiten in Bezug auf mein Gefühl, sicher und akzeptiert zu sein, aufzugeben, sodass ich sicher und akzeptiert sein kann.
- Ich gebe alle Ängste und Unwahrheiten in Bezug auf mein Gefühl auf, sicher und akzeptiert zu sein, sodass ich sicher und akzeptiert sein kann.

Wenn Ihnen die Unwahrheiten bewusst werden, an die Sie glauben, listen Sie sie auf und heilen Sie sie mit Hilfe des Energiemedizinischen Tools und des Herzschirm-Tools.

7. Bedeutungslosigkeit oder Bedeutsamkeit. Bedeutsamkeit, das zweite der beiden Kernthemen, ist fast ausnahmslos eine innere Befindlichkeit. Unser Gefühl der Bedeutsamkeit beantwortet die Frage: Wer bin ich? Es beeinflusst vor allem unsere Fähigkeit, zu vergeben (oder nicht) und zu verurteilen (oder nicht). Wenn wir ein starkes Gefühl der Bedeutsamkeit haben, können wir jedem – uns selbst eingeschlossen – den Vertrauensbonus entgegenbringen, im Wissen, dass es unsere Aufgabe ist, Menschen nicht zu verurteilen, sondern sie zu lieben.

- Ich wünsche mir, meine Bedeutungslosigkeit, Unversöhnlichkeit, Voreingenommenheit, falsche Identität und meinen falschen Selbstwert aufzugeben, sodass ich zu Bedeutsamkeit, Versöhnlichkeit, Unvoreingenommenheit, wahrer Identität und wahrem Selbstwert komme.
- Ich bin willens, meine Bedeutungslosigkeit, Unversöhnlichkeit, Voreingenommenheit, falsche Identität und meinen falschen Selbstwert aufzugeben, sodass ich zu Bedeutsamkeit, Versöhnlichkeit, Unvoreingenommenheit, wahrer Identität und wahrem Selbstwert komme.
- Ich bin bereit, meine Bedeutungslosigkeit, Unversöhnlichkeit, Voreingenommenheit, falsche Identität und

meinen falschen Selbstwert aufzugeben, sodass ich zu Bedeutsamkeit, Versöhnlichkeit, Unvoreingenommenheit, wahrer Identität und wahrem Selbstwert komme.
- Ich gebe meine Bedeutungslosigkeit, Unversöhnlichkeit, Voreingenommenheit, falsche Identität und meinen falschen Selbstwert auf, sodass ich zu Bedeutsamkeit, Versöhnlichkeit, Unvoreingenommenheit, wahrer Identität und wahrem Selbstwert komme.

Wenn Ihnen die Unwahrheiten bewusst werden, an die Sie glauben, listen Sie sie auf und heilen Sie sie mit Hilfe des Energiemedizinischen Tools und des Herzschirm-Tools.

8. Stolz oder Demut. Demut ist die am meisten missverstandene Qualität auf diesem Planeten. Demut ist nicht Schwäche oder Rückgratlosigkeit. Demut bedeutet, die Wahrheit über uns selbst zu glauben. Und die Wahrheit ist, dass wir alle im Kern gleich sind. Wir alle sind genau gleich viel wert als Menschen: egal, wo wir leben, egal, welche Hautfarbe wir haben, egal, was wir haben, egal, wer wir sind. Wir alle besitzen Potenzial und Güte ohne Grenzen. Überlegenheits- und Unterlegenheitsgefühle sind gleich falsch und daher gleich schlecht. Beides kommt von empfundener Bedeutungslosigkeit und Unsicherheit. Demut bedeutet auch, nicht fixiert auf uns selbst zu sein, sondern fähig, unsere Aufmerksamkeit auf andere zu richten und auf das, was im Augenblick zu tun ist. Aber die meisten leben nicht danach – sie vergleichen sich ständig mit anderen und entwickeln Erwartungen auf der Grundlage dieser Vergleiche: *Mache ich es gut genug? Was denken sie? Ob sie es wohl merken?* Wahre Demut, die in Selbstgewissheit und Bedeutsamkeit wurzelt, weiß, dass Sie tief drinnen wertvoll sind und nicht besser oder schlechter als irgendjemand anders; deshalb müssen Sie sich auch nicht verstellen oder verstecken.

- Ich wünsche mir, meine falschen Glaubenssätze in Bezug auf meine Überlegenheit und Unterlegenheit aufzugeben, um die Wahrheit darüber zu erfahren, wer ich wirklich bin: ein großartiger Mensch, der nicht besser oder schlechter als irgendjemand anders ist.
- Ich bin willens, meine falschen Glaubenssätze in Bezug auf meine Überlegenheit und Unterlegenheit aufzugeben, um die Wahrheit darüber zu erfahren, wer ich wirklich bin: ein großartiger Mensch, der nicht besser oder schlechter als irgendjemand anders ist.
- Ich bin bereit, meine falschen Glaubenssätze in Bezug auf meine Überlegenheit und Unterlegenheit aufzugeben, um die Wahrheit darüber zu erfahren, wer ich wirklich bin: ein großartiger Mensch, der nicht besser oder schlechter als irgendjemand anders ist.
- Ich gebe meine falschen Glaubenssätze in Bezug auf meine Überlegenheit und Unterlegenheit auf, um die Wahrheit darüber zu erfahren, wer ich wirklich bin: ein großartiger Mensch, der nicht besser oder schlechter als irgendjemand anders ist.

Wenn Ihnen die Unwahrheiten bewusst werden, an die Sie glauben, listen Sie sie auf und heilen Sie sie mit Hilfe des Energiemedizinischen Tools und des Herzschirm-Tools.

9. Ungesunder Kontrollzwang oder Loyalität/Vertrauen/Glauben/Hoffnung. Diese Kategorie greift auf das zurück, was wir glauben: Placebo, Nocebo oder Defacto. Ein ungesunder Kontrollzwang ist das Gegenteil von wahrem Glauben und Vertrauen und Loyalität. Er sagt: «Ich muss die Situation kontrollieren oder manipulieren, um sicherzugehen, dass ich das Endergebnis bekomme, das ich mir wünsche, denn wenn das nicht der Fall ist, geht es mir nicht gut.» Tatsächlich zeugt es von ungesundem Kontrollzwang, wenn wir unser Leben auf der Grundlage von Willensanstrengung und Erwartungen leben. Wie wir bereits wissen, gehört das zu den anstrengendsten Dingen, die man tun kann; deshalb sind Erwartungen ein Glückskiller.[5]

Eine gesunde Einflussnahme andererseits ist mit Loyalität, Glauben, Hoffnung und Vertrauen verknüpft. Das bedeutet, dass wir Endergebnisse aufgeben können, weil wir uns grundsätzlich in Ordnung finden, unabhängig davon, was die äußere Situation mit uns macht. Bitte beachten Sie: Viele Leute glauben, dass sie nie auf einen grünen Zweig kommen, wenn sie so leben. Sie glauben, dass es ihre auf äußere Erwartungen abzielende Willensanstrengung ist, die Ergebnisse herbeiführt. Aber es funktioniert genau andersherum: Wer Erwartungen aufgibt und sich nicht mehr auf seine Willensanstrengung verlässt, wird mehr in kürzerer Zeit erledigen und dazu glücklich werden.

- Ich wünsche mir, den ungesunden Kontrollzwang aufzugeben, mit dessen Hilfe ich ein bestimmtes Endergebnis sicherstellen will, sodass ich Loyalität, Vertrauen, Hoffnung und Glauben haben und die besten Ergebnisse in meinem Leben erzielen kann.
- Ich bin willens, den ungesunden Kontrollzwang aufzugeben, mit dessen Hilfe ich ein bestimmtes Endergebnis sicherstellen will, sodass ich Loyalität, Vertrauen, Hoffnung und Glauben haben und die besten Ergebnisse in meinem Leben erzielen kann.
- Ich bin bereit, den ungesunden Kontrollzwang aufzuge-

---

5 Dan Gilbert: *The Secret of How to be Happy*, TED Talk (Video), http://articles.mercola.com/sites/articles/archive/2007/10/30/the-secret-of-how-to-be-happy.aspx (abgerufen am 20. Dezember 2013).

ben, mit dessen Hilfe ich ein bestimmtes Endergebnis sicherstellen will, sodass ich Loyalität, Vertrauen, Hoffnung und Glauben haben und die besten Ergebnisse in meinem Leben erzielen kann.
- Ich gebe den ungesunden Kontrollzwang auf, mit dessen Hilfe ich ein bestimmtes Endergebnis sicherstellen will, sodass ich Loyalität, Vertrauen, Hoffnung und Glauben haben und die besten Ergebnisse in meinem Leben erzielen kann.

Wenn Ihnen die Unwahrheiten bewusst werden, an die Sie glauben, listen Sie sie auf und heilen Sie sie mit Hilfe des Energiemedizinischen Tools und des Herzschirm-Tools.

10. Blindes oder bedachtes Reagieren. Reaktionen stellen sich automatisch als Ergebnis unseres Überlebensinstinkts und unserer Schmerz-Lust-Programmierung ein. Wenn unser Fuß unmittelbar auf die Bremse tritt, sobald vor uns ein Bremslicht aufflammt, oder wenn wir eine lange Schlange an der Supermarktkasse sehen und wütend werden, reagieren wir blindlings – und diese Reaktion ist Teil der Kettenreaktion, die auf unsere derzeitige Programmierung zurückgeht. Diese reaktive Programmierung kann in wirklich bedrohlichen Situationen gut sein – etwa für unsere Reaktion auf die aufleuchtenden Bremslichter. Aber jede negative Reaktion auf eine nicht lebensbedrohliche Situation ist ein todsicheres Anzeichen für eine Programmierung, die auf Angst beruht. Sobald wir die richtige Programmierung haben, sind wir in der Lage, liebevoll auf eine aktuelle Situation zu reagieren anstatt ängstlich; aber auch wenn wir zu einer solchen Reaktion in der Lage sind, müssen wir uns auch dafür *entscheiden*, im Einklang mit der Liebe zu reagieren. Mag unsere Schmerz-Lust-Programmierung auch immer noch ab und zu ihre hässliche Fratze zeigen, so kön-

nen wir doch wählen, im gegenwärtigen Moment im Einklang mit der Liebe zu reagieren, unabhängig davon, was unsere Schmerz-Lust-Reaktion uns einflüstert.
- Ich wünsche mir, nicht mehr aus Schmerz und Lust heraus zu reagieren, sondern aus Wahrheit und Liebe.
- Ich bin willens, nicht mehr aus Schmerz und Lust heraus zu reagieren, sondern aus Wahrheit und Liebe.
- Ich bin bereit, nicht mehr aus Schmerz und Lust heraus zu reagieren, sondern aus Wahrheit und Liebe.
- Ich höre auf, aus Schmerz und Lust heraus zu reagieren, und reagiere aus Wahrheit und Liebe.

Wenn Ihnen die Unwahrheiten bewusst werden, an die Sie glauben, listen Sie sie auf und heilen Sie sie mit Hilfe des Energiemedizinischen Tools und des Herzschirm-Tools.

11. Egoistisches oder liebevolles Handeln. Wenn es beschlossene Sache ist, dass Sie bedacht reagieren wollen, heißt der nächste Schritt: danach handeln. Handeln Sie egoistisch oder liebevoll? Hierbei geht es nicht darum, was Sie tun, sondern warum Sie es tun. Handeln Sie aus Ichbezogenheit oder aus der Einbeziehung der anderen? Oder handeln Sie sich selbst gegenüber im Einklang mit der Liebe und nicht egoistisch? Wenn Sie beschließen, so viel Geld wie möglich zu verdienen, könnte Gier Ihre Motivation sein, mit der Sie so viel Spielzeug anzuhäufen trachten, wie Sie haben wollen. Sie könnten aber auch Ihrer Familie aus der Armut helfen, ein Waisenhaus bauen oder alles spenden wollen. Nur Sie kennen die wahre Motivation hinter Ihren Taten. Gleichgültig, wie Ihre Handlungen geartet sind, sie sollten auf Liebe und nicht auf Angst beruhen.
- Ich wünsche mir, im Einklang mit der Liebe im gegenwärtigen Moment zu leben, ungeachtet der Ergebnisse.
- Ich bin willens, im Einklang mit der Liebe im gegen-

wärtigen Moment zu leben, ungeachtet der Ergebnisse.
- Ich bin bereit, im Einklang mit der Liebe im gegenwärtigen Moment zu leben, ungeachtet der Ergebnisse.
- Ich will im Einklang mit der Liebe im gegenwärtigen Moment leben, ungeachtet der Ergebnisse.

Wenn Ihnen die Unwahrheiten bewusst werden, an die Sie glauben, listen Sie sie auf und heilen Sie sie mit Hilfe des Energiemedizinischen Tools und des Herzschirm-Tools.

12. Misserfolge/Unglück/Krankheit oder Erfolg/Glück/Gesundheit. Wenn wir unglücklich und nicht gesund sind, bedeutet das normalerweise, dass wir unser Glück auf äußere Umstände projizieren und aus dem Schmerz-Lust-Instinkt reagieren. Es bedeutet auch, dass wir höchstwahrscheinlich an allem scheitern, was wir in Angriff nehmen. Ich definiere Erfolg, Glück und Gesundheit mit dem Gefühl von Freude und Frieden im gegenwärtigen Moment, unabhängig von der äußeren Situation. Der Inhalt Ihrer Programmierung – mag sie Lügen oder die ganze Wahrheit und nichts als die Wahrheit enthalten – entscheidet darüber, welche Erfahrungen Sie machen, und zwar jedes Mal.

- Ich wünsche mir, nicht mehr nach Erfolg, Glück und Gesundheit zu streben, damit ich erfolgreich, glücklich und gesund sein kann.
- Ich bin willens, nicht mehr nach Erfolg, Glück und Gesundheit zu streben, damit ich erfolgreich, glücklich und gesund sein kann.
- Ich bin bereit, nicht mehr nach Erfolg, Glück und Gesundheit zu streben, damit ich erfolgreich, glücklich und gesund sein kann.
- Ich höre auf, nach Erfolg, Glück und Gesundheit zu streben, damit ich erfolgreich, glücklich und gesund sein kann.

Wenn Ihnen die Unwahrheiten bewusst werden, an die Sie glauben, listen Sie sie auf und heilen Sie sie mit Hilfe des Energiemedizinischen Tools und des Herzschirm-Tools.

Verkürzte Fassung der Umprogrammierungsaussagen

Mit der obigen Vollversion lassen sich am gründlichsten und exaktesten mentale Glaubenssätze, die uns den Erfolg verwehren, identifizieren und heilen. Dennoch zeigten sich einige meiner Klienten von der Länge dieses Verfahrens abgeschreckt, weshalb ich eine verkürzte Fassung der Umprogrammierungsaussagen entwickelt habe; auch sie zeigte bei vielen meiner Klienten Wirkung. Tatsächlich empfehle ich *dringend*, beide Versionen anzuwenden. Sie sind recht unterschiedlich und behandeln die einzelnen Themen aus verschiedenen Blickwinkeln. Probieren Sie beide aus; wahrscheinlich werden Sie mit der einen oder der anderen mehr anfangen können. Ich würde dennoch die jeweils andere ebenfalls ab und zu praktizieren. Wenn wir die angeführten zwölf Themen noch weiter reduzieren, können wir sagen, dass jedes Problem, das sich uns im Leben stellt, auf vier Themenkomplexe zurückgeht: ob wir Liebe oder Angst erleben, Bedeutsamkeit oder Bedeutungslosigkeit, Selbstgewissheit oder Unsicherheit und Vertrauen oder einen ungesunden Kontrollzwang. Die Umprogrammierungsaussagen konzentrieren sich in diesem Fall darauf, diese vier Bereiche zu bereinigen und umzuprogrammieren.

Wenn Sie dieses Instrument anwenden möchten, sollten Sie an ein Thema denken, das Sie bereinigen oder bearbeiten möchten. Dann stellen Sie sich eine Frage dazu. Fragen Sie Ihren Körper, Ihren Mind und Ihr Herz, ob Sie das, was Sie sich wünschen, in Ihrer derzeitigen Zustand heilen oder herbeiführen können. Geben Sie sich selbst die Antwort mit Ja oder Nein. Sie lautet so gut wie immer Nein. Denn wenn Ihr Körper, Mind und Herz das Problem angesichts Ihrer momentanen Verfassung und Programmierung hätte heilen können, wäre das entweder schon passiert, oder es wäre erst gar nicht so weit gekommen.

Dieses Instrument umfasst zwei Sets an Fragen. Das erste Set beschäftigt sich mit der Tatsache, dass jedes Klientenproblem, das ich kenne, damit zu tun hat, dass 1. man sich selbst gegenüber lieblos und ablehnend ist (was Angst/Stress bedeutet) und 2. man dem Problem gegenüber lieblos und ablehnend ist (was Angst/Stress bedeutet). Die Lösung liegt darin, den ungesunden Kontrollzwang loszulassen und im gegenwärtigen Moment zu lieben.

Kinder zum Beispiel wissen von Natur aus, wie man loslässt und liebt. Ein Fünfjähriger kann hinfallen, weil sein Bruder ihn geschubst hat, sich den Kopf an der Armlehne des Sessels anschlagen, brüllen und schreien und toben, als wäre er für alle Zeiten gezeichnet. Und dann, nur eine Stunde später, spielt er Lego mit seinem Bruder und hat einen Riesenspaß dabei. Wenn man ihn nun fragt, ob alles wieder in Ordnung sei, wird er wie aus der Pistole geschossen antworten: «Ja, klar!», als wäre nichts passiert. Wenn Sie so etwas schon einmal beobachtet haben, haben Sie sich vielleicht gefragt: *Wie schafft er das nur – und warum kann ich das nicht?* Die Wahrheit ist, dass alle Lebewesen in der Natur in der Lage sind, im gegenwärtigen Moment loszulassen und zu lieben – egal, welche bedrohlichen Situationen es in der Vergangenheit oder in der Zukunft geben mag. Nur Menschen mit einem Festplattenvirus können das nicht.[6]

Beginnen Sie damit, sich die Fragen des ersten Sets zu stellen. Bitte beachten Sie: Bei diesem kürzeren Set von Umprogrammie-

---

6 Sie mögen diese Tatsache vielleicht in Frage stellen, weil viele Tiere sich gegenseitig umbringen; aber das geschieht instinktgesteuert. Sie verhalten sich genauso, wie sie sollen und wie sie programmiert sind. Auch wenn das für einen Menschen natürlich keine gesunde Programmierung wäre.

rungsaussagen müssen Sie nicht auf eine bestimmte Art und Weise antworten; seien Sie einfach nur ehrlich. Füllen Sie die Lücken mit Ihrem speziellen äußeren oder inneren Problem, das Sie geheilt sehen möchten, zum Beispiel «meine Ängstlichkeit», «meine Aufschieberitis» oder «meine Tendenz, zu allem zu spät zu kommen».

- Glauben Sie, dass Sie sich selbst oder andere lieblos und ablehnend behandelt haben?
- Können Sie aufhören, sich selbst und andere lieblos und ablehnend zu behandeln? Nun formulieren Sie in der Aussageform: «Ich höre auf, mich selbst und andere lieblos und ablehnend zu behandeln.» Wiederholen Sie diesen Satz, bis Sie diesbezüglich keine Anspannung und keinen Stress (physischer oder nichtphysischer Art) mehr spüren.
- Können Sie sich selbst lieben und akzeptieren? Wenn ja, dann sagen Sie: «Ich liebe und akzeptiere dich, [Ihr Name].» Wiederholen Sie diesen Satz wie eben beschrieben.
- Glauben Sie, dass Sie _____ lieblos und ablehnend behandelt haben?
- Können Sie _____ akzeptieren und lieben? Nun formulieren Sie in der Aussageform: «Ich akzeptiere und liebe _____.» Wiederholen Sie diesen Satz wie eben beschrieben.
- Glauben Sie, dass Sie _____ nicht unter Kontrolle haben?
- Können Sie aufhören, Kontrolle ausüben zu wollen, um Ergebnisse zu erzielen? Nun formulieren Sie in der Aussageform: «Ich höre auf, Kontrolle ausüben zu wollen, um Ergebnisse zu erzielen.» Wiederholen Sie diesen Satz wie eben beschrieben.
- Können Sie die Kontrolle über _____ abgeben an

die Liebe/die Quelle/Gott, sodass _____ heilen kann? Nun formulieren Sie in der Aussageform: «Ich gebe die Kontrolle über _____ ab an die Liebe/die Quelle/Gott, sodass _____ heilen kann.» Wiederholen Sie diesen Satz wie eben beschrieben.

- Können Sie aufhören, sich die Kontrolle über _____ zu wünschen, sodass sich _____ einstellen kann? (Die zweite Leerstelle besetzen Sie mit dem positiven, auf Liebe gründenden Ergebnis, das Sie sich anstelle des Problems wünschen. Die Antwort lautet normalerweise ja.) Nun formulieren Sie in der Aussageform: «Ich höre auf, mir die Kontrolle über _____ zu wünschen, sodass sich _____ einstellen kann.»
- Haben Sie nun mehr das Gefühl, Kontrolle zu haben oder sich Kontrolle zu wünschen? Wiederholen Sie diese Sätze wie eben beschrieben, bis Ihre Antwort lautet: «Kontrolle zu haben».[7]
- Welches Gefühl ist besser: sich Kontrolle zu wünschen oder die Liebe/die Quelle/Gott die Kontrolle übernehmen zu lassen?

Spüren Sie nach, wie sich nun das ursprüngliche Problem anfühlt. Üblicherweise haben die meisten Menschen ein positives Gefühl,

---

7 Zu sagen, dass «Kontrolle zu haben» das gewünschte Ergebnis der Aussagen ist, mag verwirrend erscheinen, besonders wenn wir die Kontrolle über das Endergebnis aufgeben sollen. Hier erlauben Sie der Aussage jedoch, Sie umzuprogrammieren, sodass Sie das Gefühl bekommen, Kontrolle über Ihre Handlungen im gegenwärtigen Moment zu haben: Sie benutzen nicht Ihre Willenskraft, um das Endergebnis zu kontrollieren. Das ist der Unterschied zwischen gesunder Kontrolle und ungesunder Kontrolle, was im Kapitel 5 noch weiter erklärt wird.

selbst wenn sie keine Worte dafür finden. Falls Sie kein positives Gefühl haben, gehen Sie die Fragen nochmals durch. Falls Sie etwas Positives fühlen, dann ist es die Liebe und Kraft der Liebe/der Quelle/Gottes, an die Sie vielleicht nicht gewöhnt sind. Selbst wenn es fremd oder schwach ist, lassen Sie zu, dass das Gefühl in Ihnen wächst und sich ausbreitet. Lassen Sie zu, dass es die Kontrolle übernimmt und heilt. Heißen Sie das neue Gefühl und die Kontrolle der Liebe/der Quelle/Gottes willkommen. Sagen Sie nun «Ich liebe dich» zu sich selbst, zu anderen oder zu Ihrem Problem. Wiederholen Sie diese Aussage, bis Sie sie glauben. Sie haben die Wahl, jedem Menschen, Thema oder Problem Liebe zu schenken und dadurch die Angst/Dunkelheit in Liebe/Licht zu transformieren.

Das zweite Set an Fragen beschäftigt sich damit, inwiefern *Habenwollen* mit einem *Mangel* gleichzusetzen ist. Um diesen Punkt zu erläutern, möchte ich Sie bitten, einmal all jene Veränderungen aufzulisten, die Sie sich für Ihr Leben wünschen, ob nun groß oder klein. Sehen Sie sich nun die Liste an. Bei jeder der gewünschten Veränderungen weist Ihr Wunsch nicht nur darauf hin, dass es Ihnen daran mangelt, sondern er kann auch dafür sorgen, dass es Ihnen weiter daran mangeln wird. Mit einem der bekanntesten Verse aller Zeiten beginnt Psalm 23: «Der Herr ist mein Hirte; mir wird nichts *mangeln*.» Wir sind nicht dazu geschaffen, im Dauermangel zu leben; wir können nicht gleichzeitig etwas haben wollen und es schon haben. Es ist äußerst schwierig, sich etwas zu wünschen und gleichzeitig dankbar und zufrieden zu sein. Wir müssen unsere Wünsche loslassen, um haben zu können. Habenwollen wurzelt in Ablehnung, Mangel und Angst und verursacht Stress, Krankheit und überhaupt alles Negative. Alles abzugeben an die Liebe/die Quelle/Gott bewirkt das Gegenteil – und befähigt Sie auch dazu, sich mit dem Übernatürlichen zu verbinden, sodass Wunder möglich werden. Derlei Einsicht befördert das Problem vom «Geht nicht» zum «Ist». Es ist eine 180-Grad-Wende des Blickwinkels, unter dem Sie Ihre Probleme betrachten.

Beantworten Sie nun das zweite Set Fragen unten. Wie beim ersten Set sollten Sie ehrlich der Reihe nach alle Fragen beantworten, indem Sie in die Lücken Ihr spezifisches äußeres oder inneres Problem einfügen, das Sie geheilt sehen möchten.

- Möchten Sie _____ lieber von ganzem Herzen hassen oder lieben? Wiederholen Sie das wie gehabt in der Aussageform.
- Sind Sie willens, aufzuhören damit, sich Sicherheit zu wünschen, sodass Sie endlich Sicherheit haben können? Wiederholen Sie das wie gehabt in der Aussageform.
- Haben Sie das Gefühl, dass Sie sich noch immer Sicherheit wünschen, oder haben Sie sie jetzt?
- Was fühlt sich besser an: Sicherheit zu haben oder Sicherheit haben zu wollen?
- Erkennen Sie, dass Sie negativ eingestellt sind zu _____? Negativ eingestellt zu sein ist gleichbedeutend damit, Angst zu haben; Angst zu haben ist gleichbedeutend damit, Stress zu haben. Versuchen Sie, sich zu sagen: «Alles ist gut. Alles wird gut.» Wiederholen Sie das so oft wie nötig, bis Sie es glauben. Wenn Sie im Einklang mit der Liebe und Wahrheit leben, ist immer *alles* in Ordnung – wenn das noch nicht auf Sie zutrifft, ist Ihre Arbeit mit diesem Instrument noch nicht zu Ende.

Was tun, wenn Sie nicht weiterkommen?
Nur zur Erinnerung: In Teil III erhalten Sie genaue Anweisungen, wie Sie alle Drei Tools einsetzen müssen, um Ihre Wurzelerinnerungen und Erfolgsprobleme zu heilen; hier beschreibe ich nur, wie sie funktionieren, um Sie auf ihre Anwendung vorzubereiten.

Wenn Sie die Umprogrammierungsaussagen – sei es in der Vollversion oder in der verkürzten Fassung – anwenden, stellen Sie vielleicht fest, dass Sie über eine bestimmte Aussage nicht hinauskommen. Nehmen wir zum Beispiel die dritte Aussage im sechsten Set: «Ich bin bereit, alle Ängste und Unwahrheiten in Bezug auf mein Gefühl aufzugeben, sicher und akzeptiert zu sein, sodass ich sicher und akzeptiert sein kann.» Ihr Gefühl des Widerstands oder Ihr Unbehagen will einfach nicht weichen. In diesem Fall können Sie die Technik anwenden, die alle Drei Tools kombiniert und am Ende dieses Kapitels erklärt wird. Die Drei Tools funktionieren sehr gut zusammen, denn die Umprogrammierungsaussagen sind – außer einem psychologischen Heilinstrument – auch ein Diagnoseinstrument für bewusste, unterbewusste und unbewusste Blockaden gegen den Heilungsprozess. Wenn diese blockierenden Glaubenssätze identifiziert sind, können Sie das Energiemedizinische Tool kombiniert mit dem Herzschirm-Tool anwenden, um diese Glaubenssätze zu bereinigen und umzuprogrammieren. Lesen Sie am Ende dieses Kapitels die Kombinationstechnik nach.

Wenn Sie die Kombinationstechnik ausprobieren und keine Veränderung bemerken, akzeptieren Sie einfach den Status quo und korrigieren Sie den Wortlaut der aktuellen Aussage dahingehend, dass sie wahr wird: «Ich wünsche mir, alle Ängste und Unwahrheiten in Bezug auf mein Gefühl aufzugeben, sicher und akzeptiert zu sein, sodass ich sicher und akzeptiert sein kann.» Dann sprechen Sie ein Gebet, um zusätzliche Hilfe zu erbitten: «Bitte bewirke in mir, was nötig ist, damit ich bereit bin, alle Ängste und Unwahrheiten in Bezug auf mein Gefühl, sicher und akzeptiert zu sein, aufzugeben, sodass ich sicher und akzeptiert sein kann.» Dann machen Sie mit dem nächsten Set weiter.

Behalten Sie im Hinterkopf, dass Sie mit den Umprogrammierungsaussagen erst dann fertig sind, wenn Sie wirklich alle so glauben, wie sie formuliert sind. Arbeiten Sie sich durch, bis Sie so weit sind. Bis dahin würde ich die Aussagen ein- oder zweimal täglich durchgehen, gleichgültig, an welchem Problem Sie gerade arbeiten.

Sobald Sie alle Viren vollständig entfernt und Ihren Mind und Ihr spirituelles Herz an jeder Station der Kettenreaktion (ob sie nun zwölf oder vier Stationen umfasst) auf die Wahrheit umprogrammiert haben, wissen Sie, dass Ihre aktuelle Programmierung nur noch positive Ergebnisse hervorbringen wird. Der Unterschied, den das ausmacht, kann so gravierend sein, dass die Leute Sie vielleicht gar nicht mehr wiedererkennen werden!

Eine meiner Klientinnen, eine Frau mittleren Alters, hatte – in ihren Worten – schon jedes Selbsthilfeprogramm auf dem Planeten ausprobiert. Sie hatte Ehe- und Gewichtsprobleme und war kränklich und unglücklich. Tatsächlich gehörte sie zu den verbittertsten Menschen, denen ich je begegnet bin – jedes Mal, wenn sie zu mir kam, zählte sie eine lange Liste auf, wann und wie sie ungerecht behandelt worden war. Sie zog sogar mich damit herunter! «Wenn es nicht so und so wäre, wäre ich gesund. Wenn dies und jenes nicht passiert wäre, hätte ich viel Geld verdienen können. Die Welt ist kein schöner Ort zum Leben: Die Regierung hat es auf uns abgesehen, jeder denkt nur an sich, mein Mann ist ein fauler Penner und will nichts von dem tun, was ich gern täte.» (Natürlich stimmte das meiste davon nicht – infolge ihrer Programmierung deutete sie die Realität einfach falsch.)

Ich war der Meinung, dass ihr das Instrument der Umprogrammierungsaussagen helfen könnte. Sie ahnen wahrscheinlich schon, was sie davon hielt: Das war ja nun das Dümmste, was sie je gehört hatte! Sie sagte: «Ach was, ich hab's doch schon mit Affirmationen probiert.» Ich erklärte ihr, dass es sich hier nicht um Affirmationen handelte; man formuliert diese Aussagen nur, wenn man auch daran glaubt. Außerdem arbeitet man von vornherein nur damit, wenn man es sich wirklich wünscht, weshalb auch die erste Aus-

sage in jedem Set mit den Worten beginnt: «Ich wünsche mir».
(Für mich bedeutet Wünschen in diesem Zusammenhang Hoffen.)

Also arbeitete sie zu Hause allein mit ihren Umprogrammierungsaussagen – während sie mir immer wieder sagte, dass sie gar nichts bei ihr bewirkten. Aber bald fiel mir auf, dass sie ein wenig verändert klang – etwas positiver, etwas weniger verbittert. Diese Entwicklung setzte sich fort, bis es in meinen Augen schon an Komik grenzte – wenn sie anrief, hörte sie sich positiv und glücklich an, sagte aber immer: «Ich glaube nicht, dass es zu irgendetwas gut ist, diese Aussagen zu wiederholen.»

Eines Tages erzählte sie mir, dass ihre beste Freundin sie beim Essen gefragt habe: «Sag mal, jetzt will ich es aber wissen – was ist bloß los mit dir? Warst du bei einem Wunderheiler oder so? Hattest du ein mystisches Erlebnis? Was ist mit dir passiert?» Und meine Klientin antwortete: «Was in aller Welt meinst du denn?» Sie wusste überhaupt nicht, wovon ihre Freundin sprach. Es war wie bei dem Frosch im Kochtopf: Die Veränderung ging so langsam vor sich, dass sie selbst nicht sagen konnte, was los war. Schließlich fragte sie andere Menschen, die ihr nahestanden, ob sie dasselbe bemerkt hätten wie ihre Freundin. Sie alle meinten unisono: «So etwas habe ich noch nicht erlebt.» Selbst ihr Mann gab zu, dass er erstaunt über diese Veränderung war – aber er wollte nichts sagen, weil er Angst hatte, dieses völlig neue Verhalten könnte wieder verschwinden!

Sie hatte beträchtlich abgenommen, ohne dass es ihre Absicht gewesen wäre, und sie und ihr Mann verbrachten viel mehr Zeit in trauter Zweisamkeit. Und alles geschah nur durch die Arbeit mit den Umprogrammierungsaussagen. Nachdem sie ihre alten Programme gelöscht und die neuen einprogrammiert hatte, war alles anders. Entfernen Sie die Viren, und Ihr Gehirn ist wieder frei, um richtig zu arbeiten.

Das Herzschirm-Tool: Die Wurzelprobleme durch Spiritualität heilen

Dieses Tool spricht den spirituellen Teil in uns an – also unser spirituelles Herz, Zellerinnerungen, Unbewusstes, Unterbewusstsein, Selbstbewusstsein und alles, was sonst damit zusammenhängt. Im Besonderen aktiviert und nutzt dieses Tool bewusst und gezielt unseren Herzschirm, einen Mechanismus in uns, der uns auf einer spirituellen Ebene bereinigen und umprogrammieren kann. Wie wir aus dem dritten Kapitel wissen, ist unser Herzschirm der tatsächlich existierende innere Schirm, auf dem wir bildhaft unsere Erinnerungen vor unserem geistigen Auge sehen, ganz ähnlich, wie wir Bilder auf einem Computer, Tablet oder Smartphone betrachten können. Wir greifen jedes Mal darauf zurück, wenn wir uns etwas vorstellen, sei es nun real oder erfunden.

Wenn Sie Ihren Herzschirm sehen wollen, müssen Sie nur die Augen schließen. Denken Sie nun daran, was Sie als Letztes gegessen haben. Sehen Sie es? Schmecken Sie es? Riechen Sie es? Erinnern Sie sich daran, was währenddessen um Sie her geschah oder welche Gespräche Sie dabei führten? Wenn ja, dann haben Sie eben einen Blick auf Ihren Herzschirm geworfen. Wenn Sie generell Schwierigkeiten haben, sich etwas vorzustellen, versuchen Sie es einmal damit: Essen Sie etwas Süßes und nehmen Sie alles an dieser Erfahrung ganz bewusst wahr – den Geschmack, die Beschaffenheit, den Geruch, die Gefühle, die Sie währenddessen haben, die physischen Empfindungen etc. Dann, kurze Zeit danach, schließen Sie die Augen und rufen Sie sich den Verzehr dieser Süßigkeit wieder in Erinnerung. (Wenn Sie nicht so gern Süßes essen, können Sie auch hinaus in die Natur gehen und eine Rose oder andere Blume betrachten. Schließen Sie danach wieder die Augen und betrachten Sie die Rose nur noch auf Ihrem Herzschirm.) Wenn Ihnen das Visualisieren gar nicht gelingen will, könnte das auf einen Hirnschaden zurückzuführen sein (meist infolge eines schweren Kopftraumas, von dem Sie wüssten, wenn Sie es gehabt hätten), oder Sie haben so viel in Ihrem Leben gelitten, dass Ihr Unbewusstes aus einem Überlebensinstinkt heraus die Verbindung zu Ihrem Bildermacher unterbrochen hat, weil dessen Bilder immer so schmerzhaft sind. Doch selbst solche Probleme werden sich unter der Anwendung dieses Tools um ein Vielfaches bessern oder sogar ganz heilen, weshalb ich Sie dazu ermuntere, es unter allen Umständen damit zu versuchen.

Das Herzschirm-Tool hat das Potenzial, das Energiemedizinische Tool und die Umprogrammierungsaussagen in Bezug auf Stärke und Wirksamkeit in den Schatten zu stellen. Warum? Dieses Tool zapft unseren Bildermacher an, die Quelle der seit Anbeginn der Zeit mächtigsten kreativen wie auch destruktiven Kraft auf dem Planeten (siehe drittes Kapitel). Tatsächlich hat alles, was die Menschheit jemals erschaffen oder zerstört hat, zuerst diesen Bildermacher passiert und wäre ohne ihn gar nicht möglich gewesen.

Wie das Herzschirm-Tool funktioniert

Wie ich im dritten Kapitel erklärt habe, ist Ihr Herzschirm der Schirm für Ihre Vorstellungskraft. Er gibt den Blick frei in Ihr spirituelles Herz oder auf Ihre Festplatte, die Unbewusstes, Unterbewusstsein und Bewusstsein umfasst. Dennoch bevorzuge ich den Begriff «Bildermacher», denn «Vorstellungskraft» lässt eher an Tagträumerei oder Phantasie denken, was ganz und gar nicht das trifft, worüber wir hier sprechen. Denn wir sprechen darüber, mit Hilfe des wirksamsten Instruments, das man sich nur vorstellen kann, vollkommenen Erfolg für Sie herbeizuführen.

Was auch immer auf Ihrem Herzschirm erscheint, bestimmt, was Sie erleben. Es können mehrere oder sogar sehr viele Dinge gleichzeitig auf Ihrem Herzschirm auftauchen – einige können Sie sehen, andere nicht. Sie sehen, was in Ihrem Bewusstsein ist, ganz so, als würde es Ihr Handydisplay anzeigen, auf dem Sie das, was Sie sehen, verändern oder löschen können, indem Sie bestimmte Symbole antippen oder Einstellungen ändern. Ihr Unterbewusstsein und Ihr Unbewusstes lassen sich mit der unsichtbaren Werksprogrammierung oder Hardware Ihres Mobiltelefons vergleichen: Sie können nur bis zu einem gewissen Grad etwas daran verändern, weil Sie nie genau wissen, was darin vor sich geht. Die unsichtbare Werksprogrammierung oder Hardware Ihres Handys reagiert vielleicht nicht auf Ihre Eingabe oder überschreibt sie sogar, wenn sie dazu in der Lage oder nicht mit den Veränderungen «einverstanden» ist, die Sie herbeiführen wollen. Sie können nichts einrichten, wozu das Handy nicht programmiert ist.

Lassen Sie uns annehmen, Ihr Herzschirm sei geteilt: der obere Teil ist ein Drittel der gesamten Fläche und der untere Teil dann zwei Drittel. Das stellt dar, dass der unbewusste Teil viel größer ist als der bewusste. Auf den unteren Teil bzw. die unbewusste Seite Ihres Herzschirms haben Sie keinerlei Zugriff, um etwas zu sehen oder zu ändern, was er zeigt. Sie können ihn nur über den Ausschnitt, den Sie sehen können (den oberen, bewussten Teil),

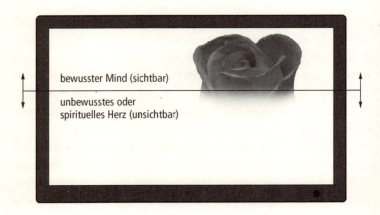

und über eine Bereinigung und Umprogrammierung beeinflussen – ganz so, als würden Sie die hintere Abdeckung des Geräts entfernen, wozu Sie wiederum die richtigen Werkzeuge und das entsprechende Knowhow brauchen. Dennoch nimmt das, was auf dem unteren Teil ist und was Sie nicht sehen können (das Unbewusste), Einfluss auf alles, was oben ist und was Sie sehen können (das Bewusstsein), und auf alles andere in Ihrem Leben, auch auf Ihre äußere Situation.

Wann immer Sie also wütend sind, haben Sie eine Erinnerung auf Ihrem Herzschirm, ob bewusst oder nicht, in der Wut abgespeichert ist. Es muss so sein, denn sonst könnten Sie gar nicht wütend sein. Wenn die Wut-Erinnerung nur auf dem unbewussten Teil Ihres Herzschirms auftaucht, können Sie sich nicht daran erinnern und sie auch nicht sehen. Wenn sie sowohl auf dem bewussten als auch auf dem unbewussten Teil auftaucht, können Sie sich daran erinnern und sie auf dem Herzschirm sehen. Das gilt für alle anderen Themen ebenso: geringes Selbstwertgefühl, Traurigkeit oder jede andere innere Erfahrung.

Je mehr die beiden Teile des Herzschirms in Bezug auf angstbesetzte oder liebevolle Bilder in Disharmonie sind, desto mehr wird der unsichtbare Teil die Führung übernehmen, bestimmen, was auf dem sichtbaren Teil zu sehen ist, oder ihn sogar umgehen, um Gefühle, Gedanken und Taten zu triggern, sobald er die aktuelle Situation als (realen, eingebildeten oder «ererbten») Notfall einstuft.

Eines der drastischsten Beispiele hierfür, an die ich mich erinnere, ist der Fall eines meiner Klienten. Es verging kein einziger Tag, an dem ihn nicht eine so extreme Angst packte, dass er quasi handlungsunfähig wurde. Er begann jeden Tag mit einem guten Gefühl, aber dann begegnete ihm irgendein Trigger, der die Angst und die Handlungsunfähigkeit auslöste und der ihm einfach nicht bewusst war. Um ehrlich zu sein: Ich tappte lange im Dunkeln. Aber eines Tages, als ich mit ihm sprach und einige Tests durchführte, fanden wir es endlich heraus – sein Trigger war die Farbe Gelb. Immer wenn die Farbe Gelb in einem Zusammenhang dominant wurde, war er sofort auf Kampf oder Flucht gepolt. Wir entdeckten, dass das auf die Erinnerung an einen traumatischen Vorfall zurückging, bei dem jemand Gelb getragen hatte. Diese Reaktion auf die Farbe Gelb war natürlich nicht bewusster Natur, aber sie war da – und sie war viel mächtiger als alles bewusste Denken, Überlegen oder Abwehren, das er hätte ins Feld führen können, um dieses Problem zu entschärfen. Nachdem wir die erwähnte Erinnerung mit Hilfe des Herzschirm-Tools (und der Healing Codes) bereinigt und umprogrammiert hatten, triggerte die Farbe Gelb Liebe, nicht Angst – und er litt nicht länger unter jener lähmenden Panik. Als wir an dem Problem zu arbeiten begonnen hatten, war er sich der Erinnerung gar nicht bewusst gewesen, sodass er sie auf dem Herzschirm (also in seiner Vorstellung) nicht hatte sehen können. Sobald wir sie aufgestöbert hatten, erinnerte er sich daran und konnte sie sehen.

Das Herzschirm-Tool ist ein sehr wirksames Instrument, mit dem wir uns unser Unterbewusstsein und Unbewusstes nutzbar machen können, die beide nicht nur um ein Vielfaches mächtiger als unser Bewusstsein sind, sondern auch unser Bewusstsein und unseren Körper kontrollieren. Aber das Großartigste am Herzschirm ist die Tatsache, dass wir auf ihn über das Bewusstsein, nicht nur über das Unterbewusstsein oder das Unbewusste zugreifen können. Denken Sie daran: Das obere Drittel Ihres Herzschirms ist bewusst; Sie können es sehen. Und was sich auf dem bewussten Drittel abspielt, beeinflusst das, was auf der unbewussten Seite ist, die Sie nicht sehen können (den unbewussten Teil) – es kann einen heilenden Effekt auf den unbewussten Teil des Schirms haben. Mit der Zeit, wenn Sie Ihren Herzschirm immer wieder bereinigen und umprogrammieren, werden Sie in der Lage sein, selbst zu entscheiden, was Sie auf Ihrem Herzschirm sehen wollen und was Sie nicht sehen wollen. Mit anderen Worten: Sie werden in der Lage sein, selbst zu entscheiden, was Sie erleben und was Sie nicht erleben wollen. Und das wiederum kann über Gesundheit, Wohlstand, Beziehungen, Glück und Erfolg in jedem Bereich Ihres Lebens entscheiden.

Die Anwendung des Herzschirm-Tools
Sprechen wir nun über den Herzschirm und darüber, wie Sie ihn für sich nutzen können.

1. Stellen Sie sich einen leeren Monitor vor, zum Beispiel den eines Smartphones, Tablets, Computers oder Fernsehers – was auch immer anschaulich und aussagekräftig für Sie ist. Meiner Erfahrung nach gilt: Je größer, desto besser. Stellen Sie sich den Monitor horizontal in ein oberes Drittel (den bewussten Teil) und in zwei untere Drittel (den unbewussten Teil) geteilt vor. Sie sehen, was auf dem oberen Drittel des Schirms (dem bewussten Teil) erscheint, aber nicht, was sich auf dem unteren, dem unbewussten Teil befindet.
2. Messen Sie nun Ihre spirituelle Temperatur: Was erleben Sie in diesem Augenblick, das anders ist als das, was Sie erleben wollen? Sagen wir zum Beispiel, dass Sie wütend sind, es aber nicht sein wollen.
3. Sprechen Sie aus tiefstem Herzen ein einfaches, aufrichtiges Gebet, mit dem Sie darum bitten, die Wut auf Ihrem Herzschirm sehen zu dürfen. Führen Sie es nicht selbst herbei; lassen Sie es geschehen. Lassen Sie zu, dass sich die Wut-Bilder auf Ihrem Herzschirm manifestieren, in Worten, Bildern, Erinnerungen an frühere Erlebnisse oder wie auch immer. Wenn sich nichts tut, versuchen Sie, sich das Wort

«Wut» auf dem Monitor vorzustellen; dann entspannen Sie sich einfach, lassen es da sein und sehen, was passiert. Vielleicht erleben Sie ganz heftig die Wut als das Gefühl zu explodieren oder als Schrei, als rotes Gesicht oder als Ihren Vater, der Sie anbrüllte, als Sie klein waren. Da Ihnen Ihre Wut bewusst ist – denn Sie merken ja, dass Sie sie erleben –, stellen Sie sich dieses Wut-Bild auf der bewussten Hälfte vor. Aber beachten Sie: Obwohl Ihnen diese Erfahrung bewusst ist, gehört sie auch auf den unbewussten Teil (selbst wenn Sie nicht wissen, welche Erinnerung dort zu sehen ist), denn sonst wäre sie nicht so lange ein bewusstes Problem gewesen. Das Unbewusste ist so viel stärker als das Bewusstsein, sodass es bei gegensätzlichen Bildern das bewusste Bild und das damit verbundene Erleben (Ihre Gefühle, Ihr Handeln und Ihre Physiologie) rasch «in seinem Sinn» verändern würde.

4. Wenn Sie nun Ihre Wut – oder eine andere negative Emotion, Erinnerung, Überzeugung, Person, Lokalität, Sache – auf Ihrem Herzschirm betrachten, bitten und beten Sie, dass diese Wut nicht länger auf Ihrem Herzschirm zu sehen ist und so weit geheilt wird, dass sie nirgendwo mehr in Ihnen auftaucht – nicht auf dem Schirm und nicht in Ihren Erinnerungen. Sie könnten zum Beispiel sagen: «Lass das Licht und die Liebe Gottes auf meinem Schirm sein und nichts anderes.» Oder wenn Sie nicht an Gott glauben, sagen Sie einfach: «Lass Licht und Liebe auf meinem Schirm sein und nichts anderes.»

5. Dann stellen Sie sich dieses Licht und diese Liebe bildlich auf Ihrem Herzschirm vor, entweder als blauen Himmel, Kinder, einen Sonnenuntergang, wahre Liebe, Blumen, das heilige Licht der Liebe/Quelle/Gottes oder als schönen Strand- oder Bergblick. Wie beim Energiemedizinischen

Tool lassen Sie einfach diese Bilder des Lichts und der Liebe auf Ihrem Herzschirm erscheinen, anstatt sie herbeizuzwingen. Sie werden sehen, dass sich am Ende das Licht und die Liebe auch über die unbewusste Hälfte ausbreiten und die Erinnerungen heilen werden, die sich dort befinden, indem sie die Lüge, Angst und Dunkelheit entfernen und sie in Wahrheit, Liebe und Licht verwandeln. Vielleicht sehen Sie das Wort «Wut» und dann, wie Licht und Liebe es auflösen und wie Licht und Liebe sich anschließend auf die Seite des Schirms ausdehnen, die für Sie nicht sichtbar ist, und von dort aus zu allen verwandten (bewussten und unbewussten) Erinnerungen. Diese Veränderung geht häufig innerhalb weniger Minuten vor sich, kann aber in extremen Fällen auch Tage, Wochen oder sogar Monate dauern – etwa wenn eine langfristige Angstprogrammierung sich in wirkmächtigen, häufig wiederkehrenden Teufelskreisen niedergeschlagen hat (und natürlich abhängig davon, wie geübt Sie mit dem Verfahren sind). Sie wissen, dass die Erinnerung bereinigt und umprogrammiert ist, wenn Sie kein negatives Gefühl mehr bei der Visualisierung dieses Wut-Bildes spüren oder wenn die Umstände, die üblicherweise die Wut auslösen, wieder in Ihrem Leben auftreten.

6. Bis Sie Ihr Problem wie beschrieben vollständig bereinigt und umprogrammiert haben, wenden Sie dieses Instrument als Gebet/Meditation ein- oder zweimal täglich an. Wie lange Sie das Instrument während einer Sitzung anwenden, liegt ganz bei Ihnen. Lassen Sie zu, dass Sie wirklich in Ihre innere Welt eintauchen, und zwar so, als wären Sie in Ihrem eigenen inneren Kino. Wenn das, was auf dem Schirm passiert, Ihnen Angst macht, nehmen Sie in Ihrer Vorstellung ruhig jemanden, den Sie lieben und der Sie

liebt, mit in Ihr Kino. Wenn Ihnen niemand einfällt, wäre es mir eine Ehre, Sie dorthin zu begleiten. Ich versichere Ihnen, dass ich große Zuneigung zu Ihnen hege. Vielleicht begegnen wir uns ja eines Tages sogar im «richtigen» Leben, sodass ich es Ihnen beweisen kann.

Einer meiner Klienten war das, was man als «echten Kerl» bezeichnen würde, bärbeißiges Auftreten inklusive. Als wir uns zum ersten Mal trafen, wollte er «das reparieren». Für ihn war «das» seine Arthritis: Sie schränkte seine Arbeitsfähigkeit ein, was ihn unter Stress setzte; dieser wiederum entfremdete ihn seiner Familie, was familiäre Probleme verursachte usw. Interessanterweise hatte er etwas für Meditation übrig – vor allem für fernöstliche Meditation, die sich darauf konzentriert, den Geist «leer zu machen». Ein leerer Geist hat einen offenkundigen Vorteil: Er verlagert den Fokus weg von Ihren Problemen und Ihrem Stress, indem er gewissermaßen den Kanal wechselt. Er mag an und für sich Erleichterung verschaffen, aber er heilt meiner Erfahrung nach nicht die Wurzelprobleme. Man müsste jeden Tag stundenlang meditieren, um diese Erleichterung aufrechtzuerhalten. Tatsächlich haben viele Menschen, die ich beriet, es mit Meditation versucht und am Ende beschlossen, wieder damit aufzuhören, denn auch wenn sie eine kurze Zeit lang half, hatten sie nicht das Gefühl, dass sie dauerhafte Heilung bewirkte, und sie hatten nicht täglich stundenlang Zeit dafür übrig.

Um es gleich klarzustellen, ich glaube, dass die traditionelle Meditation phantastisch ist. Sie ist eine großartige Entdeckung, die Millionen von Menschen geholfen hat. Für die Physiologie des Körpers haben eine bis drei Stunden Meditation täglich einen ähnlichen Nutzen wie ein kurzer Schlaf, und jeden Forschungsbericht, den ich je gesehen habe, betont die positiven Wirkungen eines kurzen Schlafs. Es ist auch von großem Vorteil, den Mind zu beruhigen oder leer zu machen, wenn er mit Angst, Unwahrheiten und Dunkelheit (d. h. Stress) angefüllt ist.

Aber hier ist der springende Punkt: Wenn Ihr Mind mit Licht, Liebe und Wahrheit angefüllt ist und deshalb frei von Angst, Unwahrheit und Dunkelheit, dann braucht er nicht beruhigt zu werden! Er ist dafür gebaut, täglich 24 Stunden zu arbeiten, und wird es in jedem Fall tun – Sie könnten ihn nicht stoppen, selbst wenn Sie es versuchten. Den Mind einfach zu beruhigen, wenn er sich in einem Stresszustand befindet, ist ein Bewältigungsmechanismus, aber nicht ein Heilungsprozess. Ja, Sie werden sich entspannter fühlen. Ja, Ihr Blutdruck wird sich verbessern. Ja, Ihre Emotionen werden sich ausgleichen. Wahrscheinlich werden Sie viele andere positiven Symptome erleben. Aber wenn Sie aufhören, jeden Tag stundenlang zu meditieren, werden alle Ihre Symptome wiederauftauchen, denn Sie haben sie nie geheilt, Sie sind nur mit ihnen zurechtgekommen.

Die Herzschirm-Meditation ist das genaue Gegenteil. Es geht hierbei nicht um das Leeren des Geistes; es geht um Hyperfokussierung (in entspanntem Frieden) auf den Mechanismus, der das Problem kontrolliert – und dieser Mechanismus wird durch den Mind aktiviert. Der Herzschirm und der Bildermacher formen das Programm und den Mechanismus der Selbstheilungskräfte des Körpers und des Mind.

Ich erklärte meinem Klienten dieses Konzept, und er war ehrlich fasziniert – blieb aber skeptisch. Sein Tonfall war nie warmherzig, sondern eher sachlich. Er fragte: «Wenn ich die Herzschirm-Meditation mache, muss ich sie also nicht immer und immer wiederholen?» Das war das entscheidende Argument. Wenn es eine Lösung gab, bei der er nicht die ganze Zeit reden (oder eine Stange Geld bezahlen) musste, es aber allein zu Hause praktizieren konnte, wollte er es damit versuchen.

Ungefähr einen Monat später rief er wieder an. Ich erkannte

seine Stimme kaum. Er sprach mit mir, als wäre ich sein bester Freund; er schwärmte in einem fort: «Danach habe ich mein ganzes Leben gesucht.» Die Arthritis bereitete ihm keine Schmerzen mehr, er arbeitete wieder voll, und er hatte Zeit für seine Familie. Das Herzschirm-Tool hatte seinen Teufelskreis in einen Engelskreis verwandelt. Er hatte einen Bombenerfolg für sich erreicht.

Aus meiner Zeit als Doktorand erinnere ich mich an eine Meditationstechnik gegen Prüfungsangst, die wir von einem unserer Professoren lernten. Er sagte, wir sollten uns vorstellen – so, als wäre es tatsächlich jetzt, in diesem Moment so –, wir befänden uns an unserem Lieblingsort, und alles sei in bester Ordnung. Vielleicht wünschten wir uns an einen tropischen Strand, wo wir uns in einem Liegestuhl auf dem weißen Sand rekelten, einen Cocktail schlürften, Sonne tankten und die rhythmisch heranbrandenden, blaugrünen Wellen beobachteten. Vielleicht wären wir allein, oder der Mensch, den wir am meisten liebten, wäre bei uns. Wir sollten uns ein präzises Bild von uns selbst an diesem Ort ausmalen, in diesem Moment, wenn alles in bester Ordnung sei, so lebendig, wie wir könnten. Diese Technik hilft tatsächlich, die Angst zu reduzieren, wenn die äußeren Umstände uns stressen, etwa in einer Prüfungssituation.

Wie alles andere muss man auch sie natürlich erst einmal üben, wenn man maximalen Nutzen daraus ziehen will. Je länger wir diese Technik üben, desto rascher sind wir in der Lage, uns an diesem perfekten Ort vorzustellen, und desto rascher können wir den Stress neutralisieren, den wir in Situationen spüren, welche eine Stressreaktion triggern. Am Ende, mit entsprechender Übung, konnte ich mich innerhalb von etwa zehn Sekunden an besagten paradiesischen Ort begeben und vor einer Prüfung «entstressen», selbst wenn Menschen um mich herum waren. Aber natürlich hatte diese Visualisierung nichts mit der Realität zu tun. Entsprechende Situationen triggerten jedes Mal wieder die Stressreaktion und bewiesen, dass diese Meditationstechnik nur wieder nicht viel mehr als eine Bewältigungsstrategie war – wenn auch eine effektive.

Das Herzschirm-Tool verhundertfacht die Wirksamkeit dieser Visualisierung. Sie verankert das liebevolle, perfekte Bild in Ihrem spirituellen Herzen, sodass äußere Umstände erst gar nicht die Stressreaktion triggern können. Es ist weder eine «normale» Meditation noch eine Bewältigungsstrategie. Es ist real. Was Sie auf Ihrem Herzschirm sehen, bestimmt, was in Ihrem Herzen passiert – was wiederum bestimmt, was in Ihrem äußeren Leben passiert. So war es schon Ihr ganzes Leben lang; Sie wussten es nur nicht oder ahnten nicht, wie Sie sich damit selbst heilen können.

Das Herzschirm-Tool ist der Schlüssel zu wirklich wunderbaren Ergebnissen; und wie viel Zeit Sie auch brauchen, um es beherrschen zu lernen – es ist die Mühe wert. Ich habe entdeckt, dass es einen Zusammenhang zwischen den Drei Tools und unserem natürlichen Lernstil gibt: Wenn wir eher haptisch, empirisch lernen, wird uns die Anwendung des Energiemedizinischen Tools leichter fallen. Wenn wir eher analytisch/verbal lernen, wird uns die Anwendung der Umprogrammierungsaussagen leichter fallen. Und wenn wir eher visuell lernen, wird uns die Anwendung des Herzschirms leichter fallen. Obwohl das Herzschirm-Tool nicht so unmittelbare, dramatische Ergebnisse wie das Energiemedizinische Tool hervorzubringen vermag, können seine Ergebnisse mit der Zeit doch sogar noch tiefer gehen. Der visuelle Lerntyp braucht vielleicht eine Woche und der nichtvisuelle vier Monate – aber ich würde jedem raten, auch das Herzschirm-Tool anzuwenden, bis sich Ergebnisse einstellen. Manche Leute werden sich damit erst anfreunden müssen; aber Sie können *bewusst* Einfluss nehmen auf das, was Ihr Herzschirm zeigt, wenn Sie diesen Schalter umlegen.

Die Technologie des spirituellen Herzens

Nicht nur, dass wir uns Zugang zu unserem eigenen inneren Herzschirm verschaffen können, unser Herzschirm kommuniziert auch mit anderen Herzschirmen, und zwar ununterbrochen. Wir funktionieren ganz wie ein Smartphone oder ein Computer (um genau zu sein, wurden diese beiden, wie ich schon erwähnt habe, nach unserem Vorbild gestaltet). Wir wissen, dass auch das Internet respektive das World Wide Web (absichtlich oder nicht) nach dem Vorbild menschlicher Funktionsmechanismen geschaffen wurde. Das Pendant im wahren Leben für den menschlichen Herzschirm zur Internetverbindung zwischen verschiedenen Computern nenne ich unsere Technologie des spirituellen Herzens.

Genau wie unsere Computer kabellos, unsichtbar und unaufhörlich mit jedem Computer, der ins Web eingeloggt ist, Daten austauschen, tauschen unsere persönlichen Herzschirme ebenfalls unaufhörlich Energiedaten mit jedem anderen Herzschirm auf dem Planeten aus; diese Daten nehmen daher unaufhörlich Einfluss auf unser momentanes Erleben und unseren momentanen Gesundheitszustand wie auch auf Erleben und Gesundheit der anderen, mit denen wir verbunden sind. Die Technologie des spirituellen Herzens umfasst unseren Herzschirm ebenso wie Leitbahnen und Verknüpfungen, die Liebe und Angst übertragen und empfangen und von den Herzschirmen anderer Menschen auf unserem Herzschirm landen.

Es ist, als wären unsere Herzschirme mit jedem anderen durch ein «organisches WLAN» verbunden, das unsere Gedanken, Gefühle, Handlungen und unsere Physiologie unmittelbar und unaufhörlich beeinflusst. Unsere Technologie des spirituellen Herzens ist nach innen mit unseren generationsübergreifenden und persönlichen Erinnerungen verknüpft und nach außen mit jedem, der mit uns verwandt ist und uns nahesteht, mit Menschen, mit denen wir jüngst Kontakt hatten, und allen Menschen um uns her. All die Daten, die wir von anderen Herzschirmen empfangen, werden von unserer Programmierung geprüft, die sie fortwährend überschreibt und anpasst – und so spielen diese Daten von anderen Herzschirmen eine große Rolle bei der ursprünglichen Erstellung unserer Programmierung, ob wir es nun bemerken oder nicht.

Die Physik konnte die Existenz des Herzschirms und der Technologie des spirituellen Herzens mit Experimenten belegen, die schon vor acht Jahrzehnten mit Albert Einstein begannen. Das Experiment von Einstein, Podolsky und Rosen, das 1935 den Effekt der sogenannten «Fernwirkung» zeigte, ist eines der berühmtesten Experimente der Wissenschaftsgeschichte. Die Ergebnisse des Experiments untermauerten nur, was Einstein bereits als Realität annahm und was seinen Erwartungen entsprach. Seit Jahren wird das Phänomen dennoch als «spukhafte» Fernwirkung bezeichnet, denn obwohl die Physiker nun wissen, dass sie existiert, können sie noch immer nicht erklären, wie sie vor sich geht.

Zu Beginn des Experiments stellten sich zwei Probanden, die sich noch nie begegnet waren, einander vor und tauschten einige oberflächliche Informationen aus, etwa Namen, Heimatstadt, wie viele Kinder sie hatten etc. – gerade so viel, um eine flüchtige Bekanntschaft herzustellen. Dann wurden sie wieder getrennt und in Faraday-Käfige gesteckt, die so standen, dass die Probanden den jeweils anderen nicht sehen konnten. Faraday-Käfige sind so konstruiert, dass sie Elektrizität und Energie nicht leiten. Wenn Ihr Handy maximalen Empfang hätte und Sie beträten einen Faraday-Käfig, würden die Netzstriche sofort auf null zurückgehen. Aber Quantenenergie kann einen Faraday-Käfig sehr wohl durchdringen. In den getrennten Faraday-Käfigen verkabelten die Wissenschaftler die Probanden mit diagnostischen Apparaten, die physiologische und neurologische Reaktionen maßen. Ein Wissenschaftler leuchtete einem Probanden in seinem Faraday-Käfig ins Auge, während der andere – der sich außer Sichtweite befand – nicht behelligt wurde. Als die Stiftlampe in die Augen des einen leuchtete, spielten die Nadeln auf den Apparaten verrückt. Und jetzt kommt das «Spukhafte» daran: Die Nadeln schlugen auch auf den Geräten aus, an die der zweite Proband angeschlossen war, und zeichneten exakt die gleiche physiologische Reaktion auf, obwohl er sie nicht nur nicht erlebte, sondern ebenso wenig vom momentanen Erleben seines Kollegen wusste.

Dieses Experiment wurde seit 1935 Tausende Male mit demselben Ergebnis reproduziert. Wenn Sie heute einem Physiker gegenüber dieses Experiment erwähnen (und dazu möchte ich Sie ausdrücklich ermuntern), wird er sich wahrscheinlich die Haare raufen und sagen: «O nein, nicht schon wieder die spukhafte Fernwirkung!» Denn auch wenn das Phänomen bekannt und bewiesen ist, ist es noch immer nicht erklärt.

Die spukhafte Fernwirkung aber zeigt, dass wir unausgesetzt mit den Menschen um uns her durch Quantenenergie verbunden sind, besonders mit jenen, denen wir am nächsten stehen oder mit denen wir kürzlich Kontakt hatten – so als wären wir kabellos ins Internet eingeloggt. Womöglich sind wir sogar zu einem gewissen Grad mit jedem Menschen auf dem Planeten verbunden. Tatsächlich senden wir unaufhörlich Daten, sowohl bewusst als auch unbewusst, an all jene, mit denen wir verbunden sind, und diese Daten beeinflussen umgehend die Physiologie aller Menschen, die daran beteiligt sind.

Eine Studie des US-Verteidigungsministeriums zeigt noch klarer, wie unmittelbar die Energie, die wir übertragen, individuelle Zellen beeinflusst, indem sie sie entweder unter Stress setzt (wenn wir Angst übertragen) oder ihnen den Stress entzieht (indem wir Liebe übertragen). In einem 1998 durchgeführten Experiment schabte man Zellen vom Gaumen eines Probanden ab und brachte sie an einen anderen Ort, der achtzig Kilometer entfernt war. Man zeigte dem Probanden anschließend Gewaltszenen im Fernsehen und zeichnete die erwartete Anhäufung physiologischer Stressreaktionen auf: die galvanische Hautreaktion, einen erhöhten Herzschlag, Veränderungen in der neurologischen Aktivität und ähnliche Phänomene. Achtzig Kilometer entfernt zeigten die abgeschabten Gaumenzellen des Probanden, der Symptome einer physiologischen Stressreaktion zeigte, im selben Augenblick ebenfalls Symptome einer physiologischen Stressreaktion.

Als Nächstes sah der Proband eine beruhigende Sendung im Fernsehen, und es war auch ein beruhigender Effekt in seinen physiologischen Reaktionen zu verzeichnen. Zur selben Zeit zeigten seine Gaumenzellen achtzig Kilometer entfernt die gleiche Reaktion. Selbst als die Experimente fortgesetzt wurden, zeigte sich stets dieselbe Reaktion wie bei dem Probanden selbst – bis zu fünf Tage, nachdem die Zellen dem Probanden entnommen wurden, und immer noch achtzig Kilometer entfernt!

Dr. Masaru Emotos Bestseller *Die Botschaft des Wassers* (deutsche Ausgabe 2010) und seine bahnbrechenden Forschungsergebnisse zeigen uns, dass selbst Worte – gedachte wie gesprochene – die molekulare Struktur von Wasser verändern können. Worte, die angstbesetzt sind, geben der Kristallstruktur – wenn das Wasser anschließend gefroren wird – eine groteske, dunkle, verzerrte Form und Farbe, während liebevolle Worte das gefrorene Wasser unter dem Mikroskop in eine atemberaubend schöne, kaleidoskopische Schneeflocke aus Licht verwandeln.

Eine Studie des Institute of HeartMath zeigt, dass liebevolle Gedanken oder gesprochene liebevolle Worte einen heilenden Effekt auf die DNA haben, während angstbesetzte Gedanken und Worte einen belastenden, schädigenden Effekt verursachen. In einer Studie nahmen die Probanden ein Reagenzglas mit menschlicher DNA in die Hand und dachten an etwas Positives, Heilendes; die DNA zeigte dieselben harmonischen Muster, die Dr. Emotos liebevolle Worte bei den Wassermolekülen hervorgerufen hatten.

Analog desorganisierte sich die DNA auf eine chaotische Weise, als die Probanden negative, destruktive Gedanken hegten.[8]

Noch einmal: Unser Herzschirm und die Technologie des spirituellen Herzens sind keine Metaphern. Sie sind real. Angstbesetzte und liebevolle Daten nehmen genau in diesem Augenblick unausgesetzt Einfluss auf Ihre eigenen Zellen (und damit auf Ihre Physiologie, Gedanken, Gefühle, Überzeugungen und äußere Situation). Diese angst- und liebevollen Daten können von Ihrer Programmierung stammen oder von Ihren generationsübergreifenden Erinnerungen, Ihren eigenen Entscheidungen und *von anderen Menschen, mit denen Sie verbunden sind, ohne es zu wissen.* Natürlich denken wir nicht automatisch jedes Mal, wenn wir niedergeschlagen sind: «Ach ja, vor drei Tagen habe ich mit meiner Freundin gesprochen, und sie war ganz schön down. Wahrscheinlich fühle ich mich deshalb jetzt so schlecht.» Nein! Unser Verstand versucht, einen Grund zu finden, warum wir uns niedergeschlagen fühlen, damit wir mit Hilfe unserer Willenskraft Schmerz vermeiden und Lust suchen; und wir schauen uns um und geben unserem Partner die Schuld, versetzen dem Hund einen Tritt oder hupen den Autofahrer vor uns an.

Wenn Sie im Einklang mit Liebe und Licht Ihre eigene Festplatte bereinigen und umprogrammieren und beschließen, im gegenwärtigen Moment zu leben, können Sie für jeden, dem Sie begegnen, eine kraftvolle, heilende Präsenz sein. Liebe und Licht sind immer stärker als Angst und Dunkelheit. Wenn Sie also fortwährend nichts anderes als Liebe senden und empfangen, wird Ihr Energiefeld alle Angst- und Stressfrequenzen neutralisieren, mit denen Sie in Berührung kommen. Und das kann extrem positive Auswirkungen auf Ihr Leben und das der anderen haben.

---

8 Institute of HeartMath, www.heartmath.org. Siehe auch Alex Loyd und Ben Johnson: *Der Healing Code*, Reinbek: Rowohlt 2012, S. 119.

Eine meiner Klientinnen hatte mit ihrer Tochter zehn Jahre lang nicht gesprochen. Als sie mich zum ersten Mal anrief, sagte sie: «Mein Problem ist meine Tochter.» Ich konnte sie davon überzeugen, dass sie sich keine Gedanken um ihre Tochter machen und sich einfach darauf konzentrieren solle, das Problem in sich zu heilen. Einige Monate später hatte sie das Gefühl, dass es ihr dank Bereinigung und Umprogrammierung besser- und besserging. Eines Tages rief sie mich weinend an. Sie sagte: «Ich habe heute Morgen an der Bereinigung und Umprogrammierung gearbeitet und gespürt, wie das letzte bisschen Unversöhnlichkeit und Wut wegging. Ich wusste, dass es endgültig war, vollständig geheilt. In diesem Augenblick klingelte es an der Tür; es war meine Tochter. Weinend und mit ausgebreiteten Armen stand sie da und sagte: ‹Mom, es tut mir so leid. Kannst du mir bitte verzeihen?›»

Unsere Coaches, die seit zwölf Jahren mit mir zusammenarbeiten, können ebenfalls viele Geschichten wie diese erzählen. Sie können auf jeden Menschen, den Sie treffen, heilenden Einfluss nehmen, einfach nur, indem Sie Ihre innere Festplatte bereinigen und umprogrammieren, um fortwährend Liebe auszusenden.

Hier nun meine Frage: Möchten Sie die Technologie des spirituellen Herzens aktiv anwenden und selbst darüber bestimmen, ob Sie Liebe oder Angst von den Herzschirmen der anderen empfangen, oder wäre es Ihnen lieber, sich selbst der Wut, der Angst und dem Stress auszuliefern, die Ihnen ständig von den Menschen um Sie herum gesendet werden? Genau wie Sie über die Computertastatur die Internetabeinstellungen verändern können, sodass Sie die Kontrolle darüber haben, welche Daten Ihr Computer erhält und überträgt, können Sie auch bestimmen, dass Sie nur noch auf liebevollen Frequenzen empfangen und senden.

Diese Bahnen und Verbindungen müssen nicht erst geschaffen werden; sie existieren, seit wir im Mutterleib heranwuchsen. Die Herzschirm-Technik erlaubt es uns, bewusst diese existierenden

Bahnen zu nutzen, um uns auf Liebe «zu polen» – Liebe in uns, um uns herum, in unseren Zellen und Erinnerungen und in den Zellen und Erinnerungen aller anderen, mit denen wir verbunden sind. Sie haben es in der Hand, auf welche Frequenz Sie Ihren Sender einstellen.

Ich höre gern den Internetradiosender Pandora. Ich suche mir meine Musikgruppe aus, und dann findet Pandora jeden Song, der ähnlich klingt, ohne dass ich mir manuell eine Playlist zusammenstellen oder immer wieder einen neuen Sender einstellen müsste. Ganz ähnlich können Sie bewusst und auf Dauer Ihre Liebesfrequenz einstellen, indem Sie Bahnen nutzen, die bereits vorhanden sind. Wenn Sie Ihre negativen Programmierungen noch nicht bereinigt und umprogrammiert haben, können Sie das vielleicht nicht in dem Ausmaß tun, wie Sie es gern hätten. Aber wenn Sie sich ganz bewusst auf Liebe einstellen, wird Ihnen das helfen, die Programmierung zu verändern; und es wird überraschend einfach und effektiv sein, nachdem Sie sich mit Hilfe der Techniken und Instrumente in diesem Buch umprogrammiert haben.

Nehmen wir uns einen Augenblick Zeit, um zu beleuchten, wie das «Einstimmen auf die Liebe» chemisch in uns abläuft. Oxytocin, auch «Kuschelhormon» genannt, wird nicht nur in unserem Gehirn ausgeschüttet, wenn wir verliebt sind, sondern auch beim Sex, beim Verzehr von Eiscreme oder bei jeder anderen Tätigkeit, die wir genießen. Es wirkt der Angst-Stress-Reaktion diametral entgegen, physisch wie auch nichtphysisch. Denken Sie daran: Wir sind geschaffen, um im Einklang mit der Liebe, nicht im Einklang mit der Angst zu leben – Letzteres ist eine Funktionsstörung. Dennoch werden Sie nicht ständig nur die angenehmen Aktivitäten ausüben – und das wäre auch gar nicht gut für Sie.

Dr. Margaret Altemus und Dr. Rebecca Turner haben in ihrer Oxytocin-Studie herausgefunden, dass schon die Erinnerung an eine Liebesbeziehung die Ausschüttung von Oxytocin im Gehirn bewirken kann.[9] Analog dazu entdeckte Dr. Daniel Amen, dass das Erinnern an angstbesetzte Ereignisse die Ausschüttung derselben Hormone und anderer Botenstoffe im Gehirn auslöst wie bei dem ursprünglichen Ereignis. Wie schon teilweise im ersten Kapitel beschrieben, können die klinischen Auswirkungen der Stress-Angst-Reaktion einerseits und der Oxytocin-Ausschüttung andererseits folgende Konsequenzen haben:[10]

KLINISCHER EFFEKT VON KORTISOL (Ausschüttung durch Angst/Stress bedingt)	KLINISCHER EFFEKT VON OXYTOCIN (Ausschüttung durch Liebe bedingt)
schränkt unsere geistigen Möglichkeiten ein	verbessert Beziehungen
macht krank	stärkt die Eltern-Kind-Bindung
raubt Energie	führt zu Liebe, Freude und Frieden
blockiert das Immunsystem	verbessert die Immunabwehr
verschlimmert Schmerzen	reduziert Stress
erhöht den Blutdruck	senkt den Blutdruck
macht Zellen undurchlässig	macht Zellen durchlässig
zerstört Beziehungen	lindert Sucht- und Entzugserscheinungen
führt zu Angst, Wut, Depression, Verwirrung, Scham, Minderwertigkeitskomplexen und Identitätsproblemen	stimuliert die Bildung des Wachstumshormons

9 Rebecca Turner und Margaret Altemus: «Hormone Involved in Reproduction May Have Role in the Maintenance of Relationships», in: *Psychiatry*, Juli 1999.

10 Cort A. Pedersen, University of North Carolina – Chapel Hill, und Kerstin Uvnas Moberg: *The Oxytocin Factor: Tapping the Hormone of Calm, Love, and Healing*, London: Pinter & Martin 2011.

KLINISCHER EFFEKT VON KORTISOL (Ausschüttung durch Angst/Stress bedingt)	KLINISCHER EFFEKT VON OXYTOCIN (Ausschüttung durch Liebe bedingt)
bringt uns dazu, alles von einer negativen Perspektive aus zu betrachten (auch wenn wir ein fröhliches Gesicht aufsetzen)	fördert Vertrauen und Urteilsfähigkeit reguliert Appetit, gesunde Verdauung und Stoffwechsel fördert die Heilung wirkt entspannend erhöht das Energieniveau regt die neurologische Aktivität an

Die beiden Seiten der Liste definieren kurz und bündig Misserfolg und Erfolg, an deren Wurzel wiederum Erinnerungen stehen, welche angstbesetzt oder liebevoll sind. Eine angstbesetzte Erinnerung löst die Stressreaktion und damit die Ausschüttung von Kortisol im Gehirn aus, was zu den Symptomen in der linken Spalte führen kann. Eine liebevolle Erinnerung löst die Ausschüttung von Oxytocin im Gehirn aus, was zu den Symptomen in der rechten Spalte führen kann. Und jetzt die frohe Botschaft: Sie bestimmen selbst, was von beidem Sie erleben! Sie können sich dafür entscheiden, Ihre angstbesetzte Programmierung zu behalten und fortwährend den Stress-, Kortisol- und Misserfolgsschalter zu betätigen, oder Sie können die Angst bereinigen, sich auf Liebe umprogrammieren, sich auf ein Leben im Einklang mit der Liebe im gegenwärtigen Augenblick konzentrieren und den Liebes-, Oxytocin- und Erfolgsschalter umlegen!

Nach meiner eigenen Erfahrung und dem, was mir meine Klienten erzählt haben, glaube ich, dass wir für eine konstante Ausschüttung von Oxytocin sorgen, wenn wir unsere Angstprogrammierung gelöscht und uns auf Liebe programmiert haben und uns dann entscheiden, im Einklang mit der Liebe zu leben und uns auf den gegenwärtigen Augenblick zu konzentrieren. Jedenfalls berichten meine Klienten von genau dieser Erfahrung, immer wenn sie die Löschung der alten negativen Programme und Umprogrammierung hinter sich haben und das Love Principle praktizieren: Sie fühlen sich, als wären sie wieder 20 und voller Energie, und denken klarer, gesünder und positiver.

Wissen Sie noch, wie es Ihnen ging, als Sie sich mal Hals über Kopf verliebten? Fühlten Sie sich nicht auch so: voller Tatendrang, weniger gestresst, lebendiger und gesünder denn je? Das passiert, wenn Oxytocin ausgeschüttet wird. Das Problem ist nur, dass man sich irgendwann auch wieder «entliebt». Wenn Sie Ihr spirituelles Herz, Ihren Mind und Körper von allen falschen Programmen befreien und umprogrammieren und sich dann auf den gegenwärtigen Augenblick konzentrieren können, ist es, als wären Sie verliebt und würden sich nie wieder entlieben. Es gibt vielleicht nichts anderes auf diesem Planeten, was uns dieses Gefühl gibt!

Nach der Bereinigung und Umprogrammierung können Sie die Technologie des spirituellen Herzens auf mindestens zwei Arten einsetzen. Erstens, Sie bemühen sich bewusst, sich auf Liebe zu polen, indem Sie beschließen, nur noch Licht und Liebe zu erleben, zu empfangen und zu senden. Stellen Sie sich nichts als Licht und Liebe auf Ihrem Herzschirm vor und visualisieren Sie, wie Sie nichts als Licht und Liebe empfangen und senden, zu jeder Stunde des Tages, wie Sie es beim Herzschirm-Tool gelernt haben. Licht/Liebe und Angst/Unwahrheit sind in Ihnen, um Sie herum und in besagten Energiebahnen – genau wie kabellose Datenströme zu und von Ihrem Computer, Tablet oder Smartphone fließen. Lassen Sie diese spirituelle Heilung, Hygiene und Pflege wie das Zähneputzen zur täglichen Gewohnheit werden. Denn wenn Sie auf dem Weg weitergehen, auf dem Sie unterwegs waren, werden Sie auch weiterhin genau dasselbe bekommen und senden und erleben wie bisher – nämlich Stress, Beklemmung, Wut und Traurigkeit.

Wenn Sie nicht genau wissen, wie Sie sich «auf Liebe polen» sollen, habe ich eine gute Nachricht für Sie: In Ihrem Herzen sitzt Ihr Gewissen oder das, was ich den «Liebeskompass» nenne – alte spirituelle Texte bezeichnen ihn als ein Gesetz, das in Ihr Herz eingeschrieben ist.

Schließen Sie die Augen und stellen Sie sich vor, Sie würden sich mit jeder liebevollen Erinnerung in Ihnen, auch den generationsübergreifenden, verbinden. Malen Sie sich aus, Sie wären mit allen Menschen verbunden, die Sie gernhaben, Freunden, ja sogar Menschen, die Sie nicht kennen, und würden ihnen ununterbrochen, 24 Stunden am Tag, sieben Tage die Woche, Liebe schicken und von ihnen empfangen. Sie müssen sich wegen angstbesetzter Erinnerungen entweder von innen oder durch andere von außen keine Sorgen machen; Licht verdrängt und besiegt stets die Dunkelheit, genau wie Liebe die Angst überwindet. Diese Übung können Sie zu jeder Stunde des Tages machen: Polen Sie sich darauf, immer liebevolle Energie zu senden und zu empfangen, innen wie außen – lassen Sie sie immer im Hintergrund laufen, wie eine Hintergrundmusik bei der Arbeit.

Wenn Ihnen das «zu weit hergeholt» ist, weil Sie es mit den Augen nicht sehen können, denken Sie daran, dass Sie wahrscheinlich niemals versucht wären, die Schwerkraft in Frage zu stellen, auch wenn Sie sie noch nie gesehen haben. Vermutlich werden Sie auch an die Existenz von Geräuschen glauben, auch wenn Sie noch nie eine Schallwelle gesehen haben. Wahrscheinlich besitzen Sie auch ein Handy oder Smartphone, obwohl Sie die eingehenden und abgehenden Energiesignale, die es am Laufen halten, nicht sehen können. All diese Dinge ahmen nach, wie wir Lebewesen funktionieren – wir senden und empfangen ununterbrochen Energie.

Erst seit kurzem sind wir in der Lage, vieles von dem zu beweisen, was unser «Liebeskraftwerk» funktionstüchtig macht.

Der Unterschied zwischen dieser Technik und anderen Meditationen und Visualisierungen besteht darin, dass Sie sich dabei etwas vorstellen, das absolut real ist und jetzt gerade passiert, Ihr ganzes Leben lang schon passiert ist und den Rest Ihres Lebens passieren wird. Es ist nicht erfunden. Erst heute sind wir dazu in der Lage, viele dieser Dinge zu beweisen und zu messen. All das, was Sie sich nach meinen Anweisungen in Ihrer Vorstellungskraft ausmalen, ist Ausdruck der einzig wahren kreativen Kraft im Universum. Alles existiert erst in der Vorstellung, bevor es eintreten kann. Sie verwenden gerade zum ersten Mal Ihren Bildermacher, um etwas mit Hilfe der Technologie des spirituellen Herzens in Ihrem Inneren zu erschaffen.

Abgesehen von der bewussten Polung auf Liebe besteht eine zweite hilfreiche Technik, die Sie zusammen mit der Technik des spirituellen Herzens anwenden können, darin, sich auf das zu konzentrieren, was ich ein «Liebesbild» oder eine «Liebeserinnerung» nennen möchte – also etwas, das den Erkenntnissen von Dr. Altemus und Dr. Turner zufolge die Ausschüttung von Oxytocin im Gehirn auslösen kann. Rufen Sie sich einen Moment in Erinnerung, in dem Sie sich ganz und vollkommen geliebt gefühlt haben, und stellen Sie sich dieses Liebesbild auf Ihrem Herzschirm vor. Wenn Sie keine Liebeserinnerungen haben, können Sie mit Hilfe Ihres Bildermachers welche schaffen. Solange dies im Einklang mit Wahrheit und Liebe geschieht, wird es normalerweise wunderbar funktionieren. Denn wir schaffen und verändern ohnehin fortwährend Erinnerungen. Dazu kommt, dass Ihre Erinnerung an das, was Ihrer Meinung nach passiert ist, und das, was wirklich passiert ist, zwei ganz verschiedene Paar Schuhe sein können.

In gewissem Sinne tut es nichts zur Sache, ob eine Erinnerung an der äußeren Situation gemessen wahr oder nicht wahr ist. Für das spirituelle Herz und das Unbewusste ist sie immer wahr (und spielt sich genau in diesem Augenblick ab). Man muss nicht notwendigerweise herausfinden, ob es sich um eine wahre oder gefälschte Erinnerung handelt – man muss sie einfach nur heilen. Denn in beiden Fällen kann sie Schaden an Ihren Zellen und Ihrer Programmierung anrichten.

Dennoch bereitet es vielen Menschen Schwierigkeiten, die beiden Methoden des spirituellen Herzens anzuwenden, weil sie – obwohl sie sich auf die Erinnerung an eine liebevolle Beziehung konzentrieren möchten – gestresst sind und Angst vor allem haben. Sie möchten von den Vorzügen einer Oxytocin-Ausschüttung im Gehirn profitieren, sind aber physisch und nichtphysisch überfordert durch die Auswirkungen von Kortisol und Stress – das ist auch der Grund, warum eine Bereinigung und Umprogrammierung stattfinden muss, wenn ein optimaler Effekt erzielt werden soll.

Die Kombinationstechnik aus allen Drei Tools

Obwohl ich empfehle, jedes Instrument separat auszuprobieren, um sich damit vertraut zu machen, glaube ich, dass die maximale Wirkung erreicht wird, wenn man sie alle zusammen anwendet. Mit etwas Übung können Sie mit Hilfe der folgenden Kombinationstechnik die Drei Tools parallel anwenden, besonders wenn Sie in einer bestimmten Situation auf einen negativen Glaubenssatz stoßen, der verhindert, dass Sie Erfolg haben.

1. Wenden Sie die Vollversion oder die verkürzte Fassung der Umprogrammierungsaussagen (oder beide) an. Fangen Sie mit der ersten Aussage an: «Ich wünsche mir, die ganze Wahrheit und nichts als die Wahrheit über mich zu glauben: wer und was ich bin und wer und was ich nicht bin.»

2. Wenn Sie diese Aussage glauben, machen Sie mit der nächsten weiter und arbeiten alle Umprogrammierungsaussagen durch, bis Sie zu einer Aussage kommen, die Sie nicht glauben (siehe S. 181).

3. Bei einer solchen Umprogrammierungsaussage empfiehlt es sich, das Herzschirm-Tool und das Energiemedizinische Tool kombiniert anzuwenden, um diesen Glaubenssatz zu heilen. Fangen Sie mit dem Herzschirm-Tool an. Stellen Sie sich Ihren Herzschirm als Bildschirm mit einer horizontalen Trennlinie in der Mitte vor: Die obere Hälfte steht für das Bewusstsein, die untere für das Unbewusste.

4. Visualisieren Sie die Aussage, die Sie nicht glauben, auf der bewussten Hälfte des Herzschirms. Das können Sie ganz unterschiedlich handhaben: Sie können sich einfach die einzelnen Wörter der Aussage auf dem Herzschirm vorstellen; noch wirksamer ist es allerdings, sich eine visuelle Metapher dafür auszudenken. Sie könnten sich zum Beispiel sich selbst traurig oder mit lauter blauen Flecken vorstellen oder aber auch ein Tier, das Schmerzen leidet, oder einen Baum, der gewässert werden muss oder vor sich hin kümmert. Schließen Sie die Augen und betrachten Sie Ihr Bild auf dem Herzschirm.

5. Das, worum Sie in Ihrem Gebet bitten, hängt mit dem zusammen, was Sie auf Ihrem Herzschirm sehen:

- Wenn Sie die einzelnen Wörter der Aussage auf dem Herzschirm sehen, bitten Sie: «Möge das Licht und die Liebe [Gottes] auf meinem Herzschirm erscheinen und nichts anderes, damit jedes Bild und Gefühl, jeder Gedanke und Glaubenssatz in meiner Programmierung geheilt wird und ich bereit bin, Angst und Unwahrheit in Bezug auf meine eigene Sicherheit und Akzeptanz loszulassen, um so Sicherheit und Akzeptanz zu erreichen

[oder das, womit Sie Probleme in der betreffenden Aussage haben].»
- Wenn Sie eine Metapher für die Aussage auf dem Herzschirm sehen, stellen Sie klar, dass es sich um eine Metapher handelt, und bitten Sie: «Möge das Licht und die Liebe [Gottes] in [mich, dieses Tier, diesen Baum, diesen Gegenstand etc.] hineinfließen, damit jedes Bild und Gefühl, jeder Gedanke und Glaubenssatz in meiner Programmierung geheilt wird und ich bereit bin, Angst und Unwahrheit in Bezug auf meine eigene Sicherheit und Akzeptanz loszulassen, um so Sicherheit und Akzeptanz zu erreichen [oder das, womit Sie Probleme in der betreffenden Aussage haben].»
- Wenn Sie Schwierigkeiten haben, überhaupt irgendetwas zu visualisieren, bitten Sie einfach: «Ich weiß nicht, warum ich diese Aussage nicht glauben kann, aber ich weiß, dass sich der Grund irgendwo auf meinem Herzschirm findet. Möge das Licht und die Liebe [Gottes] und nichts anderes auf meinem Herzschirm sein, damit jedes Bild und Gefühl, jeder Gedanke und Glaubenssatz in meiner Programmierung geheilt wird und ich bereit bin, Angst und Unwahrheit in Bezug auf meine eigene Sicherheit und Akzeptanz loszulassen, um so Sicherheit und Akzeptanz zu erreichen [oder das, womit Sie Probleme in der betreffenden Aussage haben].»

6. Entspannen Sie sich und beobachten Sie einfach, was Sie auf Ihrem Herzschirm sehen. Dann arbeiten Sie mit dem Energiemedizinischen Tool.

- Beginnen Sie mit der Herzposition. Legen Sie beide Handflächen übereinander auf die Stelle über Ihrem Herzen. Wenn es Ihnen möglich ist, lassen Sie die Hände sanft kreisen, indem Sie die Haut über dem Knochen langsam verschieben und alle 10 bis 15 Sekunden die Richtung ändern – so lange, wie es für Sie angenehm ist oder bis es Zeit wird, zur nächsten Position überzugehen. Achten Sie dabei darauf, ob es auf Ihrem Herzschirm in Bezug auf die aktuelle Aussage eine Veränderung gibt.

- Lassen Sie sich für diese Position eine bis drei Minuten Zeit (aber hören Sie auf oder wechseln Sie zu einer anderen Position, wenn Sie eine Heilreaktion bemerken).
- Wenn die Zeit um ist, machen Sie mit der Stirnposition weiter. Bleiben Sie die ganze Zeit entspannt und beobachten Sie, ob es Veränderungen auf Ihrem Herzschirm gibt.
- Wenn die Zeit um ist, machen Sie nach demselben Schema mit der Scheitelposition weiter.

7. Wiederholen Sie die drei Positionen des Energiemedizinischen Tools, während Sie entspannt bleiben und Ihren Herzschirm nicht aus den Augen lassen – bis Sie die Aussage wirklich glauben oder aber etwa zwei oder drei Durchgänge lang.

8. Wenn Sie die Aussage im Gegensatz zu vorher nun wirklich glauben können, fahren Sie mit der nächsten fort, bis Sie alle Umprogrammierungsaussagen durchgegangen sind. Wenn Sie wirklich alle Aussagen glauben, wissen Sie, dass die Wurzelursache vollständig gelöscht und Sie auf den Erfolg umprogrammiert wurden.

Unsere physische, emotionale und spirituelle Dimension sind miteinander verbunden

Die Drei Tools überschneiden und beeinflussen einander – auch wenn das Energiemedizinische Tool am stärksten Ihre Physiologie beeinflusst, das Tool der Umprogrammierungsaussagen am stärksten Ihr Bewusstsein (welches wiederum das Unbewusste beeinflusst) und der Herzschirm am stärksten Ihr spirituelles Herz (welches Ihr Unbewusstes und Ihr Unterbewusstsein einschließt). Ihr inneres Erleben mit Hilfe dieser Drei Tools umzuprogrammieren ist eine Fähigkeit, die Sie im Laufe der Zeit ausbauen werden, genau so, wie man mit Pfeil und Bogen schießen lernt. Ich kann heute ein Erlebnis innerhalb von sechzig Sekunden umprogrammieren, obwohl ich das am Anfang natürlich nicht konnte. Je mehr Sie üben, desto besser werden Sie. Und wie schon gesagt: Je nach individuellem Lernstil fällt dem einen das eine Tool leichter, dem anderen das andere. Lassen Sie sich nicht entmutigen und denken Sie nicht darüber nach, wie lange es dauern wird. Das Ergebnis ist die Mühe wert.

Nun, am Ende dieses Kapitels, lassen Sie mich eines in aller Deutlichkeit sagen. Ich bin der Meinung, dass es das Wichtigste ist, zu jeder Stunde des Tages mit der Liebe/Quelle/Gott verbunden zu sein. Wenn Sie das schaffen, kommt *alles* in Ordnung. Das Zweitwichtigste sind Theorie, Prinzipien und Verfahren des Love Principle. Sie sind der Weg zum Erfolg, doch 99 Prozent der Menschen sind meiner Erfahrung nach auf einem anderen Weg. Manchmal braucht man nur eine Karte, die einem zeigt, wie man wieder auf den richtigen Weg kommt. Was am wenigsten wichtig in diesem Buch ist, sind die Drei Tools. Vergessen Sie nicht: Sie können die innere Bereinigung und Umprogrammierung, die zur Verwandlung führt, auf verschiedenen Wegen erreichen – durch ein transformatorisches Aha-Erlebnis infolge von Meditation und Gebet über das Gesetz der Liebe und der Wahrheit, durch ein transformatorisches Aha-Erlebnis infolge einer (physischen oder nichtphysischen) Nahtoderfahrung, durch das Herstellen einer Verbindung mit der Liebe/Quelle/Gott (die sich durch Gebete einstellen kann) oder durch die Anwendung von Instrumenten, die problemrelevant sind, etwa der Drei Tools.

Die Drei Tools sind unverzichtbar, wenn Sie Ihr Unbewusstes und Ihr Unterbewusstsein nicht auf anderem Wege bereinigen und umprogrammieren können. Aber ich weiß auch von diversen anderen energiemedizinischen Techniken, die ähnliche Ergebnisse erzielen wie das Energiemedizinische Tool, von dem ich hier spreche – zögern Sie also nicht, sie anzuwenden, wenn Sie sich damit wohler fühlen.

Da Sie nun wissen, wie die Drei Tools eingesetzt werden, werde ich Ihnen in Teil III die Befunderhebung zeigen, mit deren Hilfe Sie leichter die Wurzel Ihrer Erfolgsprobleme erkennen und diese Instrumente selbst anwenden können, um Ihr spirituelles Herz zu bereinigen und umzuprogrammieren und den Erfolg zu erzielen, den Sie sich wünschen. Aber bevor wir diese Instrumente in der Praxis anwenden, müssen wir uns noch mit einer weiteren pragmatischen Frage beschäftigen: Wie setzen wir uns Erfolgsziele und keine Stressziele?

KAPITEL 5:

Setzen Sie sich Erfolgsziele, keine Stressziele

Dem Love Principle zufolge sollen wir alles, was wir tun, im Einklang mit der Liebe tun, und zwar aus einem inneren Zustand heraus, der auf Liebe, Freude und Frieden umprogrammiert wurde und sich auf den gegenwärtigen Moment konzentriert. Wie schon in der Einführung erläutert, wird alles, was wir tun, von einem Ziel bestimmt – immer. Das Problem ist, dass sich die meisten Menschen nicht darüber im Klaren sind, welches ihre Ziele sind, woher sie kommen, ob es richtige oder falsche Ziele sind, wohin sie sie führen und natürlich wie sie sie verändern sollen. Ironischerweise haben viele von uns sehr klare Vorstellungen von den unwichtigeren Dingen im Leben, etwa was persönliche Hygiene betrifft oder Kleidung oder eine saubere Wohnung. Ich will all das nicht kleinreden, aber die meisten von uns würden es wahrscheinlich als zweitrangig in unserem Leben einstufen.

Ich habe mit vielen Armeeangehörigen gearbeitet (vor allem Männern, aber auch einigen Frauen) und mit einer Menge Frauen, die zum Perfektionismus neigen. Sie alle sind extrem diszipliniert, was äußerliche Belange des Lebens betrifft: Haus, Auto, Kleidung, Rasen, das Benehmen ihrer Kinder und auch ihre Karriere. Und doch haben sie häufig mit inneren Problemen zu kämpfen, die nicht so konkret zu fassen sind, etwa mit Beziehungen und Problemen aus ihrer Vergangenheit.

Was die Dinge, die wir uns mehr als alles andere wünschen, angeht, so neigen viele von uns dazu, sich unbewusst Ziele zu stecken und zu verfolgen, die sie in einen Teufelskreis aus gesundheitlichen

Störungen, Geldproblemen, geistiger Verarmung und Beziehungsstreitigkeiten führen. Derlei Teufelskreise wiederum versetzen uns innerlich in Trauer, Frustration, Beklemmung, Verzweiflung, Einsamkeit und Ablehnung – und lassen uns am Ende bei allem scheitern, was uns wichtig ist.

An dieser Stelle möchte ich Sie bitten, innezuhalten und zehn Minuten lang zu beten oder zu meditieren und sich selbst zu fragen: Setze ich mir echte, gesunde und richtige Ziele (im Einklang mit der Wahrheit und der Liebe) in den Bereichen, die mir am wichtigsten sind? Das Auto mag blitzen, aber wie steht es mit meiner Wut? Die Wäsche mag gemacht sein, aber was ist mit meiner Aufgabe als Mutter oder Vater? Nun, da Sie wissen, dass unser innerer Zustand unsere äußere Situation bestimmt, können Sie auch verstehen, wie entscheidend es ist, uns bewusst Ziele für unseren inneren Zustand zu stecken, anstatt uns von unbewussten, oft wenig hilfreichen Programmierungen bestimmen zu lassen. (Sie werden erfahren, wie Sie Ihre eigene innere Programmierung ermitteln und heilen, wenn wir in Teil III das Love Principle in die Praxis umsetzen.)

Sei es in Ihrer Rolle als Mutter oder Vater oder bei Ihrem Umgang mit Wut oder was auch immer: Wenn Sie feststellen, dass Ihre Ziele nicht widerspiegeln, was Ihnen wirklich am wichtigsten ist, wird Ihnen dieses Kapitel helfen, sich Ziele zu setzen, die Ihnen den Erfolg ermöglichen, der für Sie am besten ist, sowohl innerlich als auch äußerlich.

Aber selbst wenn wir in den wichtigsten Bereichen unseres Lebens sehr wohl sehr klare und überlegte Ziele haben, neigen viele von uns doch dazu, sich auf eine äußere Situation zu konzentrieren, die durch Willensanstrengung zu erreichen ist – was allerdings todsicher und naturgemäß ihre Chancen sabotiert, jemals ihr Ziel zu erreichen. Oder sie erreichen dieses Ziel und sind trotzdem langfristig nicht glücklich und erfüllt. Und hier nun die Millionenfrage: Wie können wir uns Ziele setzen, die uns zum Erfolg führen, anstatt uns zu sabotieren?

Für einen meiner Klienten war dies buchstäblich die Millionenfrage. Vor einigen Jahren kam ein Herr zu mir, um einige gesundheitliche Probleme zu heilen. Nach ihrer Heilung nahm er erneut Kontakt zu mir auf und bat mich, ihm bei einem anderen Problem zu helfen: «Hallo, Doc. Ich habe seit zehn Jahren ein Erfolgsziel, das zu erreichen ich bisher nicht geschafft habe. Ich weiß nicht, ob Sie sich auch um so etwas kümmern. Können Sie mir dabei helfen?» Ich bat ihn, das näher zu erklären. Er erzählte, dass er zu den größten Bauunternehmern in seiner recht kleinen Stadt gehörte. Seit zehn Jahren verfolgte er das Ziel, in einem Jahr eine Million Dollar zu verdienen. Nicht eine Million Dollar Umsatz für seine Firma – eine Million Dollar in die eigene Tasche. Doch in den zehn Jahren hatte er pro Jahr höchstens die Hälfte geschafft. Was immer noch viel Geld war, aber anstatt damit zufrieden zu sein und sich daran zu freuen, war er fortwährend frustriert, dass er sein Ziel nicht erreicht hatte.

Dieser Herr hatte eine «Sklaventreiber»-Persönlichkeit, wie ich es nennen würde. Er drängte und trieb alles und jeden vorwärts. Er arbeitete achtzig Stunden in der Woche und verlangte auch von seinen Angestellten, dass sie Überstunden machten; häufig bezahlte er sie nicht einmal dafür. Er war für seine Schärfe und seine spitze Zunge bekannt, und pfuschte am Bau, daher war sein Ruf in der Baubranche nicht der beste. All seine Beziehungen lagen im Argen, und seit Jahren ging es mit seiner Gesundheit bergab, was der ursprüngliche Grund gewesen war, weshalb er mich aufgesucht hatte.

Meine nächste Frage an ihn lautete daher: «Erzählen Sie mir mehr über Ihr Ziel, eine Million Dollar im Jahr zu verdienen. Beschreiben Sie es mir. Was tun Sie mit dem Geld? Was ändert es in Ihrem Leben?» Damit hatte er kein Problem. Er sah sich seit zehn Jahren jeden Tag diesen «Film» auf seinem Herzschirm an. Er sagte, dass er sich die Villa oben auf dem Hügel kaufen würde, die man von überall in der Stadt sehen konnte. Er wünschte sich auch einen neuen roten Sportwagen. Dann waren da noch der Luxusgolfurlaub und all die anderen Spielsachen für große Jungs.

Als ich wissen wollte, warum er das Haus auf dem Hügel und den roten Sportwagen haben wollte, antwortete er, dass dann jeder in der Stadt sehen könnte, wie erfolgreich er war, und ihn beneiden würde. Ich wusste, dass das Problem nicht das Ziel an sich war, sondern *warum* er es sich gesteckt hatte. Ich sagte, ich könnte ihm helfen; aber wenn ich das tat, würden wir einige Schönheitskorrekturen an seinen Zielen vornehmen müssen. Widerstrebend willigte er ein.

Es war völlig okay, eine Million Dollar im Jahr verdienen zu wollen, aber dieses «Ziel» mussten wir in einen «Wunsch» umwandeln (auf den Unterschied werden wir noch zu sprechen kommen). Wenn er die Million Dollar verdiente, konnte er sich ein neues Haus kaufen, aber nicht das Haus auf dem Hügel. Er konnte sich ein neues Auto kaufen, aber nicht den roten Sportwagen. Nicht dass an beidem per se etwas falsch wäre – das Problem war der Grund, warum er beides wollte. (Bei jemand anders mögen Villa und Sportwagen vollkommen in Ordnung gehen.) Wir machten aus dem Golfurlaub einen Familienurlaub. Wir strichen einige der anderen Spielsachen. Wir fügten Geldspenden an die weniger Wohlhabenden hinzu. Wir reservierten Zeit und Knowhow für ein Bauprojekt, bei dem er persönlich diesen weniger Begüterten etwas zurückgeben konnte. Wir limitierten seine Arbeitszeit auf 50 Stunden pro Woche. Wir reduzierten nicht nur die Überstunden seiner Angestellten, sondern ließen allen eine Gehaltserhöhung und bessere Sozialleistungen zukommen. Wir schufen Freiräume für Sport, Meditation, lange Spaziergänge, einen gesünderen Lebensstil und mehr Zeit für die Familie, als er glaubte aushalten zu können ... Sie verstehen, was ich meine.

Sein Ziel wurde generalüberholt. Letzten Endes lautete sein *Erfolgswunsch* (nicht sein Erfolgsziel, wie wir noch sehen werden), im nächsten Jahr eine Million Dollar zu verdienen, das Geld aber für gute, gesunde, ausgewogene Dinge auszugeben – mit anderen Worten: «im Einklang mit der Liebe». Sein *Erfolgsziel* war es, sich im Einklang mit der Liebe auf den gegenwärtigen Moment zu konzentrieren, zu tun, was zu tun war, um sich seinen Wunsch zu erfüllen, aber dabei stets das Millionenergebnis der Liebe/Quelle/Gott anzuvertrauen. Dafür musste er zunächst seine inneren Probleme bereinigen und umprogrammieren. Dann wäre er in der Lage, sein Ziel zu realisieren, indem er den Weg auf seinen Wunsch zu einschlug.

Als ich ihn damit allein ließ, hatte er gerade mit der Bereinigung und Umprogrammierung begonnen – unter Protest. Er sagte: «Das klappt doch nie. Wenn ich nicht von meinen gesundheitlichen Problemen geheilt wäre, würde ich glauben, dass Sie nicht alle Tassen im Schrank haben.»

Etwa eineinhalb Jahre später rief mich der Bauunternehmer wieder an. Ich erkannte seine früher recht einprägsame Stimme nicht, bis er mir auf die Sprünge half. Er sagte: «Hallo, Doc, erinnern Sie sich noch an mich? An den total gestressten Bauunternehmer, der Sie für verrückt gehalten hat?» Ich hatte mich schon oft gefragt, was wohl aus ihm geworden war, und diverse Male für ihn gebetet. Natürlich war er sehr gefährdet, das ganze Programm über den Haufen zu werfen und zu seinem alten Lebensstil zurückzukehren. Und das sagte er am Telefon zu mir: «Also, Doc, ich habe genau das getan, worauf wir uns geeinigt hatten, und habe im nächsten Jahr nicht eine Million Dollar verdient – *sondern über eineinhalb Millionen*. Und es sieht ganz danach aus, als würde ich dieses Jahr noch mehr verdienen. Bis heute habe ich keine Ahnung, was passiert ist – es ist wie Zauberei. Es war das leichteste Geschäftsjahr, das ich jemals erlebt habe.»

Er führte weiter aus, dass sich buchstäblich alles in seinem Leben verändert hatte. Er war gesund und glücklich, seine Beziehungen waren in bester Ordnung, sein Ruf in der Stadt hatte sich ins absolute Gegenteil verkehrt, die Leute standen jetzt Schlange, damit er für sie arbeitete, weil er der beste Bauunternehmer der Stadt geworden war, er hatte die Preise gesenkt und pfuschte nicht mehr am Bau. Seine Angestellten mochten ihn sehr und wollten nirgendwo anders arbeiten, und das ganze Büro war von Freude, Frieden und einem Teamgeist erfüllt, den niemand jemals zuvor dort erlebt hatte.

Als der Bauunternehmer Bereinigung und Umprogrammierung vornahm und lernte, wie sich seine Stressziele in Erfolgsziele umwandeln ließen, stellten sich die gewünschten äußeren Umstände parallel dazu ein. Ich könnte mehrere Bücher mit Geschichten wie dieser füllen. Die Ergebnisse sind unglaublich vorhersehbar. Menschen, die Erfolgsziele entwickeln und verwirklichen – inspiriert von dem inneren Zustand, den sie sich *wirklich* am meisten wünschen, und nicht von den äußeren Umständen, die sie sich am meisten zu wünschen *glauben* –, haben immer Erfolg. Immer. Menschen, die das nicht tun, scheitern. Immer.

Der Unterschied zwischen Zielen und Wünschen

Sehen wir uns hier nun im Einzelnen an, wie es der Bauunternehmer so schnell vom Misserfolg zum Erfolg geschafft hat – und, was am wichtigsten ist, wie Sie das auch schaffen! Wie Sie wahrscheinlich schon erraten haben, hängt alles von der Art von Zielen ab, die Sie sich setzen. Es wird allmählich Zeit, den Vorhang zu lüften und genau zu erklären, was darüber entscheidet, ob Sie sich ein Erfolgs- oder Stressziel gesteckt haben.

Die Definition von «Wunsch»

Definieren wir zunächst ein paar Begriffe. Der erste ist «Wunsch» (oder «Hoffnung»). Ein Wunsch, der zum Erfolg wird, muss die folgenden vier Kriterien erfüllen:

1. Er muss im Einklang mit der Wahrheit stehen.
2. Er muss im Einklang mit der Liebe stehen.
3. Er muss im Einklang mit Ihrem ultimativen Erfolgsziel stehen (siehe erstes Kapitel).
4. Seine Erfüllung liegt logischerweise in der Zukunft.

Über die ersten beiden Bedingungen – Wahrheit und Liebe – haben wir bereits im Zusammenhang mit Glauben gesprochen: Wenn etwas langfristig funktionieren soll, muss es im Einklang mit Wahrheit und Liebe getan werden. Aber nun sollten wir allmählich auch verraten, was Wahrheit und Liebe tatsächlich bedeuten.

1. Die *Wahrheit* bezieht sich auf die *objektiven* Fakten der Situation: notwendige Hilfsmittel, Bedürfnisse, Fähigkeiten, den Wirtschaftsmarkt, finanzielle Belange, Zeit – im Wesentlichen jede objektive Gegebenheit, die relevant ist, um den Wunsch in Bezug auf die äußere Situation zu erfüllen. Es betrifft das «Was» des Wunschs. Sagen wir zum Beispiel, ein zweiundsiebzigjähriger Herr teilte mir mit, er wünsche sich, NFL-Quarterback zu sein und im Startaufgebot zu spielen. Ich müsste ihn fragen, ob dieser Wunsch mit der Wahrheit übereinstimmt – mit anderen Worten: ob er im Einklang mit den objektiven Fakten der Situation steht.
2. Ob etwas im Einklang mit der Liebe getan wird, hat mit den *subjektiven* Fakten der Situation zu tun. Es betrifft das Warum des Wunschs. Warum wünschen Sie sich das vor allem anderen? Für wen tun Sie es? Welche Inspiration und

Motivation stecken dahinter? Wenn Ihr Wunsch in erster Linie ichbezogen ist und jemand anders wahrscheinlich dabei verliert oder wie auch immer Schaden nimmt, erfüllt Ihr Wunsch nicht das Kriterium der Liebe. Der Wunsch, mit zweiundsiebzig Jahren NFL-Quarterback zu werden, könnte auf Liebe beruhen, aber höchstwahrscheinlich nicht auf Wahrheit. Auf der anderen Seite fußte der ursprüngliche Wunsch des Bauunternehmers auf Wahrheit (das heißt, dass er in seiner damaligen Situation objektiv erreichbar war), aber nicht auf der Liebe, was sich zeigte, als klar wurde, wie er das Geld ausgeben wollte. Das bedeutet, dass keiner der beiden Wünsche unserer Definition eines Erfolgswunschs entspricht; beide müssten korrigiert werden. Der Bauunternehmer etwa passte seinen Wunsch an, indem er beschloss, Zeit und Geld für andere aufzuwenden und den weniger Wohlhabenden zugutekommen zu lassen; so erfüllte er das Kriterium der Liebe.

Noch eines zum Thema Wünsche: Sie müssen im Einklang mit Ihrem ultimativen Erfolgsziel stehen. Nehmen Sie sich einen Augenblick Zeit, um sich den inneren Zustand in Erinnerung zu rufen, den Sie im ersten Kapitel als Antwort auf die dritte Frage gegeben haben: Wie fühlen Sie sich, wenn eingetreten ist, was Sie sich gewünscht haben, und dies Ihre Lebensumstände wunschgemäß verändert hat? Diese innere Gestimmtheit oder Befindlichkeit ist Ihr ultimatives Hauptziel. Es mag Frieden, Liebe, Freude, Sicherheit oder irgendein anderer positiver innerer Zustand sein. Er ist der Grund, warum Sie alles tun, was Sie tun – deshalb ist es auch ganz klar kontraproduktiv, einen Wunsch zu hegen, der dieses ultimative Erfolgsziel oder -gefühl oder diesen Zustand missachtet.

Ich bin furchtbar gern am Strand. Für mich ist das ein sehr spiritueller, heilender Ort. Sagen wir also, mein Wunsch wäre es, an den Strand zu gehen, und der Frieden, den ich dort spüre, wäre mein ultimatives Erfolgsziel. Nun aber um zum Strand zu kommen, muss ich präziser werden. Zu welchem Strand will ich überhaupt? Wie gelange ich dorthin? Was muss ich einpacken, damit ich möglichst viel Freude daran habe? Gleichzeitig muss ich aufpassen, dass derlei Einzelheiten nicht mit dem kollidieren, was ich als mein ultimatives Erfolgsziel definiert habe: den Frieden, der aus der Liebe erwächst. Wenn ich mir nicht genug Zeit zum Packen lasse und am Morgen vor der Abfahrt wie ein Irrer im Haus herumhetze, dann konterkariert schon der Aufbruch zum Strand – zumindest teilweise – meine Intention, warum ich überhaupt so dringend dorthin will. Dasselbe gilt, wenn ich entdecke, dass meine Nichte am selben Tag heiraten will und mein Fehlen auf der Hochzeit persönlichen und familiären Stress zur Folge haben würde. Das heißt nicht automatisch, dass ich den ganzen Ausflug ad acta legen muss, aber ich muss ihn unter veränderten Vorzeichen betrachten und einige praktische Änderungen vornehmen, damit der Plan immer noch im Einklang mit Frieden und Liebe steht und mit meinem ultimativen Erfolgsziel vereinbar ist – jetzt und in Zukunft.

Hier ein praxisorientierteres Beispiel: Sagen wir, dass das ultimative Erfolgsziel eines Vaters im mittleren Alter ebenfalls Frieden ist, und sein Erfolgswunsch lautet, noch einmal die Schulbank zu drücken und sein Ingenieurdiplom zu machen. Er hat sich an einer renommierten Hochschule nicht weit von seinem Wohnort beworben und wurde angenommen. Er ist völlig aus dem Häuschen. Doch als er zu studieren beginnt, muss er feststellen, dass die Erfüllung seines Wunschs ihn weit von seinem ultimativen Erfolgsziel – nämlich Frieden – entfernt, was seine Familie betrifft: Sie macht ihm Stress und großen Druck, weil er keine Zeit mehr für sie hat. Dieser Stress ist ein Zeichen dafür, dass er die Situation unter veränderten Vorzeichen betrachten muss. Vielleicht muss er auch an sich arbeiten, um den Stress an der Wurzel zu packen. Vielleicht muss er über einen alternativen Studiengang nachdenken. Oder vielleicht muss er das Studieren ganz aufgeben. Die Sache ist die: Wir dürfen unser ultimatives Erfolgsziel (den inneren Zustand der Liebe) nie einem Erfolgswunsch (einer äußeren Situation als Endergebnis) opfern.

Ein Wunsch beschreibt etwas, das noch nicht eingetreten ist. Ein anderes Wort für «Wunsch» könnte «Hoffnung» sein. Es ist etwas, das wir uns ganz tief drinnen wünschen, an das wir glauben, das wir realisiert sehen möchten, auf das wir hinarbeiten, von dem wir aber nicht wissen, ob es tatsächlich passieren wird. Ein Wunsch legt die Richtung fest, die wir einschlagen. Wesentlich für die Formulierung eines Wunschs ist darüber hinaus, dass wir uns sämtliche Erwartungen an seine Erfüllung von Anfang an und bei jedem Schritt auf dem gesamten Weg verkneifen müssen. Sie müssen das Endergebnis loslassen und es der Liebe/Quelle/Gott oder dem Wohlwollen anderer Menschen anvertrauen; und doch müssen Sie darüber nachdenken, damit Sie es ganz aufgeben können.

Die Definition von «Ziel»

Wenn ein Ziel Sie zum Erfolg führen soll, muss es die vier folgenden Kriterien erfüllen.

1. Es muss im Einklang mit der Wahrheit stehen.
2. Es muss im Einklang mit der Liebe stehen.
3. Es muss zu 100 Prozent von Ihnen kontrolliert werden.
4. Es wird im gegenwärtigen Moment umgesetzt.

Ein Erfolgsziel erfüllt alle vier Kriterien. Das heißt, dass es auch auf lange Sicht tragfähig ist und Sie – wenn Sie auf Kurs bleiben und vorher eine Bereinigung und Umprogrammierung vorgenommen haben – stets zum Erfolg führen wird.

Was ein Ziel vor allem anderen von einem Wunsch unterscheidet, ist Punkt 3 – Sie müssen es zu 100 Prozent kontrollieren – nicht zu 99 Prozent oder «nahezu vollständig», sondern ganz und gar. Mit anderen Worten: Sie können es jetzt tun oder zumindest in den nächsten 30 Minuten. Wenn Wahrheit das Was und Liebe das Warum ist, dann ist die Kontrolle durch Sie das Wie. Ohne Ausnahme. Dieses Kriterium macht offenbar den Unterschied aus, was als Erfolgsziel gelten kann und was nicht.

Dies ist auch der Punkt, mit dem jeder Schwierigkeiten hat. Die meisten haben nichts gegen Wahrheit und Liebe einzuwenden, aber wenn ich ihnen sage, dass sie das Ganze hundertprozentig unter Kontrolle haben müssen, setzen sie für gewöhnlich ein Gesicht auf, das Enttäuschung oder Frust widerspiegelt. So hatte der Bauunternehmer sein Ziel, eine Million Dollar zu verdienen, nicht zu 100 Prozent unter Kontrolle – es konnte also gar nicht sein Ziel sein. Bei dem Zweiundsiebzigjährigen, der NFL-Quarterback werden wollte, war es das Gleiche. Wenn ich übrigens sage: «hundertprozentig unter Kontrolle», dann meine ich eine gesunde Kontrolle, keine ungesunde. Wir haben im letzten Kapitel bereits kurz über ungesunde Kontrolle gesprochen: Das bedeutet, etwas, das man nicht zu 100 Prozent unter Kontrolle hat, kontrollieren und damit ein Ergebnis erzielen zu wollen, das nicht im Einklang mit der Wahrheit und Liebe steht.

Wenn jemand mich fragt (weil seit langem das Gegenteil propagiert wird und es sich irgendwie natürlich anfühlt), warum es kontraproduktiv sei, äußere Erwartungen mit Hilfe von Willenskraft realisieren zu wollen, erkläre ich es ihm folgendermaßen: Man kann die Erfüllung äußerer Erwartungen auch anders vorantreiben (also etwas, das man nicht zu 100 Prozent unter Kontrolle hat), und zwar allein per Willenskraft, mit ungesundem Kontrollzwang und voller Besorgnis. So haben im Laufe der Jahre meine Klienten immer wieder gesagt, dass ihre äußeren Erwartungen vollkommen, zu 100 Prozent positiv seien – ohne auch nur die

Spur negativer Gedanken, Gefühle oder Glaubenssätze. Ich frage sie dann, wie ihre Gedanken, Gefühle oder Glaubenssätze wären, wenn diese Erwartungen sich nicht so erfüllten, wie sie es sich erhoffen, oder warum sie sich so sicher sind, dass sie sich erfüllen werden. Dann sehen sie mich konsterniert an und meinen, dass das schrecklich wäre. Diese Reaktion ist vermutlich darauf zurückzuführen, dass sie fest mit dem Eintreten des Endergebnisses rechnen und nicht glauben, sie könnten sich mit einem anderen Ergebnis anfreunden – normalerweise weil sie denken, dass es eintreten *wird*, wenn sie nur fest daran glauben. Wenn Sie auf einer bewussten Ebene also hundertprozentig positiv denken, fühlen und glauben, gilt das nicht für das Unbewusste und das Unterbewusstsein.

Sie erinnern sich: Hauptaufgabe des Unbewussten ist es, uns vor Schaden zu bewahren – und nicht, ein positives Ergebnis herbeizuführen. Daraus ergibt sich ein innerer Konflikt: Diese Menschen sind innerlich auf der bewussten Ebene positiv gestimmt, aber zumindest teilweise negativ gestimmt auf der unbewussten Ebene. Diese innere Disharmonie erzeugt Stress, und Sie wissen ja noch: Wenn das Unbewusste und das normale Bewusstsein zu einem Thema verschiedener «Meinung» sind, gewinnt immer das Unbewusste. Der zweite Faktor ist ungesunde Kontrolle. Der Versuch, ein äußeres, situatives Ergebnis – das Sie nicht vollständig unter Kontrolle haben – zu erzwingen oder zu manipulieren, gehört zum Aufreibendsten, was man sich antun kann; die meisten Menschen halten es nicht bis zum gewünschten Ergebnis durch. Und selbst wenn sie das Endergebnis erzwingen, sind sie doch nicht langfristig glücklich, zufrieden und erfüllt.

Es stimmt, dass sich großartige Ergebnisse einstellen, wenn man an eine Sache glaubt – aber nicht an jede Sache. Alle großartigen Ergebnisse stellen sich ein, wenn man *an die Wahrheit glaubt*. Gesunde Kontrolle wurzelt immer in Liebe und Wahrheit.

Gesunde Kontrolle ist ganz einfach das Richtigste, das Liebevollste und das Beste, was man tun kann. Ungesunde Kontrolle hingegen wird das Ergebnis sabotieren, das Sie zu erreichen versuchen, denn es ist immer angstbesetzt – und jede Angst rührt daher, dass man an eine Lüge glaubt. Sorgen (Stress) und ungesunde Kontrolle (das Gegenteil von ergebnisorientiertem Glauben) sind einfach nur andere Umschreibungen für Erwartungen und Willensanstrengung. Sorgen sind mit Erwartungen gleichzusetzen und ungesunde Kontrolle mit Willensanstrengung. Erwartungen und Willensanstrengung bringen uns aus dem Gleichgewicht und belasten uns chronisch mit Stress – ob wir das nun bewusst wahrnehmen oder nicht.

Ein Ziel müssen Sie also zu 100 Prozent unter *gesunder* Kontrolle haben. Wenn Sie etwas unter gesunder Kontrolle haben, können Sie es in diesem Moment, genau jetzt, vollbringen. Sie können den Unterschied zwischen gesunder und ungesunder Kontrolle aber auch ganz leicht an ihren Ergebnissen feststellen. Gesunde Kontrolle bringt Frieden und Freude, ungesunde Kontrolle Beklemmung und Stress. Eine der wunderbaren Nebenwirkungen dieser Erfolgsmethode besteht darin, dass sie die Angst aus Ihrem Leben verbannt.

Was aber, wenn Sie sich ein Ziel gesteckt haben, das eine oder alle vier Bedingungen nicht erfüllt? Vielleicht befindet es sich nicht im Einklang mit der Wahrheit. Oder es gründet nicht auf Liebe. Oder Sie haben es nicht zu 100 Prozent unter Kontrolle (wie die Mehrheit der Ziele, die wir uns stecken). Dann ist es ein *Stressziel*, und Sie müssen, vereinfacht ausgedrückt, schleunigst etwas daran ändern. Warum? Weil das sonst der schnellste Weg zum Misserfolg ist. Selbst wenn ein Stressziel im Einklang mit der Wahrheit und Liebe steht (aber Sie es nicht kontrollieren), weckt es Erwartungen, die wiederum Ergebnisse verhindern und Unzufriedenheit schaffen – also das Gegenteil von Erfolg.

So können Sie ganz leicht beurteilen, ob Sie sich ein Stressziel oder ein Erfolgsziel gesetzt haben: Wenn Sie Beklemmung, Wut oder eine andere Emotion aus der Wut-Familie (Irritation, Frust etc.) erleben, haben Sie sich wahrscheinlich ein Stressziel gesetzt und noch Arbeit vor sich mit Ihrer Löschung von negativen Programmen und Umprogrammierung für ein Leben im Einklang mit der Liebe. Stress ist das unmittelbare körperliche Symptom von Angst, und Beklemmung ist das unmittelbare nichtkörperliche Symptom von Angst. Beklemmung ist der Vorbote von Wut und jeder anderen Emotion aus der Wut-Familie. Einige Menschen sind sich dessen sehr wohl bewusst, wenn sie Wut spüren (und würden nicht zugeben, dass sie Beklemmung spüren), während andere sich dessen sehr wohl bewusst sind, dass sie Beklemmung spüren (und nicht zugeben würden, dass sie auch Wut spüren). Der Punkt ist: Wenn Sie eine von beiden Emotionen erleben, ist das ein Zeichen für ein Stressziel.

Beklemmung (oder Wut, die lediglich nur eine fortgeschrittene Beklemmung ist) führt direkt zum Misserfolg:

1. Jede Form von Beklemmung oder Wut zeigt an, dass gerade ein Stressziel blockiert wird, das Sie sich gesteckt haben.
2. Ein Stressziel zeigt an, dass sich bald Beklemmung, Angst, Sorge, Trauer, Unversöhnlichkeit, Minderwertigkeitskomplexe, Schuldgefühle, Scham und angstbesetzte Gedanken und Glaubenssätze einstellen werden (wenn sie nicht schon da sind).
3. Negative Gedanken, Gefühle oder Glaubenssätze in Bezug auf Ihre Situation zeigen an, dass Sie dazu neigen, sich mit anderen zu vergleichen. Und weist darauf hin, dass Sie ein Problem mit Erwartungen haben.
4. Ein Erwartungsproblem zeigt an, dass Sie mit Hilfe von Willenskraft zu bekommen versuchen, was Sie sich wünschen.

5. Der Versuch, Ihre Situation mit Hilfe von Willenskraft zu kontrollieren, zeigt an, dass Sie unter Stress stehen, was am Ende zum Misserfolg führen wird (mit anderen Worten: dazu, dass Sie nicht gesund und nicht glücklich sind und sich nicht in der für Sie perfekten äußeren Situation befinden).
6. Misserfolg zeigt an, dass Sie sich ein Stressziel gesteckt haben.

Wenn Sie allerdings unabhängig von Ihrer aktuellen Situation Freude und Frieden erleben, haben Sie sich wahrscheinlich (bewusst oder unbewusst) ein Erfolgsziel gesetzt und erfolgreich eine Bereinigung und Umprogrammierung an sich selbst vorgenommen, um im Einklang mit der Liebe zu leben. Natürlich werden Sie auch mit Erfolgszielen Enttäuschungen erleben, wenn die Dinge nicht so laufen, wie Sie es gern hätten. Der Unterschied besteht darin, dass Sie sich rasch von der Enttäuschung erholen und keineswegs verzweifeln. Währenddessen erleben Sie eine tiefe, bleibende Freude, Frieden, Zufriedenheit, Dankbarkeit und Erfüllung, mit welchen Umständen oder Rückschlägen Sie sich auch konfrontiert sehen mögen.

Sie denken jetzt vielleicht immer noch: *Was ist denn so schlimm an ein bisschen Stress? Stress schärft den Geist, macht mich aufmerksam und sorgt dafür, dass ich den Hintern hochkriege, um die Dinge anzupacken.* Wenn die Beweise, die ich bisher dafür angeführt habe, dass Stress zu Misserfolg führt, Sie noch nicht überzeugt haben, bedenken Sie Folgendes: Zahlenmäßig gleich nach den wissenschaftlichen Studien, die die negativen Auswirkungen von Stress beweisen, kommen die wissenschaftlichen Studien, die die negativen Auswirkungen einer sofortigen Befriedigung beweisen. Schon etwa 50 Jahre vor Dr. Gilbert und Dr. Lipton haben zahlreiche Doppelblindtests gezeigt, dass das Streben nach sofortiger Befriedigung (im Gegensatz zu einer zeitlich verzögerten Befriedigung) durchweg negative Ergebnisse in jedem Lebensbereich zur Folge hat, etwa was Glück betrifft, Gesundheit, wie viel Geld Sie verdienen – ja, selbst in Bezug auf Prüfungsergebnisse. Sofortige Befriedigung wurzelt in unserer Schmerz-Lust-Reaktion, was bedeutet, dass Sie, wenn Sie auf eine sofortige Befriedigung aus sind, als Reaktion auf Schmerz Angst und nicht Liebe wählen.

Stressziele streben *immer* nach sofortiger Befriedigung, während Erfolgsziele immer von uns verlangen, die Bedürfniserfüllung aufschieben zu können. Tatsächlich gehört eine zeitlich verzögerte Belohnung wesentlich dazu, wenn man das Endergebnis an Gott/die Quelle/die Liebe abgibt und die Liebe im gegenwärtigen Augenblick wählt – was der Schlüssel zum Erfolg ist. Alles andere mündet unweigerlich in einen Misserfolg. Die Forschung beweist genau das. Alles in Ihrem Leben führt zum Erfolg, wenn Sie die Belohnung oder Bedürfnisbefriedigung hintanstellen, und alles führt zum Misserfolg, wenn Sie sich für die sofortige Befriedigung entscheiden (es sei denn, sie ist für alle Beteiligten die beste und richtige Option). Dennoch muss sich die zeitlich verzögerte Belohnung leicht und ganz natürlich einstellen und nicht von Willenskraft erzwungen. Wenn sie erzwungen wird, verursacht das noch mehr Stress. Wie Sie wahrscheinlich schon erraten haben, müssen Sie – wie im vierten Kapitel gezeigt – eine Bereinigung und Umprogrammierung durchführen, um sicherzugehen, dass sie nicht erzwungen wird.

Verwandeln Sie Ihre Stressziele in Wünsche

Dennoch können Sie Ihre Stressziele «entstressen», indem Sie sie einfach in gesunde *Wünsche* verwandeln. Der Unterschied zwischen beidem macht den Unterschied zwischen langfristigem Erfolg und unausweichlichem Misserfolg aus.

Sagen wir, es gäbe einen heftigen Schneesturm, Sie müssten aber dringend im kilometerweit entfernten Laden Milch holen. Zwischen Ihnen und dem Laden liegt ein dichter Vorhang aus Schnee – und ein Wäldchen, dessen Boden übersät mit Gruben und Wurzelwerk und vielen verborgenen Stolperfallen ist, die Sie wahrscheinlich erst entdecken, wenn Sie darauftreten. Aber Sie wissen, dass der Laden neben einem großen Funkmast steht, den Sie über den Baumwipfeln sehen können, sogar von Ihrem Haus aus.

Die Frage ist nun: Schauen Sie auf dem Weg zum Laden die ganze Zeit nach oben zum Funkmast? Nein! Sie werden ab und zu hinaufsehen, aber wenn Sie wirklich zum Laden kommen wollen, konzentrieren Sie sich vor allem auf den jeweils nächsten Schritt – sonst verstauchen Sie sich den Knöchel oder stolpern in eine Grube und erreichen den Laden niemals. Wenn Sie immer nur auf das Endergebnis schielen, werden Sie es nie erreichen.

Glauben Sie mir: Wenn Sie auf Ihre Erfolgsziele hinarbeiten, stoßen Sie unterwegs häufig auf Schlaglöcher und Wurzelwerk. Bei den wichtigsten Dingen im Leben ist der Weg selten schnurgerade und frei, ja, manchmal ist er nicht einmal zu sehen. Trotzdem sagen Ihnen die Fachleute, dass Sie sich auf den Funkturm konzentrieren sollen – Sie sollen ihn sich vorstellen, ihn fühlen, riechen, ihn nie aus den Augen lassen –, sonst kämen Sie nie dort an. Das Ende vom Lied sieht dann so aus, dass überall in der Landschaft Leichen von Leuten liegen, die über Wurzeln oder in Gruben gefallen sind und es nie an ihr Ziel geschafft haben, weil sie dem nächsten Schritt keine Beachtung geschenkt haben.

Der Funkturm ist Ihr Wunsch; er ist nicht Ihr Ziel. Ihr Ziel ist es, erfolgreich den nächsten Schritt zu tun, denn Sie wissen: Wenn Sie erfolgreich den nächsten Schritt tun, einen nach dem anderen, stehen die Chancen wirklich gut, dass sich Ihr Wunsch erfüllt. Natürlich behalten Sie den Funkturm im Hinterkopf und orientieren sich von Zeit zu Zeit an ihm – er gibt Ihnen die Richtung vor. Sagen wir, dass Sie nun schon auf der Hälfte des Weges sind; Ihnen ist kalt, Sie sind müde und haben Hunger und wollen einfach nur nach Hause. Da begegnen Sie einem Ihrer Nachbarn. Er fragt, wohin Sie wollen, und Sie antworten, Sie seien zum Laden unterwegs, um Milch zu holen. «Ach», meint er. «Sie müssen nicht den ganzen Weg bis zum Laden gehen. Nur ein paar Schritte von hier ist ein Kiosk, der hat noch Milch.» Von dem Kiosk wussten Sie nichts.» Was würden Sie tun? Sie würden Ihre Meinung ändern, sich bedanken, die Milch am Kiosk holen und wären in der Hälfte der Zeit wieder zu Hause! Das bedeutet es, sein Endergebnis aufzugeben: Noch während wir dabei sind, den nächsten Schritt zum Wunsch, den wir hegen, zu machen, bleiben wir offen, unseren Wunsch zu ändern, falls wir feststellen sollten, dass eine andere Richtung das Beste für uns wäre. Wir müssen uns nur eingestehen, dass wir nicht genug über die Zukunft wissen, um wissen zu können, ob wir an diesem bestimmten Endergebnis festhalten werden. Außerdem: Ein Endergebnis, das wir vielleicht als das Schlimmste betrachten, was uns jemals zustoßen könnte, wird sich vielleicht langfristig als das Beste für uns herausstellen.

Ich kann mir kein besseres Beispiel denken als die Situation, als Hope mich damals nach drei Jahren Ehe hinauswarf. Ich hielt das für das Ende meines Lebens! Aber wie Sie ja bereits wissen, erwies sich dieser Vorfall als der segensreichste Wendepunkt in meinem ganzen Leben. Er mündete in ein transformatorisches Aha-Erlebnis, das mich unmittelbar umprogrammierte. Er mündete in die Entdeckung meines Lebenswerks und ist wahrscheinlich der Dreh- und Angelpunkt für jeden Erfolg, den ich heute habe. Tatsächlich geht der Erfolg, den ich heute habe, weit über das hinaus, was ich mir vor 25 Jahren für mein Leben vorgestellt habe. Wenn ich mich damals auf ein bestimmtes Endziel für meine berufliche Laufbahn versteift hätte (wozu mich eine Menge

Leute drängen wollten), wäre ich nie dorthin gekommen, wo ich heute bin, denn was ich heute tue, stand damals noch nicht einmal in den Sternen!

Ich bin nicht der Einzige, der ein solches Erlebnis hatte. Wenn ich vor großen Gruppen spreche, frage ich oft: «Wer von Ihnen hat schon einmal etwas erlebt, das momentan wirklich schlimm war, das Sie aber Monate oder Jahre später als wirklich gut erkannten oder sogar als das Beste, was Ihnen je passiert ist?» Ausnahmslos immer hebt fast jeder die Hand.

Mir begegnet sehr häufig, dass die Leute weit unter ihren Möglichkeiten im Leben bleiben. Sie arbeiten auf viel Geld hin (die besagte Million) oder eine Beförderung, aber ohne Liebe, Freude, Frieden, innige, erfüllende Beziehungen und inneres Glück. Wir haben schon im ersten Kapitel darüber gesprochen: Wenn Sie sich ein Endergebnis zum Ziel setzen, geht es Ihnen am Ende – selbst wenn Sie es erreichen – oft schlechter als vorher, weil Sie erkennen müssen, dass es Sie tief drinnen nicht befriedigt.

Unterm Strich lässt sich festhalten, dass wir uns nicht immer auf unser rationales, bewusstes Denken verlassen können, wenn wir die besten Ergebnisse für uns ermitteln wollen – und die Erfahrungen in der Vergangenheit beweisen das. Das Beste, was wir tun können, ist, bei allem, was wir tun, erfolgreich im Einklang mit der Wahrheit und Liebe im gegenwärtigen Moment zu leben.

Wenn Sie jemals so weit kommen, dass Sie fast durchgehend im Einklang mit der Wahrheit und Liebe im gegenwärtigen Moment leben, garantiere ich Ihnen, dass Sie sich unglaublich erfolgreich fühlen und es sein werden und höchstwahrscheinlich mit niemand anderem werden tauschen wollen. Wie klischeehaft es auch klingen mag: Bei diesem Programm geht darum, *alles* zu bekommen – Liebe, Freude, Frieden und Glück sowie äußeren Erfolg in Gesundheit, Finanzen, Karriere und Beziehungen. Der einzige

Weg dorthin, den ich gefunden habe, ist dieses Programm – immer unter der Bedingung (jedenfalls für mich), dass man auch die richtige Beziehung zu Gott/Quelle/Liebe hat.

Wir lassen auf ganz natürliche Weise unsere Stressziele zu Wünschen werden, wenn wir jemanden lieben. Sagen wir, Sie und jemand, den Sie wirklich aus ganzem Herzen lieben, wollen heute etwas Bestimmtes unternehmen. Wenn dieser Jemand Ihnen sagt, was er gern täte, und Sie das Funkeln in seinen Augen sehen, opfern Sie das, was Sie vorhaben, gern dem, was er vorhat – auch wenn Sie sich noch immer wünschen, was Sie tun wollen. Wenn Sie diesem Menschen Agape entgegenbringen (nicht Eros, wie wir in der Einführung erklärt haben), stellen Sie Ihre Wünsche nicht voller Bitterkeit oder aus Pflichtgefühl hintan. Liebe verwandelt «Ich muss» zu «Ich will». Liebe macht das überflüssig, was Sie wollen. Was Sie wollen, ist ein Wunsch – kein Ziel und auch kein Bedürfnis. Mit anderen Worten: Wenn es nicht eintritt, beeinträchtigt das nicht Ihre Identität, Selbstgewissheit oder Bedeutsamkeit.

Diese Verschiebung kann sehr schwierig werden, denn wir sind daran gewöhnt, das Endergebnis über alles zu stellen. Deshalb haben Sie es sich ja zum Ziel gesetzt, richtig? Immer geht es um Ergebnisse. Oder wie der amerikanische Footballtrainer Vince Lombardi sagte: «Gewinnen ist nicht alles, es ist ein und alles.» Seit Jahrzehnten höre und lese ich dieses Zitat immer wieder, wie Sie wahrscheinlich auch; es soll bekräftigen, dass Ergebnisse alles sind, was zählt. Kürzlich sah ich eine Dokumentation über Vince Lombardi und brach in einen spontanen Freudentaumel aus, als auch auf dieses Zitat eingegangen wurde. Denn Vince Lombardi sagte in diesem Film, dass das Zitat und seine Interpretation ihn sehr traurig gemacht hätten, weil er es *nie* so gemeint habe. Seine Definition von «gewinnen» lautete – und das habe er auch seinen Spielern immer wieder gesagt: das Spielfeld in dem Bewusstsein zu verlassen, sein Bestes gegeben zu haben. Das habe nichts mit dem Endspielstand zu tun. Selbst Vince Lombardi definierte also Gewinnen als *Prozess*, nicht als Endergebnis. Vielmehr wird am Ende der Prozess zum Ergebnis.

Ihr ultimatives und Ihr konkretes Erfolgsziel

Wir haben ein Erfolgsziel folgendermaßen definiert: Es muss im Einklang mit der Wahrheit und Liebe stehen, es muss zu 100 Prozent von Ihnen kontrolliert werden und ist deshalb fast immer im gegenwärtigen Moment zu tun. Ein Erfolgsziel ist der nächste Schritt auf unseren Wunsch zu; es bestimmt darüber, was, wie und warum Sie etwas tun, während Ihr Wunsch der Funkturm bleibt – er bestimmt die Richtung, die Sie einschlagen. Im ersten Kapitel haben wir uns ein ultimatives Erfolgsziel gesteckt, den inneren Zustand, den wir uns am meisten wünschen. Aber wir brauchen mehr als unser ultimatives Erfolgsziel, um den Anforderungen des täglichen Lebens gerecht zu werden. Wir brauchen *konkrete Erfolgsziele*, die uns in jedem Augenblick präzise sagen, was wir tun, wie wir es tun und warum wir es tun sollen, und die anzustreben wir fähig sind, ohne uns dabei von Willenskraft abhängig zu machen.

Wenn es darum geht, sich konkrete Erfolgsziele zu setzen, ist es das Schwierigste, etwas zu finden, das Sie zu 100 Prozent unter gesunder Kontrolle haben. An diesem Punkt scheitern viele Leute, die die besten Absichten haben. Aber wie üben Sie eigentlich gesunde Kontrolle im Rahmen Ihrer Erfolgsmethode aus? Am einfachsten, so habe ich herausgefunden, geht es so: In wirklich jeder Situation ist es Ihr Ziel, alles, was Sie in den nächsten 30 Minuten tun, in einem inneren Zustand der Wahrheit und Liebe zu tun. Stimmt – das ist das Love Principle. Ausnahmslos immer wird diese Verhaltensweise in eine gesunde Kontrolle münden. Und sie erfüllt sogar die Bedingung, zu 100 Prozent von Ihnen kontrolliert zu werden, sobald Sie die Tools zur Bereinigung und Umprogrammierung anwenden – denn niemand außer Ihnen selbst kann Ihren inneren Zustand kontrollieren.

Praktisch gesprochen heißt das: Ihr Wunsch hilft Ihnen festzulegen, *was* Sie in den nächsten 30 Minuten tun werden (die Richtung, die Sie einschlagen), aber das Love Principle sagt Ihnen immer, *wie* und *warum* Sie es tun: im Einklang mit der Liebe, fokussiert auf den gegenwärtigen Moment und unter Verzicht auf das Endergebnis. Tatsächlich ist das Was gar nicht mehr Ihr Ziel Nummer eins, sondern das Wie und das Warum. Es geht um den Prozess, nicht um das Endergebnis – denn Ihre innere Realität bestimmt stets Ihre äußeren Ergebnisse.

Dennoch fällt Ihnen hier vielleicht ein kleiner Unterschied in der Formulierung auf. Erstens, ich habe jetzt «Wahrheit» der Liebe hinzugefügt. Die Wahrheit ist sehr eng mit der Liebe verwandt, aber da ich Ihnen in Teil I erklärt habe, wie wichtig es ist, im Einklang mit der Wahrheit zu leben, wird hoffentlich diese Unterscheidung noch sinnvoller sein, besonders wenn Sie das Erfolgsprogramm in Kapitel 7 durcharbeiten. Zweitens, wenn ich den Leuten immer empfohlen habe, «das, was Sie tun, im Einklang mit der Wahrheit und Liebe und konzentriert auf den gegenwärtigen Augenblick zu tun», habe ich bemerkt, dass es vielen Menschen sehr schwerfällt, dies in die Praxis umzusetzen. Wenn man nämlich darüber nachdenkt, was ich sie zu tun bitte, heißt das nichts anderes, als jeden Moment ihres restlichen Lebens im Einklang mit der Liebe zu leben. Da überrascht es kaum, dass sich einige Leute überfordert fühlten, vor allem, wenn sie es in der Vergangenheit schon erfolglos mit einem «Leben im Einklang mit der Liebe» versucht haben – diese Verpflichtung wurde nur zu einem weiteren Stressfaktor für sie. Aber sobald ich ihnen empfahl, nur die nächsten 30 Minuten im Einklang mit der Liebe zu leben, erschien es den meisten plötzlich machbar. Sie mochten zu einem «bis in alle Ewigkeit» nicht in der Lage sein, aber für die nächsten 30 Minuten konnten sie es sich vorstellen. Um ehrlich zu sein: Wenn mich etwas besonders unter Druck setzt, gelingen mir manchmal nicht einmal 30 Minuten. Ich sage mir dann: *Vergiss die 30 Minuten. Schaffe ich es die nächsten fünf Minuten?* Und normalerweise schaffe ich es auch, selbst unter extremem Druck.

Da wir die praktischen Konzepte hinter der Funktionsweise des Love Principle erläutert haben – vor allem die Anwendung der Drei Tools und das Setzen von Erfolgs- und nicht Stresszielen –, sind wir nun bereit, in Teil III das Love Principle Schritt für Schritt in die Tat umzusetzen.

TEIL III
So setzen Sie das Love Principle in die Tat um

KAPITEL 6:

Befunderhebung: Identifizieren und heilen Sie die Quelle Ihrer Erfolgsprobleme

Nun können wir damit beginnen, die einzelnen Puzzleteilchen zusammenzusetzen. In meinem Kopf und in meinem Herzen höre ich begleitend dazu einen Trommelwirbel, denn ich warte seit etwa 25 Jahren darauf, diesen Prozess öffentlich zu machen – doch erst in den letzten paar Jahren wurde aus allen Puzzleteilchen ein ganzes Bild, sodass ich erst jetzt dazu in der Lage bin.

Schon vor Jahrzehnten wusste ich, dass ein Leben im Einklang mit der Liebe im gegenwärtigen Moment (aus einem inneren Zustand heraus, der im Einklang mit Liebe, Freude und Frieden umprogrammiert wurde) der Schlüssel zum Erfolg ist. Und lange vor mir haben schon andere dasselbe gelehrt, religiöse Lehrmeister, Berater, Selbsthilfegurus und andere Motivationsexperten. Ich weiß, dass ich mich wiederhole, aber ich muss es nochmals betonen: Das Problem ist nicht, dass wir nicht wüssten, was zu tun ist. Das Problem ist, dass über neunundneunzig Prozent der Menschen es nicht tun können, weil sie sich auf die Erfolgsstrategie konzentrieren, das wir alle kennen: 1. Konzentrieren Sie sich auf das, was Sie sich wünschen. 2. Schmieden Sie einen Plan, wie es sich erreichen lässt. 3. Setzen Sie mit Willenskraft und Anstrengung diesen Plan in die Tat um, bis Sie erreichen, was Sie sich wünschen.

Erst vor relativ kurzer Zeit hat uns die Wissenschaft gezeigt, warum dieses Vorgehen eher zum Misserfolg als zum Erfolg führt, und zwar dank der Forschungen von Dr. Lipton, Dr. Gilbert, Dr. Tiller, Dr. Weil, Dr. Sarno und anderen. Wenn unser spirituelles Herz nicht schon auf Erfolg programmiert ist, ist der Versuch, uns allein mit Willensanstrengung gegen die Programmierung unseres spirituellen Herzens zu stellen, von vornherein zum Scheitern verurteilt – denn das spirituelle Herz (oder was Dr. Lipton das Unterbewusstsein nennt) ist eine Million Mal mächtiger als das Bewusstsein. Das Problem ist, dass die meisten von uns auf der menschlichen Festplatte Viren haben, das sind die Angsterinnerungen, die uns auf Misserfolg programmieren. Das Unsichtbare ist immer die Ursache für das Sichtbare. Erwartungen (die Konzentration auf Endergebnisse) sind immer Glückskiller.

Ich weiß, dass viele von Ihnen seit langem versuchen, im Einklang mit der Liebe im gegenwärtigen Moment zu leben, und wahrscheinlich haben Sie sich selbst gegeißelt dafür, dass es Ihnen nicht gelungen ist. Manche von Ihnen zeigen womöglich nach außen ein liebevolles Verhalten, aber innen drin herrscht ein großes Durcheinander. Vielleicht glaubten Sie, dass Ihr Problem zu groß ist oder dass Sie etwas falsch gemacht haben. Vielleicht haben Sie auch überlegt, als Sie sich mit dem (scheinbaren) Erfolg anderer Leute verglichen, dass mit Ihnen etwas nicht stimmen kann, da Sie nicht geschafft haben, was Sie für notwendig hielten. Genauso habe ich mich nämlich gefühlt, bevor ich mein transformatives Aha-Erlebnis gehabt und die drei Instrumente entdeckt hatte. Den erstaunlichen Erfolgsgeschichten, die ich las, und den Ratschlägen zufolge, die ich zu hören bekam, dachte ich, dass mit mir etwas nicht stimmen konnte, wenn ich das nicht auch schaffte. Lassen Sie es mich ganz klar sagen: ES IST NICHT IHR FEHLER! Bitte verstehen Sie das. Werfen Sie Schuldgefühle und Scham über Bord. Es war *nie* Ihr Fehler. Sie haben nur immer wieder etwas zu tun versucht, was Ihnen mit Ihrer Programmierung praktisch unmöglich war.

Meine Söhne sind sieben Jahre auseinander. Mein Ältester, Harry, konnte schon immer alles hinaufklettern: Bäume, Masten, herabhängende Seile. Wenn wir irgendwelche öffentlichen Gebäude besuchten, machte er selbst vor großen Säulen nicht halt! Wir fragten uns, wo er abgeblieben war, und da war er, hoch oben in der Luft. Alle um uns her dachten: «Wie hat er das bloß gemacht?» Andere Kinder seines Alters konnten das nicht. Und George, der sieben Jahre jünger war, beobachtete seinen Bruder natürlich und meinte: «Das kann ich auch!»

In unserem Garten stand ein hoher, gerade gewachsener Ahorn, der unten nicht viele Äste hatte. Harry umklammerte stets den Baum mit Armen und Beinen, schob sich langsam den Stamm hinauf, bis er den ersten Ast erreichte, und bevor man sich's versah, war er ganz oben. Eines Tages – Harry war etwa zwölf Jahre alt – saß er oben im Wipfel dieses Ahorns und sah George unten stehen. Er rief: «George, komm rauf!», obwohl er sehr gut wusste, dass George das nicht konnte. Der fünfjährige George sagte ganz aufgeregt zu mir: «Dad, ich klettere auf den Baum, okay?» Ich versuchte, vernünftig mit ihm zu reden: «George, du kannst nicht auf den Baum klettern. Harry ist größer und stärker als du. Und es gibt ganz unten keine Äste. Das kannst du nicht schaffen.» Er blieb hartnäckig. Am Ende trat ich einfach einen Schritt zurück und sagte: «Okay, dann los, mein Sohn.» Und es kam, wie es kommen musste: Zwei Meter über dem Boden, immer noch außer Reichweite des ersten Astes, saß er fest, und ich musste ihm wieder herunterhelfen.

So sind wir auch oft. Wir sehen andere Leute sozusagen oben auf dem Baum – oder zumindest glauben wir, dass sie oben sind. Dann sagen wir: «Ich gehe auch rauf!», laufen hin und versuchen, es ihnen mit Hilfe von Erwartungen und Willensanstrengung nachzumachen. Aber am Ende stellt sich heraus, dass sie gar nicht wirklich ganz oben auf dem Baum sind, wie wir dachten; es sah nur von unserem Standpunkt unten auf dem Boden so aus. Vielleicht hatten sie auch eine Leiter – das richtige Instrument eben. Vielleicht wollen sie auch nur, dass alle anderen denken, sie seien ganz oben, obwohl sie es gar nicht sind. Oder vielleicht sind sie sogar wirklich ganz oben, haben aber eine ganz andere Programmierung als wir. Für uns jedenfalls gilt: Ohne zusätzliche Hilfe wird es uns einfach nicht gelingen, den Baum hinaufzuklettern.

Wir mögen uns wie Fünfjährige aufführen, wenn wir solche Erwartungen hegen und versuchen, sie mit Hilfe von Willensanstrengung zu realisieren. Aber genau wie liebende Eltern, die mit ihrem Kind – welches völlig im Einklang mit dem handelt, was es denkt – mitfühlen und es verstehen würden, sollten auch wir Mitgefühl mit uns selbst haben. Wir wussten es einfach nicht besser – wir kannten nicht alle Fakten. Es ist wie damals, als alle Welt glaubte, die Erde sei das Zentrum des Universums oder eine flache Scheibe, oder als niemand wusste, dass wir all diese unsichtbaren Organismen namens Bazillen an unseren Händen haben. Dieses Buch bringt Ihnen eine neue Methode bei, wie Sie das Wissen anwenden können, das immer schon Gültigkeit hatte und das erst jetzt wissenschaftlich belegt werden konnte.

Unterm Strich bedeutet das: Wenn wir den Erfolg haben wollen, den wir uns wünschen, müssen wir entweder der Einzige von einer Million sein, der seine Programmierung mit Hilfe bewusster Willensanstrengung überwinden kann, brauchen übernatürliche, wundersame Hilfe oder eine völlig neue Strategie und völlig neue Hilfsmittel.

Ich habe viele, viele Wunder in meinem eigenen Leben und im Leben anderer gesehen, und ich rate immer dazu, zuerst zu beten, bis heute. Aber ich glaube auch, dass wir über einige wundersame Hilfsmittel verfügen – eine neue Methode –, die uns ohne jede Willensanstrengung gezielt auf Erfolg programmieren können. Um im Bild des Computers zu bleiben, das wir bisher bemüht haben: Diese Hilfsmittel laden neue Software auf unsere Festplatte herunter, die uns automatisch bereinigt und umprogrammiert, wo das nötig ist. Wir müssen uns nur vor den Computer setzen und die Tastatur bedienen, und schon sind wir in der Lage, Dinge zu tun, die wir noch nie geschafft haben. Und jetzt lassen Sie uns mit der Befunderhebung anfangen.

So ermitteln Sie Viren auf Ihrer Festplatte

Bei fast jedem meiner Klienten wird eine grundlegende Bereinigung und Umprogrammierung notwendig, bevor er an seinen Erfolgszielen arbeiten und das Love Principle wirklich in die Praxis umsetzen kann. In diesem Kapitel erläutere ich drei Methoden der Befunderhebung für die Bereinigung und Umprogrammierung, die ich jedem für den Anfang ans Herz lege. Meine Empfehlung: nicht nur eine oder zwei auszuprobieren, sondern alle drei. Sie nähern sich dem jeweiligen Problem aus verschiedenen Blickwinkeln an, arbeiten aber Hand in Hand, um Ihnen bei der vollständigen Heilung der Wurzelerinnerungen zu helfen. Wenn Sie diese Grundprogrammierung absolviert haben, sind Sie bereit für das 40-Tage-Programm, das ich im siebten Kapitel ausführe und das Ihnen Erfolg in praktisch jedem Lebensbereich garantiert.

Sie sollten sich allerdings darauf gefasst machen, dass diese Basisumprogrammierung Ihre größten, hartnäckigsten Probleme zutage fördern kann. Einige dieser Probleme haben vielleicht jahre-, jahrzehnte- oder sogar generationenlang geschlummert. Wenn Sie mit der Befunderhebung anfangen und das Gefühl haben festzustecken oder Ihnen einfach nicht danach zumute ist, die grundlegenderen Probleme anzupacken, bevor Sie an den ein oder zwei Erfolgsproblemen arbeiten, bei denen Sie Hilfe brauchen, dann machen Sie mit dem nächsten Kapitel weiter. Sie können das Programm entweder mit der Befunderhebung oder der Erfolgsmethode beginnen; denn die Erfolgsmethode gestattet Ihnen, an denselben Problemen zu arbeiten, die die Befunderhebung zutage fördert, nur eben in einem bestimmten Kontext – nämlich in Bezug auf die Frage, inwiefern diese Probleme Ihnen den Erfolg verwehren, den Sie sich wünschen. Sie können ja jederzeit zu diesem Kapitel zurückkehren, um die vollständige Bereinigung und Umprogrammierung durchzuführen, wenn Sie so weit sind.

Wenn Sie aber das Interesse und Verlangen haben, die folgenden Methoden der Befunderhebung durchzuarbeiten, werden Sie feststellen, dass die Erfolgsmethode rascher und leichter wirken kann. Sie werden fast sicher von etwas «überrascht» werden, das Sie mit Hilfe der Befunderhebung entdecken – das ist fast immer der Fall. Und diese Überraschung könnte sich als ein sehr wichtiger Schlüssel für Ihren Erfolg herausstellen.

Befunderhebung 1: Der Erfolgsproblemkompass

Zunächst möchte ich Ihnen dringend den Test zum Erfolgsproblemkompass unter www.thehealingcodes.com ans Herz legen. Das ist (soweit ich weiß) der einzige Test seiner Art, und er ist absolut gratis für Sie. Weltweit wird er von Ärzten, Vorstandsvorsitzenden, Geistlichen, Sozialarbeitern und Lehrern angewandt, um die ursprüngliche Wurzel der Probleme ihrer Klienten und Schüler zu ermitteln – mit anderen Worten: die Viren auf deren Festplatte. Dieser Test diagnostiziert die grundlegenden Ursachen all Ihrer Probleme und Erfolgsblockaden, ob sie nun physischer, emotionaler oder spiritueller Natur sind oder sich aus den Umständen ergeben.

Der Erfolgsproblemkompass ist ein spirituelles Zehn-Minuten-Diagnose-Tool, hat aber überhaupt nichts mit Religion zu tun. Er diagnostiziert lediglich die Probleme des spirituellen Herzens.

Vor etwa zwanzig Jahren stieß ich auf die bereits erwähnten

alten Schriften über die Probleme des Herzens, über unsere unbewussten und unterbewussten Glaubenssätze und ihre Folgen für unsere Gesundheit und alles andere, und ich suchte überall auf der Welt nach einem Test, der die zugrunde liegenden Wurzelprobleme treffsicher aufdecken konnte. Doch ich fand keinen. Daraufhin versuchte ich mich selbst an einem solchen Test – und scheiterte. Glücklicherweise lag einer der Schwerpunkte meiner Arbeit als Doktorand auf Psychometrie, also der Erstellung und Auswertung von Tests, und dabei entdeckte ich diverse fehlende Puzzleteilchen. Ich nahm die Arbeit an meinem Test mit einem Team aus Programmierern, der klinischen Psychologin Lorna Meinweiser sowie Tom Costello wieder auf, einem der brillantesten Köpfe, die ich kenne – und siehe da! Ein paar Jahre später war der Herzensproblemkompass geboren und anschließend der Erfolgsproblemkompass.

Seitdem haben uns schon viele Menschen mitgeteilt, dass nach jahrzehntelanger Beratung und Therapie, zahllosen Tests, ganzen Büchereien von Ratgebern und endlosem Herumgesuche (sowohl in ihrem Körper als auch in ihrer Psyche) der Problemkompasstest die wahre Wurzel ihrer Schwierigkeiten innerhalb von zehn Minuten aufgedeckt hätte. Woher sie das wussten? Zunächst einfach nur aus ihrer Intuition heraus, die einem auch sagt, dass man verliebt ist. Außerdem wussten sie es deshalb, weil ihre Langzeitsymptome auf wundersame Weise verschwanden, als sie sich zum ersten Mal auf die Heilung der wahren Wurzel konzentrierten, die der Test ihnen verraten hatte.

Eine Anmerkung: Nach der Publikation des Buchs *Der Healing Code*, dessen Lesern ein Onlinezugang zum Herzensproblemkompass gewährt wurde (vor allem in Fragen der Gesundheit), wurde ich gefragt, warum ich den zugehörigen Test nicht auch ins Buch aufgenommen hätte. Der Grund ist schlicht und einfach: Den Test gibt es nur online, da ihm ein sehr komplizierter mathematischer

Algorithmus zugrunde liegt und er nur am Computer durchführbar ist. Dasselbe gilt für den Erfolgsproblemkompass. Wenn man ihn nur publizieren könnte, sofern er auch in diesem Buch abdruckbar wäre (inklusive Fragen, Auswertung und Interpretation), könnte ich ihn Ihnen nicht zur Verfügung stellen. Sobald Sie den Test abgeschlossen haben, wird eine individuelle, fünfzehnseitige Interpretation Ihrer grundlegenden spirituellen Erfolgsprobleme im Leben generiert – mit anderen Worten: alle Einzelheiten über die wahren Wurzeln Ihrer Erfolgsprobleme *und* ihre Lösung, maßgeschneidert auf Sie. Es wird Sie freuen zu hören, dass mir mit am besten an diesem Test gefällt, dass er Sie nichts kostet. Machen Sie ihn einmal im Monat und beobachten Sie, wie Ihre Werte sich verändern, während Sie mitten in der Bereinigung und Umprogrammierung sind.

So machen Sie den Test zum Erfolgsproblemkompass

Anhand Ihrer Antworten auf die Fragen erzeugt der Test zum Erfolgsproblemkompass einen Punktestand (von −10 bis +10) für sechzehn verschiedene Wurzelprobleme, die hinter den sichtbaren Problemen in Ihrem Leben lauern und Ihnen womöglich den Erfolg verwehren. Die individualisierte, ausführliche Interpretation geht auf jedes der folgenden potenziellen Themen ein:

- Unversöhnlichkeit versus Versöhnlichkeit
- schädigendes Handeln versus hilfreiches Handeln
- falsche Glaubenssätze versus transformatorische Glaubenssätze
- Egoismus versus Liebe
- Traurigkeit/Depression versus Freude
- Beklemmung/Angst versus Frieden
- Ablehnung/Härte versus Güte
- Kontrolle versus Vertrauen

- ungesunder Stolz/Arroganz/Imagekontrolle versus Demut
- innere Zustände
- äußerer Fokus
- Zielsetzung
- Erfolgsorientierung

Ich lade Sie ein, jetzt den Test auf www.thehealingcodes.com zu machen. Beantworten Sie die Fragen unter der Prämisse, wie Sie sich die meiste Zeit über fühlen – also an einem durchschnittlichen Tag. Wenn Sie sich schlecht fühlen, könnten Sie versucht sein, die Fragen gemäß Ihrer schlechten momentanen Befindlichkeit zu beantworten. Oder vielleicht fühlen Sie sich außergewöhnlich gut, und Sie beantworten die Fragen gemäß Ihrer guten momentanen Befindlichkeit. Das kann den Test verfälschen, daher sollten Sie um eines möglichst präzisen Ergebnisses willen Ihrem üblichen Gemütszustand gemäß antworten. Sie können den Test auch machen, um die Ursachen eines ganz bestimmten Problems in Ihrem Leben herauszufinden, etwa in Ihrem Job oder in einer besonderen Beziehung. Beantworten Sie einfach jede Frage (so gut es geht) in Bezug auf dieses Thema. Sie können den Test immer wieder machen, um so viele Themen abzuarbeiten, wie Sie möchten.

Wenn Sie die Ergebnisse erhalten, sehen Sie sich zunächst die niedrigsten Werte an. Sagen wir, Ihre niedrigsten Werte beträfen Geduld (–5), Frieden (–3) und Liebe (–3). Diese Werte stellen höchstwahrscheinlich die Quelle jener Probleme dar, die Sie am meisten im Leben quälen – wo Sie also am meisten Heilung und Erfolg brauchen. Sie sind oft auch die Wurzel der ergebnisorientierten Ziele, die Sie sich stecken, und der Grund, warum Sie nicht wissen, was Sie sich wirklich wünschen. Der Schmerz, den Ihnen diese Themen mit den niedrigsten Werten bereiten, sorgt dafür, dass Sie sich auf die äußere Situation konzentrieren, um ihn zu lindern. Wie wir im zweiten Kapitel über unser Zellgedächtnis gesehen haben, neigen wir dazu, die Ursache unseres Schmerzes fälschlich in unserer äußeren Situation zu suchen und nicht in den spirituellen Problemen in unseren Erinnerungen, die oft viele Generationen alt sind. Im Testergebnis finden Sie eine Auswertung Ihres Punktestands in den betreffenden Bereichen. Zum Beispiel steht dort für einen Stand von –5 Punkten in Geduld:

Für Geduld beträgt Ihr Punktestand –5
auf einer Skala von –10 bis +10.
Sie werden oft ungeduldig oder wütend, wenn es nicht so rasch geht, wie Sie es gern hätten. Wenn Sie sich etwas wünschen, fällt es Ihnen schwer, darauf zu warten. Ihre Ziele gründen oft in Egoismus und stehen nicht im Einklang mit der Wahrheit und Liebe. Sie können lernen, sich wahre Ziele der Liebe zu setzen und Frieden und Freude in Ihrem Leben zu finden.

Nun sehen Sie sich Ihre höchsten Ergebnisse an. Das sind Ihre Stärken und Talente – das, worin Sie am besten sind. Nutzen Sie dieses Wissen in Ihren Beziehungen, im Beruf und in allem, was Sie tun, um Ihre Ergebnisse noch zu verbessern – genauso, wie eine Sportmannschaft ihre Stärken ausspielen würde. Mir zum Beispiel wurde die Schule durch ein Tennisstipendium finanziert. Ich war nicht wirklich überragend, aber verbissen wie eine Bulldogge und hasste es zu verlieren. Ich hechtete über den gesamten Platz, um nur ja jeden Ball zu erwischen, was mit der Zeit frustrierend für den Gegner war. Meine Rückhand war schwach, was ich kompensierte, indem ich mich drehte, um mit der Vorhand zu schlagen. Ich stand in einer Position auf dem Platz, die es meinem Gegner schwermachte, mir einen Rückhandschlag aufzuzwingen. Diese Kompensations- und Schutzmaßnahmen kosteten viel Energie und Arbeit, aber sie neutralisierten ziemlich wirksam meine Schwäche. Ich glaube daher an beide Herangehensweisen: die Eliminierung von Schwächen und die Betonung von Stärken. Tun Sie beides! Der Erfolgsproblemkompass wird Ihnen dabei helfen.

Lassen Sie sich nicht entmutigen, wenn Ihr höchster erzielter Wert Ihnen gar nicht so hoch erscheint. Sagen wir, er beträgt +2 für Selbstkontrolle. Das würde der Test dazu sagen:

Für Selbstkontrolle beträgt Ihr Punktestand +2
auf einer Skala von −10 bis +10.
Sie glauben, Anspruch darauf zu haben, dass andere etwas für Sie tun, oder dass Ihnen die Welt Erfolg schuldet. Dann wieder haben Sie das Gefühl, dass Sie zu Erfolg gar nicht fähig sind und einfach aufgeben sollten. Wenn Sie alte, schädliche Glaubenssätze und Zellerinnerungen loslassen, können Sie ein Leben leben, das von Wahrheit und Liebe getragen ist.

Das mag sich in Ihren Ohren nicht gerade wie eine Stärke anhören. Aber wenn Sie eine starke, angstbesetzte Programmierung haben, wirkt sie wie ein Damm gegen Ihre Stärken, indem sie sie gegen Ihren Willen ausbremst. Vielleicht steht Ihnen nur das Hilfsmittel der Willenskraft zur Verfügung, während Sie gegen eine Macht (also die Programmierung in Ihrem spirituellen Herzen) anzukämpfen versuchen, die um ein Vielfaches stärker ist als Sie. Aber sobald Sie die Angst aus Ihrem spirituellen Herzen löschen und es mit Hilfe der Drei Tools, die Sie im vierten Kapitel kennengelernt haben, auf Liebe umprogrammieren, können diese Stärken entfesselt werden und den Damm brechen lassen. Im Augenblick sollten Sie Ihr Bewusstsein dazu benutzen, Liebe in Ihre gegenwärtige Situation einfließen zu lassen: Glauben Sie daran, dass Sie in jedem Lebensbereich das Beste geben, das Ihnen möglich ist – selbst dort, wo Sie die wenigsten Punkte erzielt haben. Was wir noch ändern werden. Seien Sie gerade dort nachsichtig mit sich und verurteilen Sie sich nicht dafür.

Die Anwendung der Drei Tools auf den Erfolgsproblemkompass

Die Ermittlung der Wurzel Ihrer Erfolgsprobleme könnte der Schlüssel sein, der alles für Sie aufschließt. Ich hatte eine Klientin, die in Los Angeles lebte und drei Jobs hatte. Sie hatte jedes Erfolgsprogramm auf Gottes weiter Erde ausprobiert, doch noch immer hatte sie das Gefühl, nicht zu wissen, was wirklich ihr Problem war. Jeder hatte ihr etwas anderes gesagt, und langsam ging ihr das Geld aus. Sie machte den Test zum Erfolgsproblemkompass und stellte fest, dass sie den niedrigsten Punktestand beim Fokus auf Äußerlichkeiten erzielt hatte. Sofort wusste sie, dass es das war, was sie blockierte: Sie hatte bereits erfahren, dass ein Fokus auf Äußerlichkeiten unsere Stressantwort triggert und Erfolg geradezu verhindert, und begann zu begreifen, dass ein solcher Fokus auf Äußerlichkeiten sie in ihrem Alltag ständig begleitete. Als sie die Verbindung erkannt hatte, betete und meditierte sie und wandte die Drei Tools an, um die zugrunde liegende Programmierung zu heilen. Ein Jahr später rief sie mich an und erzählte, dass sich ihr Einkommen versechzehnfacht hatte. Es war nicht um sechzehn Prozent gewachsen, nicht um 16 000 Dollar, sondern es hatte sich versechzehnfacht. Sie meinte, dass der Erfolgsproblemkompass «schuld» daran sei und der Umstand, dass sie direkt an der wahren Wurzel ihrer Erfolgsprobleme habe arbeiten können. Ich habe sogar eine ganze Reihe ähnlicher Fälle erlebt, in denen der Betroffene die wahre Wurzel seines Problems erkannte und das Problem sofort geheilt war, ohne dass er etwas dazutun musste.

Aber wie Sie bereits wissen, reicht es normalerweise nicht aus, die Wurzelprobleme zu ermitteln. Zum Glück haben Sie jetzt die geeigneten Hilfsmittel dafür. Um die Wurzelprobleme zu heilen, auf die Sie mit Hilfe des Erfolgsproblemkompasses gestoßen sind, beginnen Sie mit dem niedrigsten Punktestand und wenden die Drei Tools an, die im vierten Kapitel vorgestellt wurden: das Energiemedizinische Tool, die Umprogrammierungsaussagen und den Herzschirm. Um zu unserem ersten Beispiel zurückzukehren: Wenn Sie bei Geduld den niedrigsten Punktestand erzielt haben, denken Sie an eine Begebenheit, bei der Sie besonders ungeduldig wurden. Je weiter die Erinnerung zurückliegt, desto besser, da wir damit der ursprünglichen Wurzelerinnerung näher kommen. Wenn Sie sich aber nur daran erinnern, wie ungeduldig Sie heute Morgen waren, ist das auch in Ordnung. Sie haben zwei Möglichkeiten, die Drei Tools bei diesem Test ins Spiel zu bringen: erstens, indem Sie das Energiemedizinische Tool und/oder das Herzschirm-Tool auf den Problembereich mit dem niedrigsten Punktestand anwenden und den detaillierten Anweisungen aus dem vierten Kapitel folgen. Oder zweitens, indem Sie sich der Kombinationstechnik aus dem vierten Kapitel bedienen – die Umprogrammierungsaussagen werden dafür sorgen, dass Sie jedes einzelne der Wurzelprobleme durcharbeiten, die die Ursache für den niedrigen Punktestand sein könnten. Wählen Sie den Ansatz, der Ihnen am meisten liegt; Sie werden trotz verschiedener Wege stets zum gleichen Ergebnis kommen.

Bei Bedarf wenden Sie diese Tools einen Monat lang auf Ihr Thema mit dem niedrigsten Punktestand an und machen Sie den Test zum Erfolgsproblemkompass am Ende des Monats noch einmal, um Ihre Fortschritte einschätzen zu können. Bitte beachten Sie: Wenn Sie das Gefühl haben, dass Ihr Problem geheilt ist – wunderbar; wiederholen Sie trotzdem den Test am nächsten Tag noch einmal. Sie werden feststellen, dass – während die Tools das Problem, das Sie bearbeiten, zu heilen beginnen – Ihr niedrigster Punktestand sich erhöhen und schließlich nicht mehr der niedrigste sein wird. Wenn das der Fall ist, widmen Sie sich Ihrem nächstniedrigsten Punktestand und wenden Sie die Drei Tools in der eben beschriebenen Weise darauf an.

Natürlich ist es das erklärte Ziel, hohe Pluszahlen in jedem Lebensbereich zu erringen. Aber ich habe die Erfahrung gemacht, dass die Leute bei der Arbeit an den Themen mit den niedrigsten Punkteständen mit der Zeit diverse natürliche Richtwerte erreichen und einen Durchbruch schaffen, der sie auf die nächste Erfolgsebene führt. Der erste Durchbruch besteht darin, keine negativen Werte mehr zu erzielen; all Ihre Punktestände liegen (auf einer Skala von −10 bis +10) bei 0 oder darüber. Der zweite Durchbruch ist der, bei +3 oder darüber zu landen. Der dritte Durchbruch bei +5, der vierte bei +7. Wenn Sie Ihren Fortschritt im richtigen Tempo vorwärtsbringen wollen, möchte ich Sie dazu ermuntern, den nächsten Richtwert ins Auge zu fassen und nicht gleich von Anfang an +7 anzupeilen. Neben der Tatsache, dass das Erreichen eines Richtwerts tendenziell Hand in Hand mit einem Durchbruch geht, ist es viel weniger abschreckend, ein großes Ziel in kleinere Schritte einzuteilen, als sich von beispielsweise −3 in fast jedem Bereich auf +7 katapultieren zu wollen. Die meisten Menschen empfinden diese Vorgehensweise als viel realistischer.

Wenn Sie den vierten Richtwert von +7 in jeder Kategorie erreichen (und das werden Sie, wenn Sie sich an die hier vorgeschlagene Vorgehensweise halten), werden Sie im Einklang mit Liebe, Freude, Frieden und Wahrheit leben, jeden einzelnen Augenblick, tagein, tagaus, unabhängig von der äußeren Situation. Sie werden in luftigen Höhen leben und die Luft atmen, die nur wenige Menschen jemals atmen. Sie werden sich fühlen, als hätten Sie den größten Erfolg errungen, den Sie je hätten erringen können. Und das ist noch nicht alles: Ihr neuer innerer Zustand wird sich mit der Zeit wunderbarerweise nach außen übertragen. Natürlich ist das keineswegs ein Wunder; Sie leben dann einfach nur im Einklang mit den spirituellen und physikalischen Gesetzen der Natur – so, wie zu leben Sie geschaffen wurden.

Befunderhebung 2: Die umgekehrten Flaschengeistfragen

Angst ist geradezu eine Epidemie in unserer Gesellschaft. Bei vierzig Millionen US-Amerikanern (das sind 18 Prozent der US-amerikanischen Erwachsenen) wurde eine klinische Angststörung diagnostiziert; und dabei ist noch nicht die viel größere Zahl jener Menschen berücksichtigt, die tagtäglich und chronisch Angst erleben.[1] So viele von uns sind angstabhängig, weil sie fortwährend unter Stress stehen, obwohl Angst keinesfalls die dominanteste Erfahrung unseres Lebens sein sollte. Wie Sie wissen, liegt die Ursache unserer unaufhörlichen Angst in der Konzentration auf äußere Umstände und Endergebnisse. Konzentrieren Sie sich auf innere Themen (Liebe, Freude und Frieden), lassen Sie die Endergebnisse los, und Angst und Stress werden verschwinden.

Dr. Thomas Perls von der Boston University hat eine der größten Studien in der Geschichte über Menschen durchgeführt, die über hundert Jahre alt wurden. Er fand heraus, dass diese Leute ganz allgemein dazu neigten, *sich keine Sorgen zu machen*.[2] Logisch, dass diese Beobachtung im Einklang mit unserer Feststellung steht, Stress verursache 95 Prozent aller Krankheiten und Leiden. Da Angst die Ursache von Stress ist, leuchtet es ein, dass bei Menschen, die sich keine Sorgen machen (also keine Angst haben), die Wahrscheinlichkeit wesentlich geringer ist, lebensverkürzende Krankheiten und Leiden zu entwickeln. Bibelexperten haben mir gesagt, dass in der Bibel *365 Mal* «Fürchtet euch nicht» steht. Es würde jedenfalls absolut Sinn machen, wenn der Schöpfer unseres

---

[1] Anxiety and Depression Association of America: «Facts and Statistics», www.adaa.org/about-adaa/press-room/facts-statistics (abgerufen am 20. Januar 2014).

[2] Zu Dr. Perls' *New England Centenarian Study* siehe http://www.bumc.bu.edu/centenarian/ (abgerufen am 20. Januar 2014).

Körpers und unseres Mind diesen Satz so oft wiederholt in dem Wissen, was Angst, Sorgen und Stress uns antun können.

Die umgekehrte Flaschengeist-Befunderhebung fördert alle Ängste zutage, die in Ihrem Leben eben jetzt am Werk sind. Erinnern Sie sich noch an die drei Fragen nach Ihrem ultimativen Erfolgsziel, die Sie im ersten Kapitel beantwortet und die erbracht haben, was Sie sich wirklich am meisten wünschen? Hier sind sie noch einmal:

1. Was wünschen Sie sich in diesem Augenblick mehr als alles andere (was ist also Ihr Wunsch an den Flaschengeist)?
2. Was macht es mit Ihnen, wenn Sie haben, was Sie sich in der ersten Frage gewünscht haben, und wie verändert es Ihr Leben?
3. Wie fühlen Sie sich, wenn all das eingetreten ist, womit Sie auf die erste und zweite Frage geantwortet haben?

Diese zweite Befunderhebung nun stellt drei genau entgegengesetzte Fragen: nämlich nach dem, wovor Sie am meisten Angst haben – und damit nach dem, was Sie bereinigen und umprogrammieren müssen, um Ihren inneren Virus loszuwerden. Sie können sich im Folgenden jede Frage gleich selbst beantworten.

1. Wovor haben Sie in diesem Augenblick mehr als alles andere Angst? Nehmen Sie sich die Zeit, die Sie brauchen, um darüber nachzudenken. Wenn Sie die Antwort darauf gefunden haben, beschreiben Sie es bis in alle Einzelheiten.

Ihre Antwort auf die erste Frage entlarvt die negative Situation, auf die Sie derzeit mit Willenskraft, negativen Erwartungen und Stress fokussiert sind. Sie glauben, dass es Ihnen nicht gutgehen wird, wenn das eintritt. Diese Situation ist aber auch das, was Sie gerade in Ihrem Leben erschaffen. Warum? Zunächst einmal wäre es Ihnen nicht möglich, diese Antwort zu geben, wenn das zugehörige Bild nicht schon in Ihrem spirituellen Herzen vorhanden wäre. Sie müssen es in Ihrem spirituellen Herzen sehen, sonst könnten Sie die Worte nicht finden, um es zu beschreiben. Zweitens unterscheidet unser Herz nicht, was real ist und was eingebildet. Auch was eingebildet ist, ist für das Herz real, daher passiert alles in unserem spirituellen Herzen auch unserem Herzen und damit unserem Körper. Denken Sie daran: Das, was das spirituelle Herz erlebt, ist zu 100 Prozent Dolby-Surround-Gegenwart. Sobald Sie also das Bild dessen sehen, was Sie am meisten fürchten, verändert Ihr Herz die Physiologie Ihres Körpers, um auf den Notfall zu reagieren, der sich in diesem Moment in Ihrem Herzen abspielt, und um Ihr Leben zu retten. Jedes einzelne Mal, wenn Sie an das denken, was Sie am meisten fürchten, versetzen Sie sich selbst in den Kampf-oder-Flucht-Modus – dabei ist äußerlich gar nichts vorgefallen.

2. Was würde es mit Ihnen machen, wenn tatsächlich eintreten würde, was Sie am allermeisten gefürchtet haben, und wie würde es Ihr Leben verändern?

Ihre Antwort auf die zweite Frage geht ein wenig tiefer: Sie offenbart die zugrunde liegende äußere Situation in Ihrem Leben, in der Sie sich befinden und die zu verspielen Sie Angst haben – oder in der Sie sich nicht befinden und von der Sie fürchten, dass sie Ihnen aufgezwungen werden könnte. Wie in der ersten Frage benennt Ihre Antwort hier die bestimmte Situation, die Sie in diesem Moment in Ihrem

Leben erschaffen – womöglich nur, weil Sie sie fürchten, und nicht, weil sie von selbst eintreten würde. Mit anderen Worten: Unsere Angst erhöht die Wahrscheinlichkeit, dass die Antwort auf die zweite Frage (und in gewisser Hinsicht auch auf die erste Frage) tatsächlich in der Zukunft eintritt, und zwar völlig unabhängig von der objektiven Wahrscheinlichkeit, dass sie von selbst eintreten würde.

Häufig ist es so, dass die vorgestellten Antworten auf die zweite Frage nie und unter keinen Umständen Realität werden würden. Die Statistik besagt, dass 90 Prozent der Dinge, über die wir uns Sorgen machen, nie eintreten – und selbst wenn sie das tun, wird es nie so schwierig oder schlimm, wie wir das befürchtet haben. In seinem TED Talk «The Surprising Science of Happiness» spricht Dr. Dan Gilbert über die Ergebnisse einer Forschungsstudie mit frischgebackenen Lottogewinnern und Patienten mit gerade erlittenen Querschnittslähmungen.[3] Zu Beginn der Studie war das subjektive Glücksempfinden der frischgebackenen Lottomillionäre dramatisch höher als das der Menschen mit der gerade erlittenen Querschnittslähmung. Sechs Monate später war kein Unterschied mehr zwischen den beiden Gruppen festzustellen. Das nennt man psychologische Adaption.[4]

Der springende Punkt an diesem Beispiel ist: Das, wovon wir glauben, dass es unser Leben zerstören würde, tut dies fast nie. Vieles, was wir hingegen für keine große Sache hal-

---

[3] Dan Gilbert: «The Surprising Science of Happiness», TED Talk, 26. April 2013, www.youtube.com/watch?v=4q1dgn_C0AU (abgerufen am 20. Januar 2014).

[4] Psychologische Adaption ist eine Bewältigungsstrategie, kein Zeichen von Heilung. Im Gegenteil – die psychologische Adaption bedeutet üblicherweise, dass eine Heilung *nicht* stattgefunden hat.

ten, wird allerdings sehr wohl mit der Zeit unser Leben zerstören. Der Grund, weshalb die meisten Menschen glauben, dass ihre Antwort auf die zweite Frage so katastrophale Auswirkungen hätte, liegt darin, dass sie meinen, die Situation, die sich aus der ersten Frage ergäbe, könnte zum größten Problem ihres Lebens werden. Aber das stimmt nicht – tatsächlich ist genau diese Unwahrheit/Fehldeutung die Ursache ihrer Angst. In Wahrheit wäre das größte Problem unseres Lebens, wenn wir die erste Frage aus dem ersten Kapitel (Was wünschen Sie sich in diesem Augenblick mehr als alles andere?) *mit einer äußeren Situation* beantworten würden – denn vor allem anderen setzt es unsere Stressreaktion in Gang, nach einer äußeren Situation zu streben, und verursacht all unsere Probleme, wie ich in diesem Buch immer wieder betone.

Wenn es aber unser größtes Problem wäre, die erste Frage aus dem ersten Kapitel mit einer äußeren Situation zu beantworten, wäre unser zweitgrößtes Problem die Antwort auf die dritte der umgekehrten Flaschengeistfragen – und die Ermittlung dieses Problems ist schließlich das Ziel dieser Befunderhebung.

3. Wie fühlen Sie sich, wenn all das eingetreten ist, womit Sie auf die erste und zweite Frage geantwortet haben?

Genau wie im ersten Kapitel, wo Ihre Antwort auf die dritte Frage verriet, was Sie sich wirklich wünschen, verrät Ihre Antwort auf die dritte Frage hier Ihr wahres Problem – und womöglich das größte (oder zweitgrößte) Problem Ihres Lebens. Die innere Befindlichkeit, in der Sie sich gerade befinden, verursacht Ihnen wahrscheinlich mehr Stress als irgendetwas anderes. Sie speist sich aus Ihren Erinnerungsdatenbanken, Ihrer Schmerz-Lust-Angst-Programmierung und Ihren wichtigsten Glaubenssätzen, Gedanken und Gefühlen. Es kann vielen Menschen sehr schwerfallen, auf diese Frage eine Antwort zu geben. Ich habe schon erlebt, wie Leute an die dritte Frage gerieten und vollkommen zusammenbrachen, weil sich ihre Antwort auf das wirklich scheußlichste Erlebnis bezog, das sie sich vorstellen konnten. Aber in Wahrheit erlebten sie es *genau in diesem Augenblick*. Wenn es in Ihrem spirituellen Herzen ist, Sie es sich auf Ihrem Herzschirm vor Augen führen und das spirituelle Herz immer in der Gegenwart lebt, dann ist es für Ihr Herz keine Frage, *ob* es passiert; es passiert im realen Leben. Jetzt.

Wenn Sie die Wurzelerinnerungen Ihrer Antwort auf die dritte Frage heilen, werden Sie zum Glück parallel dazu einen gigantischen Unterschied in praktisch jedem Bereich Ihres Lebens feststellen. Irgendwo, in dem Bereich, auf den sich die dritte Frage für Sie bezieht, glauben Sie an eine Lüge – über sich selbst, andere, Gott, Ihre Situation oder alles zusammen. Heilen Sie die Lüge, und Ihr inneres Gefühl *wie auch* die äußere Situation wird sich sofort zu verändern beginnen.

Die umgekehrten Flaschengeistfragen in Aktion: Neil

Ganz weit oben auf der Hitliste dessen, was die Leute heutzutage am meisten fürchten, wenn ich mit ihnen diese Frage durchgehe, steht das liebe Geld. Das traf auch auf Neil zu, der drei Monate zuvor entlassen worden war und seither hier und da nur Gelegenheitsjobs hatte finden können. Der Stress begann ihn zu lähmen, was dazu führte, dass er in den Bewerbungsgesprächen keine gute Figur machte, und ihn anschließend noch mehr lähmte. Seine Frau kümmerte sich zu Hause um ein Kleinkind und einen

Säugling, und das gemeinsame Ersparte startete seinen freien Fall. Neils Antwort auf die erste Frage (Wovor haben Sie in diesem Augenblick mehr als alles andere Angst?) lautete: «Dass ich am Ende des Monats nicht genug Geld habe, um unser Essen zu bezahlen.» Dann stellte ich Neil die zweite Frage: «Wenn Sie am Ende des Monats wirklich nicht genug Geld hätten, um die Hypothek abzubezahlen und Lebensmittel zu kaufen, wie würde das Ihr Leben beeinflussen und was würden Sie tun?» Seine Antwort: «Die Bank würde unser Haus pfänden, meine Familie hätte Hunger und kein Dach über dem Kopf; wir müssten zu meinem Schwager ziehen.»

Ich erklärte Neil, was ich oben erklärt habe. Er begann zu begreifen, dass die Pfändung seines Hauses durch die Bank 1. als direktes Ergebnis dessen, dass er in diesem Monat nicht genug Geld verdienen würde, um die Hypothek abzutragen, extrem unwahrscheinlich war, und 2. nur deshalb wahrscheinlicher wurde, einfach weil er es fürchtete. In Wahrheit standen die Chancen nicht schlecht, dass ihm seine Familie vorübergehend ein Darlehen für die Abzahlung der Hypothek gewähren würde, auch wenn er viele Monate lang keinen Vollzeitjob hätte. Und selbst wenn er nicht um ein solches Darlehen bitten wollte, konnten wir uns eine Reihe anderer kurzfristiger Lösungen ausdenken, um die Hypothek zu bedienen und seine Familie satt zu bekommen. Er begann zu begreifen, dass seine Angst auf einer Lüge beruhte; aber diese Erkenntnis hatte sein spirituelles Herz noch nicht erreicht.

Deshalb fragte ich als Nächstes: «Wenn sich herausstellte, dass Ihre Angst begründet wäre, wie würden Sie sich fühlen?» Neil antwortete: «Ich würde mich furchtbar schämen – ich würde mir vor meiner Frau, meinen Kindern, der Familie meiner Frau und mir selbst wie der erbärmlichste Versager vorkommen.» Ich erklärte ihm, dass dasselbe, was für seine Antwort auf die zweite Frage galt, auch auf die dritte Frage zutraf – dass er sich also nicht würde schämen müssen. Dennoch existierte diese Scham bereits in seinem spirituellen Herzen als Festplattenvirus und musste unverzüglich eliminiert werden, wie ein Computervirus, wenn Neil jemals das Leben zu führen hoffte, das er sich wünschte.

Die gute Nachricht war, dass diese Befunderhebung einen bestimmten Virus auf Neils Festplatte offenbarte: Scham. Er erlebte sie ununterbrochen in seinem spirituellen Herzen, und früher oder später hätte sie einen Weg nach außen gefunden – sei es nun, dass sie ihn weiter seine Bewerbungsgespräche hätte vermasseln lassen, sodass er keinen Vollzeitjob bekommen hätte, oder dass sie ein ernstes gesundheitliches Problem aufgeworfen oder zu einer Reihe weiterer negativer Symptome geführt hätte. Deshalb wandten wir die Drei Tools auf sein Gefühl der Scham an, um diese Angst zu eliminieren und sie zu Liebe umzuprogrammieren. Es gelang nicht sofort – wir wandten nur ein Tool pro Sitzung an, und Neil konnte normalerweise gleich anschließend seine Scham mit einer 1 oder weniger beziffern; doch sie war eine Woche später zu Beginn der Folgesitzung immer noch da.

Gleichzeitig begann sein innerer Stress abzunehmen, und er wurde entspannter bei Bewerbungsgesprächen. Bald bekam er einen Vollzeitjob, der nicht genau seinem Fachgebiet entsprach, aber er brachte ihm ein regelmäßiges Gehalt, das mehr als die Grundbedürfnisse seiner Familie deckte. Sein innerer Zustand und seine äußere Situation belegten, dass die Angst in seinem spirituellen Herzen gerade zu Liebe umprogrammiert wurde. Und wirklich: Als ich ihn bei einem unserer regelmäßigen Telefontermine erneut fragte, wovor er am meisten Angst hatte, wollte ihm nichts mehr einfallen.

Die Anwendung der Drei Tools auf die umgekehrten Flaschengeistfragen

Um Angst und Stress abzubauen und aufzuhören, durch Ihren inneren Zustand genau die äußere Realität zu schaffen, die Sie am meisten fürchten, brauchen Sie wie Neil jene innere Heilung, die dazu führt, dass Ihre Antwort auf die erste Frage «nichts» lautet. Wenn Ihr Leben nicht in Gefahr ist, lautet die Antwort einer gesunden, gut funktionierenden inneren Programmierung: «Ich fürchte im Moment nichts.» Ich verspreche Ihnen: Es ist möglich. Überall auf der Welt gibt es Menschen, die dieses Verfahren durchlaufen haben und nun diese Realität erleben. Genau dafür sind die Drei Tools gedacht.

Ich möchte, dass Sie all das jetzt bei sich selbst anwenden. Ich will Sie dabei begleiten, um sicherzugehen, dass Ihre Antwort auf die dritte Frage keine Beschreibung Ihres zukünftigen Lebens wird. Kehren Sie zu Ihrer Antwort auf die dritte Frage zurück. Wenden Sie gemäß den Anweisungen im vorigen Kapitel die Drei Tools auf Ihre Antwort auf die dritte Frage an, bis Ihre Antwort auf die erste Frage lautet: «Ich habe vor gar nichts Angst.» Sie können die Tools eines nach dem anderen anwenden oder aber das Energiemedizinische Tool zusammen mit dem Herzschirm-Tool auf Ihre Antwort zur dritten Frage; oder Sie bedienen sich der Kombinationstechnik, sodass die Umprogrammierungsaussagen den Kernglaubenssatz hinter Ihrer Antwort auf die dritte Frage enttarnen und heilen. Das kann einen Tag, eine Woche, einen Monat oder manchmal (ausnahmsweise) ein Jahr dauern. Wie viel Zeit es auch in Anspruch nimmt – es ist in Ordnung und das Beste für Sie. Sie haben immer noch den Rest Ihres Lebens, um im Einklang mit der Liebe und frei von Angst zu leben.

Befunderhebung 3: Lebensschwüre

So viele Menschen, denen ich über die Jahre begegnet bin, hatten das Gefühl, in dem einen oder anderen Bereich ihres Lebens festgefahren zu sein. Sie hatten alles versucht, schienen aber einfach nicht weiterzukommen. Manchmal legten sie sogar Suchtverhalten oder schlechte Angewohnheiten in vielen Bereichen an den Tag. Der Grund hierfür lautete fast ausnahmslos, dass sie einen Lebensschwur getan haben. Ein Lebensschwur ist ein Versprechen, das wir uns geben, üblicherweise in frühen Jahren und unter extremem Druck und über eine längere Zeit hinweg dauerndem Schmerz, um uns selbst davor zu schützen, diesen Schmerz noch einmal erleben zu müssen. Bewusst oder unbewusst leisten wir einen Schwur: «Wenn ich X dadurch bekommen (oder verhindern) kann, gebe ich Y auf.» Vielleicht haben Ihre Eltern zum Beispiel oft gestritten, als Sie klein waren, und das hat Ihnen Angst gemacht. Eines Tages hat dann Ihr Unterbewusstsein ein Versprechen abgegeben oder ist einen Deal eingegangen, damit der Schmerz weniger wird. Vielleicht hat es gesagt: «Ich mache, was nötig ist, um von Mom und Dad wegzukommen, wenn sie sich anschreien.» Als Kind beginnen Sie also alles zu tun, was Ihnen den Schmerz durch das Streiten nimmt: Sie verstecken sich, erfinden Geschichten über einen ausgedachten Freund oder einen ausgedachten Ort – egal was und egal, welche Konsequenzen es hat. Sie laufen vor der lautstarken Streiterei davon, indem sie sich von ihren Eltern distanzieren – und am Ende von allen anderen auch.

Dieser Lebensschwur wird zum Lebensprogramm. Im Erwachsenenalter kann sich ein solcher Schwur aus Kindertagen dergestalt weiterspinnen: «Vielleicht muss ich den Gedanken an eine Familie, die ich gern hätte, aufgeben – aber ich werde nie an einem Ort sein, wo alle herumbrüllen.» Er beeinflusst all Ihre Beziehungen, und Sie finden einfach nicht heraus, warum. Er sorgt dafür, dass Sie fortwährend im Selbstschutzmodus leben, der gleichzusetzen ist mit fortwährendem, massivem Stress. Ein Lebensschwur ist ein furchtbar zwingender «Ich brauche das zum Überleben»-Glaubenssatz, selbst wenn Sie schon 35 sind und diese Situation keineswegs zum Überleben brauchen. Lebensschwüre können auch erklären, warum manche Menschen nach außen scheinbar alles haben und sich innerlich doch nicht darüber freuen können.

Selbstzerstörerische, zyklisch wiederkehrende Verhaltensmuster sind das Ergebnis von Lebensschwüren. Wenn Sie sich als Erwachsener fragen: «Warum mache ich das nur immer wieder? Ich kann offenbar nicht damit aufhören», dann haben Sie als Kind wahrscheinlich einen Lebensschwur geleistet. Seine Kraft hat nichts mit der objektiven Definition von Trauma oder Ihrem bewussten Erwachsenenverständnis zu tun. Sie hat mit der Menge an Adrenalin und Kortisol zu tun, die Ihre Stressreaktion damals, als Sie den Schwur leisteten, durch Ihren Körper pumpte. Es ist typisch für Lebensschwüre, dass sie im Delta-Theta-Hirnwellenbereich entstehen, unter einer exzessiven Ausschüttung von Adrenalin. Wenn Sie als Kind diese Situation als extrem stressreich erlebt haben, kann der betreffende Lebensschwur Ihr Leben bis heute bestimmen – selbst wenn Ihr erwachsener Mind die Ausgangserfahrung nicht mehr als große Sache betrachten würde und Sie nicht einmal ahnen, dass es Lebensschwüre überhaupt gibt. Das innere Erlebnis, die innere Wahrnehmung und Deutung sind alles, wenn es um das spirituelle Herz geht.

Der Lebensschwur in Aktion: Stacey

Als ich als Berater noch in Vollzeit tätig war, hatte ich eine Klientin, Stacey, die nach vielen Dingen süchtig war: Schokolade, Alkohol, Sex, Shopping, Seifenopern usw. Sie war jahrelang in Therapie gewesen, wusste, dass sie diverse Zwangsverhaltensweisen an den Tag legte, und wollte sie auch unbedingt loswerden, hatte aber noch nichts gefunden, was ihr langfristig helfen konnte. Das waren ihre Worte an mich: «Ich habe das Gefühl, dass nichts in meinem Leben real ist.» Tatsächlich war sie ein Abbild der Apathie. Wenn man sie mit einem Wort hätte beschreiben müssen, wäre es wahrscheinlich «matt» gewesen, und zwar in jedem nur erdenklichen Sinn des

Wortes: Das Licht in ihren Augen schien erloschen zu sein. Ihre zahlreichen Ex-Therapeuten waren froh, dass sie nun jemand anderen bezahlte – ich sprach mit einigen von ihnen, und sie waren schlicht ratlos.

Da Lebensschwüre üblicherweise in Zwangsverhalten münden, hegte ich den starken Verdacht, dass Stacey einen Lebensschwur geleistet hatte. Ich stellte ihr entsprechende Fragen und zog einige andere Befunderhebungen zu Rate, aber sie konnte sich an nichts Aussagekräftiges erinnern. Eines Tages kam sie wieder in die Praxis und verkündete: «Ich hab ihn.»

«Wen?», fragte ich verständnislos.

«Den Lebensschwur.» In der Nacht zuvor, beim Einschlafen, war sie von einer lebhaften Erinnerung daran überfallen worden, wie sie als Kind im Bett lag und ihre Eltern lautstark streiten hörte, wobei ihr Vater ihre Mutter auch schlug. Er war ein gewalttätiger Alkoholiker; solche Misshandlungen waren in ihrem Elternhaus an der Tagesordnung. Doch bis zu diesem Augenblick hatte sie – obwohl sie wusste, dass ihr Vater ein prügelnder Trinker war – nie Erinnerungen an eigene derartige Erlebnisse in ihrem Elternhaus gehabt. Und nun fiel ihr wieder ein, dass sie damals gedacht hatte: «Was es mich auch kostet, ich werde hier rauskommen, und dann werde ich das nie wieder durchmachen.» Sie hatte tatsächlich ihren Lebensschwur gefunden.

Und wirklich, so war es: Stacey traf von diesem Augenblick an Entscheidungen in ihrem Leben, die dafür sorgten, dass sie ganz sicher keinen Konflikt und keine Wut mehr erleben musste – oder überhaupt irgendeine andere starke Emotion. Sie heiratete einen Mann, der offen gestanden die Persönlichkeit und den Aktivitätsgrad eines Telefonmastes hatte, aber wenigstens brüllte er sie nicht an. Am Ende lebte sie durch ihre diversen Süchte ein geliehenes Leben, denn es war ihr zu riskant, sich mit ihren Wünschen auf die echte Welt einzulassen.

Als wir ihren Lebensschwur erkannt hatten, konnten wir die Drei Tools anwenden, diese Angst aus ihrem spirituellen Herzen löschen und es auf Liebe umprogrammieren. Beim letzten Kontakt hörte ich, dass Stacey sich noch durch eine oder zwei Abhängigkeiten arbeitete – von insgesamt mindestens zwölf, die wir ermittelt hatten. Was aber noch wichtiger war – ihr gesamter Gefühlshaushalt hatte sich verändert: Das Licht war in ihre Augen zurückgekehrt, und sie hatte wieder Leben im Leib. Sie hatte ebenfalls begonnen, sich ihrem Mann, ihren Kindern, ihrer Arbeit, ihren Freunden zuzuwenden – den wahren Säulen ihres Lebens.

Die Anwendung der Drei Tools auf Lebensschwüre

Wenn Sie aufgrund Ihrer aktuellen Symptome (und besonders bei vorliegendem Suchtverhalten) vermuten, dass auch Sie einen Lebensschwur geleistet haben, können Sie ebenfalls Ihre Programmierung heilen. Etwaige Lebensschwüre, die in Ihrem spirituellen Herzen wir Viren auf der Festplatte wirken, ermitteln Sie folgendermaßen:

1. Zunächst sollten Sie sich «unter Ihren Baum setzen», wie ich es nenne, oder beten und/oder meditieren, je nachdem, wie es sich natürlich für Sie anfühlt. Wenn Ihr Mind offen und entspannt ist, überlegen Sie, welche Verhaltensweise in Ihrem Leben zu dem selbstzerstörerischen, zyklischen Muster passt, das für einen Lebensschwur charakteristisch ist. Hatten Sie über eine längere oder aber eine kürzere, von übermäßigem Druck bestimmte Zeit Schmerzen oder standen unter Stress, als Sie klein waren? Wenn ja: Erinnern Sie sich an einen Zeitpunkt, zu dem Sie sich bewusst oder unbewusst gesagt haben: «Wenn ich nur _____ vermeiden kann, werde ich _____ tun oder ohne _____ leben»?

2. Wenn Sie eine solche Erinnerung nicht finden können, konzentrieren Sie sich nur auf das wiederholte Verhalten, das Sie jetzt quält und dem Leben im Weg steht, das Sie sich wirklich wünschen: jeden einzelnen Augenblick im Einklang mit der Liebe zu leben.
3. Wenden Sie die Drei Tools auf die besagte Erinnerung oder auf das wiederholte Verhalten an, indem Sie den Anweisungen im vierten Kapitel folgen. Wieder können Sie auch hier jedes Tool einzeln auf Ihren Lebensschwur anwenden, eine Kombination aus Energiemedizinischem Tool und Herzschirm-Tool oder die Kombinationstechnik, indem Sie die Umprogrammierungsaussagen zur Diagnose und Heilung des Kernglaubenssatzes hinter Ihrem Lebensschwur heranziehen. Sie wissen, dass Bereinigung und Umprogrammierung abgeschlossen sind, wenn die Symptome, Angewohnheiten oder Süchte verschwinden. Noch einmal – machen Sie sich keine Gedanken darüber, wie lange es dauert: Das können mehrere Monate oder aber auch nur ein Augenblick sein – das Ergebnis wird es wert sein.

Wissen Sie noch, was ich am Ende des ersten Kapitels gesagt habe? Dass Sie das Love Principle noch nicht leben könnten, selbst wenn Sie genau wüssten, was zu tun ist. Nun, jetzt sollten Sie es können, sofern Sie meinen Empfehlungen stets gefolgt sind. Im siebten Kapitel lernen Sie die praktische Vorgehensweise kennen, mit deren Hilfe Sie am Ende Erfolg in bestimmten Bereichen Ihres Lebens haben werden – besonders dort, wo er Ihnen in der Vergangenheit verwehrt geblieben ist.

KAPITEL 7:

Die Erfolgsmethode des Love Principle

Nunmehr wissen Sie, dass echter Erfolg nicht bloß darin besteht, die gewünschte äußere Situation zu erreichen, egal, wie eindrücklich sie auch sein mag. Ein Leben im gegenwärtigen Moment und im Einklang mit der Liebe (das Gegenmittel gegen Stress und Angst) ist die einzige Möglichkeit, wie unser Bewusstsein und unser Körper auf Linie gebracht werden können – voller Frieden, gesund und glücklich. Die Konzentration auf vergangene oder künftige Erwartungen oder das Herbeiführen dessen, was wir uns wünschen, mittels Willenskraft schafft dagegen Stress und Misserfolg auf der physischen und nichtphysischen Ebene.

Bevor wir uns den einzelnen Schritten der Erfolgsmethode zuwenden, möchte ich zunächst definieren, was ich mit Erfolg meine. Ich glaube daran, dass jeder Einzelne von uns eine persönliche Bestimmung hat – oder «Berufung», wie ich es gern ausdrücke. Ich glaube jedoch nicht daran, dass wir an einem einzigen, bestimmten Punkt ankommen sollen, wie er auch aussehen mag. Wenn das der Fall wäre und alles vorgeschrieben und vorbestimmt wäre, warum sollten wir dann noch selbst tätig werden? Auch wenn wir einer Berufung oder Bestimmung folgen, gestalten wir diese Bestimmung dadurch, ob wir im Einklang mit der Angst oder der Liebe leben. Wir sind alle zur Liebe berufen, da das Gesetz der Liebe durch unser Gewissen in unser Herz eingeschrieben ist – der perfekte Kompass für jede Situation. Aber es ist immer noch unsere Entscheidung, ob wir dieser Berufung folgen oder nicht – hundert Mal am Tag, 365 Tage im Jahr.

Immer wenn ich aus der Angst heraus lebe, entferne ich mich

von meiner Berufung oder verzögere ihre Verwirklichung. Immer wenn ich im Einklang mit der Liebe lebe, folge ich meiner ultimativen und für mich idealen Berufung, denn wenn ich durchweg so lebe, lebe ich mein perfektes Leben. Im Einklang mit der Liebe zu leben ist die beste und vielleicht einzige Art und Weise, die perfekte äußere Situation zu schaffen, die eine sichtbare Manifestation unseres Erfolgs ist. Ja, ich lerne aus meinen Fehlern, wenn ich aus Angst agiere; ich brauche sie, wie eine Rakete eine Startrakete braucht, damit sie mir zeigen, dass ein Leben in Angst und Selbstsucht auf lange Sicht nicht funktionieren wird und mich von meiner Berufung, von Glück und Wohlbefinden wegführt.

Ich brauche diese Fehler aber nicht mehr, wenn mein Unterbewusstsein bereinigt und umprogrammiert ist und ich im gegenwärtigen Augenblick und im Einklang mit der Liebe lebe. Sobald die Rakete im Orbit ist, wird die Startrakete nicht mehr benötigt und fällt ab – sie hat ihren Zweck erfüllt. Sie zu behalten würde die Mission gefährden.

Außerdem ist Ihre Berufung nur für Sie ideal und niemand anders. Das ist einer der Gründe, warum das sich ständige Vergleichen mit anderen so vielen Leuten so viel Schönes vergällt hat. Vergleiche sind meistens noch übler als nutzlos. Für viele Menschen sind Vergleiche mit anderen die Hauptursache für ihre Erwartungen. Sie gehören zu den größten schwarzen Löchern für unsere spirituelle Energie auf diesem Planeten. Wenn wir einen Vergleich ziehen könnten, der uns dankbar oder zufrieden machen würde, ziehen wir ihn oft nicht. Wir beißen uns lieber an dem fest, was *nicht* so ist, wie wir es haben wollen. Aber der Schlüssel zur Zufriedenheit ist Nichtwollen.

Wir erfüllen unsere Berufung *nicht*, indem wir uns auf ein Endergebnis in der Zukunft konzentrieren, einen Plan machen, wie wir es erreichen, und dann mit Willensanstrengung darauf hinarbeiten. Nicht nur, dass das selten funktioniert, Sie werden sehr wahrscheinlich auch falsch einschätzen, was das ideale Ergebnis für Sie ist. Der Weg zur Umsetzung Ihrer Berufung besteht darin, *jetzt schon* im Einklang mit der Liebe zu leben. Dies ist nicht nur das Endergebnis, das stets vollkommen in der Gegenwart präsent ist, sondern es bringt auch in Zukunft Ihre ideale Berufung hervor – und es kann gut sein, dass es der einzige Weg dahin ist. Sich auf das zu versteifen, was Sie für Ihre ideale Berufung *halten*, ist wie Dartspielen im Dunkeln und setzt Sie chronisch unter Stress. Umgekehrt bahnt es stets den Weg in eine ideale Zukunft, wenn Sie tun, was am besten für Sie ist (indem Sie Liebe sind und geben), und die Zukunft der Liebe/Quelle/Gott anvertrauen – sogar wenn diese ideale Zukunft etwas ist, das Sie sich nie erträumt hätten und ganz automatisch und mühelos entsteht.

Egal, was Sie schon durchgemacht oder selbst getan haben, es gibt dort, wo Sie sich gerade befinden, immer einen Weg zu Ihrer idealen Berufung. Sie können sie sich nicht fürs Leben «vermasseln». Leben Sie jetzt einfach nur im Einklang mit der Liebe – bereinigen Sie Ihr Unterbewusstsein, programmieren Sie es um und lassen Sie das Endergebnis los –, und Ihr Weg wird sich wandeln: zunächst innerlich, dann äußerlich.

Dies ist die Magie der Love-Principle-Erfolgsmethode: Wenn Sie den Mut und die Hingabe aufbringen, dieser Vorgehensweise genau so zu folgen wie beschrieben, verspreche ich Ihnen den Erfolg. Ja, meiner Meinung nach ist es sogar unmöglich, *keinen* Erfolg zu haben, wenn Sie nach diesen Grundregeln leben, und Tausende Menschen auf der ganzen Welt sind der lebende Beweis dafür.

Wenn Sie sich unter Ihren Baum setzen (das heißt: beten und meditieren) und Ihren Herzenswunsch ermitteln, ein Erfolgsziel diesem Wunsch überordnen, Ihr spirituelles Herz bereinigen und umprogrammieren und jeden einzelnen Augenblick im Einklang mit der Liebe leben, bekomme ich womöglich in naher Zukunft einen Brief oder Anruf von Ihnen.

Bevor wir mit der Erfolgsmethode beginnen, möchte ich Sie daran erinnern, dass Sie das Programm entweder mit den Befunderhebungen aus dem sechsten Kapitel in Angriff nehmen können oder hier anfangen und die Befunderhebungen später nachholen. Beides wird funktionieren.

Im Folgenden lasse ich immer wieder Lücken, damit Sie Ihre Antworten direkt in dieses Buch schreiben und jeden Impuls und jede Inspiration nutzen können, die Sie gerade haben. Aber Sie können Ihre Antworten natürlich auch gern in einem eigenen Notizheft oder in Ihrem Computer festhalten, wenn Sie mehr Platz brauchen.

Eines noch: Wenn Ihnen all die Einzelheiten der Erfolgsmethode zu viel werden, legen Sie eine Pause ein und wenden Sie Ihr Lieblingsinstrument der Drei Tools auf dieses Gefühl, regelrecht erschlagen zu werden, an, bevor Sie weitermachen. Sie können auch kreativ sein und Ihre eigene Strategie (er)finden, die Grundsätze und Instrumente anzuwenden. Schließlich ist das, was am besten bei Ihnen funktioniert und sich am besten anfühlt, auch das Beste für Sie. Machen Sie sich keinen Stress damit, es genauso tun zu müssen, wie ich es hier beschreibe. Experimentieren Sie und machen Sie es dann so, wie es für Sie passt.

Und jetzt fangen wir an.

1. Ermitteln Sie Ihr ultimatives Erfolgsziel.

Das tun Sie mit der Drei-Fragen-Übung aus dem ersten Kapitel. Wenn das noch nicht passiert ist, beantworten Sie sich diese Fragen jetzt, damit Sie wissen, welchen inneren Zustand Sie sich am meisten wünschen.

- Was wünschen Sie sich in diesem Augenblick mehr als alles andere?
- Was macht es mit Ihnen, wenn Sie haben, was Sie sich in der ersten Frage gewünscht haben, und wie verändert es Ihr Leben?

– Wie fühlen Sie sich, wenn all das eingetreten ist, womit Sie auf die erste und zweite Frage geantwortet haben?

2. Ermitteln Sie einen Erfolgswunsch, auf den Sie hinarbeiten und den Sie in Ihrem Leben verwirklichen möchten.

Worauf möchten Sie heute in Ihrem Leben hinarbeiten? Suchen Sie per Brainstorming nach Endergebnissen, die Sie in verschiedenen Lebensbereichen erzielen wollen – zum Beispiel eine besondere Beziehung, einen beruflichen Erfolg, eine ganz bestimmte Leistung, mehr Geld oder eine gesundheitliche Verbesserung. Zunächst: Streichen Sie nichts, was Ihnen in den Sinn kommt. Wählen Sie dann alle Ergebnisse aus, die sich am stärksten «anfühlen». Bei welchen müssen Sie lächeln? Welche geben Ihnen tief drinnen das beste Gefühl? Welche verschaffen Ihnen Frieden? Welche rühren an Ihr Herz, wecken Ihre Phantasie und/oder befriedigen ein Bedürfnis? Welche würden jetzt in Ihrem Leben am meisten bewirken?

Nun lassen Sie Ihre drei größten Wünsche durch die Erfolgswunschfilter aus dem fünften Kapitel laufen: Stehen sie im Einklang mit der Wahrheit, mit der Liebe und mit Ihrem ultimativen Erfolgsziel? Wenn Sie einen Erfolgswunsch haben, der angesichts der objektiven Sachlage unmöglich zu erfüllen ist, müssen Sie entweder einen Weg finden, ihn möglich zu machen, oder einen neuen Erfolgswunsch suchen. Wir möchten doch nicht, dass Sie Monate oder Jahre Ihres Lebens auf etwas verschwenden, das nicht zu erreichen ist. Gleichwohl halte ich *alles* für möglich. Wenn wir uns die Geschichte anschauen, waren unsere größten Helden diejenigen, die getan haben, was der allgemeinen Überzeugung und sogar der sogenannten objektiven Faktenlage nach unmöglich schien. Wenn ich den Zweiundsiebzigjährigen aus dem fünften Kapitel fragen würde, ob sein Footballwunsch mit der Wahrheit in Einklang wäre, und er antworten würde, er hätte um den Wunsch gebetet, ihn erforscht und sich darauf vorbereitet und er stünde für ihn absolut im Einklang mit der Wahrheit – dann würde ich sagen: «Na, dann nichts wie ran!»

Als Zweites fragen Sie sich, ob Ihr Erfolgswunsch im Einklang mit der Liebe steht. Beschreiben Sie – so, dass es jeder verstehen kann –, warum Sie gerade *diesen* Erfolgswunsch erfüllt sehen möchten und nicht einen anderen. Überzeugen Sie mich, dass es ein Win-win-win-Wunsch ohne Verlierer ist und dass Sie ihn grundsätzlich nicht nur aus egoistischen Gründen hegen. Eine Anmerkung: Etwas grundsätzlich nur des Geldes wegen zu tun, wenn Sie Geld gerade dringend nötig haben, kann absolut das Liebe-vollste sein, was man gerade tun kann, solange es dabei keine Verlierer gibt. Sie können keinen anderen lieben, wenn Sie sich nicht selbst lieben, und wir alle wünschen uns ein schützendes Dach über dem Kopf, Kleidung, Essen, unsere Rechnungen bezahlen und unsere Grundbedürfnisse stillen zu können. Es besteht ein Riesenunterschied zwischen diesem Wunsch und dem des Bauunternehmers aus dem fünften Kapitel, der einfach nur immer mehr Spielzeug haben wollte.

Als Drittes fragen Sie sich, ob Ihr Erfolgswunsch im Einklang mit Ihrem ultimativen Erfolgsziel (Schritt 1) steht. Wenn er seinen Beitrag auf dem Weg zu diesem Ziel leistet, durchläuft er auch diesen Filter erfolgreich.

Listen Sie hier Ihre drei Haupterfolgswünsche auf:

1. _____
2. _____
3. _____

Großartig! Nun müssen wir eines auswählen, um anfangen zu können. (Im Anschluss daran werden Sie auch die übrigen beiden in Angriff nehmen, wenn Sie das möchten.) An welchem Erfolgswunsch können Sie auf der Grundlage der erwähnten Faktoren jetzt am besten arbeiten? Wenn Sie glauben, es zu wissen – und ich rate immer, auf den eigenen Bauch zu hören –, dann nehmen Sie diesen Erfolgswunsch. Bitte beachten Sie: Vielleicht müssen Sie ein wenig recherchieren oder mit einigen Leuten reden, um an die Informationen zu kommen, die Sie brauchen, um diese Entscheidung zu treffen. Dann tun Sie das. Wenn es Ihnen schwerfällt, einen auszuwählen, dann machen Sie vorerst mit zwei oder sogar allen drei Wünschen weiter. Normalerweise kristallisiert sich im Verlauf des Verfahrens von selbst einer als der wichtigste heraus. Wenn Sie ihn gefunden haben, schreiben Sie Ihren wichtigsten Erfolgswunsch nun auf. Ihr Erfolgswunsch:

---

3. Malen Sie sich aus, dass dieser Erfolgswunsch Wirklichkeit geworden ist.

Los: Schließen Sie die Augen und kosten Sie das Endergebnis aus, das sich einstellt, wenn dieser Erfolgswunsch erfüllt ist. Ja, ich fordere Sie auf, es zu berühren, zu schmecken, zu riechen und darin zu schwelgen. (Ich weiß, dass ich im sechsten Kapitel andere Erfolgsexperten genau dafür kritisiert habe, aber wir tun es hier aus anderen Gründen.) Visualisieren Sie es in den buntesten Farben, bis die Empfindung ganz real wird und Sie alles bis ins kleinste Detail sehen und spüren können. Versuchen Sie, sich alle Aspekte vorzustellen, nicht nur die positiven, sodass Ihr Bildermacher ein präzises Bild zeichnen kann.

Wenn es Ihr Erfolgswunsch wäre, von zu Hause aus selbständig zu arbeiten, würden Sie sich vielleicht Folgendes ausmalen: Sie könnten Ihre Rechnungen ohne Stress bezahlen, weil Sie immer genug Geld auf dem Konto hätten; Sie wären in der Lage, die Jahreskarte fürs Schwimmbad zu finanzieren, die sich Ihre Kinder immer gewünscht haben; Sie müssten beim Einkaufen den Taschenrechner nicht immer bemühen; Sie wären selbstsicherer, wenn Sie Freunden und Familie sagen könnten, dass Sie «Unternehmer» sind; und Sie würden jeden Morgen im Gefühl des größten Friedens aufwachen, weil Sie für Ihre Familie sorgen können, und voller Vorfreude auf die neuen Herausforderungen dieses Tages. Sie müssten aber auch damit zurechtkommen, dass Sie inmitten familiärer Ablenkungen arbeiten, sich zu Anfang enorm viel Wissen über Unternehmensgründung und -führung aneignen und vielleicht Ihren wöchentlichen Lunchtermin mit Freunden aufgeben müssten.

Halten Sie jetzt fest, was Sie sehen. Beschreiben Sie die Ergebnisse Ihres Erfolgswunschs so detailliert, dass ich – wenn Sie es mir erzählen würden – alles sehen könnte, was Sie sehen, und fühlen würde, was Sie fühlen.

_____
_____
_____
_____
_____
_____
_____
_____

4. Listen Sie die negativen Gedanken, Gefühle oder Glaubenssätze auf, die beim Ausmalen Ihres Erfolgswunschs auftauchen, und ordnen Sie ihnen, je nach Stärke, einen Wert zwischen 0 und 10 zu.

Ich möchte, dass Sie sich nun alle negativen Gefühle oder Glaubenssätze in Erinnerung rufen, die aufgetaucht sind, als Sie sich diesen bestimmten Erfolgswunsch ausgemalt haben, oder die sich jetzt zeigen, während Sie sich diese Frage stellen. In unserem Beispiel von eben könnten Sie – obwohl Sie an so viele positive Konsequenzen gedacht haben, die die Erfüllung Ihres Erfolgswunschs hat – dennoch Gedanken bemerkt haben wie: «Die Wirtschaftslage ist so schlecht. Ich habe doch gar keine Zeit, neben meinem eigentlichen Job auch noch eine eigene Firma zu gründen. Ich weiß nicht das Geringste über die Selbständigkeit im Homeoffice – das werde ich nie schaffen. Ich bin in nichts wirklich gut – ich weiß ja nicht mal, worin ich mich selbständig machen soll.»

Schreiben Sie jeden dieser negativen Gedanken auf und schätzen Sie auf einer Skala von 0 bis 10 ein, wie sehr er Sie quält. Es kann auch hilfreich sein (wenn es auch nicht notwendig ist), die Emotionen, Gedanken und/oder Glaubenssätze festzuhalten, die sich am negativsten anfühlen.

Damit haben Sie soeben die Viren auf Ihrer Festplatte ermittelt, die charakteristisch für diesen Wunsch sind und Ihnen den Erfolg verwehren.

5. Wenden Sie die Drei Tools zur Bereinigung der Viren an, die bei Ihnen hochgekommen sind.

Genau wie im Kapitel über die Befunderhebung können Sie eines oder mehrere der Drei Tools anwenden, das Energiemedizinische Tool und das Herzschirm-Tool zusammen oder aber die Kombinationstechnik, bei der die Umprogrammierungsaussagen den Kernglaubenssatz hinter dem negativen Gedanken oder Glaubenssatz oder dem negativen Gefühl diagnostizieren und heilen.

Anmerkung: Bei den Umprogrammierungsaussagen müssen Sie lediglich das Gebet verändern, bevor Sie gezielt um die Heilung aller negativen Glaubenssätze, Gedanken und Gefühle bitten, die Ihren Erfolgswunsch blockieren. Da dieses Instrument auch als Diagnoseinstrument einsetzbar ist, wird es Ihnen auch bei der Ermittlung und Heilung Ihrer Problemthemen helfen.

Egal, welches Tool Sie anwenden, Ihr Unbewusstes wird automatisch mit Ihnen zusammenarbeiten und Sie dahingehend unterstützen, dass Sie alle Angst eliminieren und dann im Einklang mit der Liebe leben können, weil jener Liebeskompass (oder jenes Liebesgesetz) in Ihrem Herzen verankert ist, der sich dies stets für Sie wünscht. Wie viel Widerstand Ihre angstbesetzte Programmierung leistet, entscheidet darüber, wie lange es dauert, die Blockaden zu heilen; aber *am Ende werden sie heilen*. Die Liebe siegt immer über die Angst. Ich möchte Sie dennoch dazu ermuntern, stets auch das Energiemedizinische Tool anzuwenden, denn es wirkt meiner Erfahrung nach unmittelbar. Wenden Sie diese Tools auf alle negativen Emotionen, Gedanken oder Glaubenssätze an oder nutzen Sie die Kombinationstechnik, um alle Umprogrammierungsaussagen durchzuarbeiten, bis Sie sie alle bei 0 einstufen.

Lassen Sie uns mit diesem negativen Glaubenssatz aus dem obigen Beispiel arbeiten: «Ich habe nicht genug Zeit, um eine Firma zu gründen.» Sie beschließen, mit einer Kombination aus dem Energiemedizinischen Tool und dem Herzschirm-Tool zu beginnen. Und so geht's:

- Stellen Sie sich den Bildschirm eines Tablets, eines Computers oder eines Fernsehers oder eine Kinoleinwand vor – was Ihnen eben am ehesten einfällt. Dieser Bildschirm sollte kabellosen Zugang ins Internet haben, genau wie Ihr Herzschirm kabellos mit jedem anderen Menschen auf dem Planeten vernetzt ist. Denken Sie sich den Bildschirm in zwei Bereiche unterteilt: in einen bewussten und einen unbewussten. Denken Sie sich eine horizontale Linie, die den Bildschirm ungefähr ein Drittel von oben gerechnet teilt, denn Ihr Unterbewusstsein ist viel größer als Ihr normales Bewusstsein. Das obere Drittel symbolisiert Ihr Bewusstsein, die unteren zwei Drittel Ihr Unterbewusstsein. Das ist Ihr Herzschirm.
- Konzentrieren Sie sich auf den negativen Gedanken, Glaubenssatz oder das negative Gefühl, mit dem Sie sich beschäftigen wollen und bereits mit beispielsweise einer

7 eingestuft haben: «Ich habe nicht genug Zeit, um eine Firma zu gründen.»
- Stellen Sie diese Erfahrung, nicht genug Zeit zu haben, auf Ihrem Herzschirm in Worten, Bildern, Erinnerungen an vergangene Erlebnisse oder wie auch immer Sie es wollen dar. Vielleicht sehen Sie sich selbst in Panik, während Sie irgendeine Aufgabe zu erledigen versuchen, oder Sie erinnern sich an einen Vorfall aus Ihrer Kindheit, bei dem Ihre Mutter auf Sie wütend wurde, weil Sie zu langsam waren. Oder ein Wecker taucht auf, und Sie hören ihn klingeln.
- Wenn Sie dieses Bild auf Ihrem Herzschirm sehen, bitten Sie darum, dass es verschwindet und dass all seine Wurzelerinnerungen vollständig geheilt werden. So könnten Sie sagen: «Mögen das Licht und die Liebe Gottes auf meinem Herzschirm erscheinen und nichts anderes.» Sie können diese Bitte auch verändern und darauf eingehen, was Sie im Augenblick empfinden: «Mögen das Licht und die Liebe Gottes *und Geduld* auf meinem Herzschirm erscheinen und nichts anderes, *auch keine Panik*.» Vielleicht brauchen Sie auch eine Pause von Ihrem Problem und sagen lieber: «Mögen das Licht und die Liebe Gottes und Geduld auf der unbewussten Hälfte meines Herzschirms erscheinen und nichts anderes, *auch mein Problem mit dem Zeitdruck nicht*.» Sie werden deshalb nicht aufhören, über den ewigen Zeitdruck nachzudenken, aber Sie werden irgendwann nicht mehr voller Panik darüber nachdenken.
- Dann stellen Sie sich Licht und Liebe auf Ihrem Herzschirm vor, und zwar so, dass es ganz plastisch ist und Sie anspricht. Vielleicht sehen Sie es als Licht, das einer göttlichen Quelle entströmt, als schönen Sonnenuntergang,

als atemberaubenden Ausblick, als Ihr Haustier oder irgendein anderes Bild, das für Sie reines Licht und reine Liebe repräsentiert.
- Nun wenden Sie das Energiemedizinische Tool an: Während Sie sich weiter Licht und Liebe auf Ihrem Herzschirm vorstellen, legen Sie die Hände jeweils eine bis drei Minuten lang auf Herz, Stirn und Scheitel.
- Stellen Sie sich weiter dieses licht- und liebevolle Bild vor und wiederholen Sie den Drei-Positionen-Durchgang zwei- oder dreimal pro Sitzung oder so lange, bis das Unbehagen im Mind und Körper verschwunden ist und Sie den negativen Gedanken oder Glaubenssatz oder das negative Gefühl mit null bewerten – was bedeutet, dass es Sie nicht mehr quält. Wenn Sie das Bedürfnis haben, können Sie die Umprogrammierungsaussagen durchgehen, entweder separat für sich oder zusammen mit der Kombinationstechnik nach den Anweisungen im vierten Kapitel.
- Wenden Sie diese Tools so lange auf Ihre negativen Glaubenssätze an, bis sie Sie nicht mehr stören. Das kann einen Tag, eine Woche oder drei Monate dauern. Es kommt selten vor, dass es drei Monate dauert, aber machen Sie sich keine Gedanken darüber – Sie können die Früchte Ihres Erfolgs den Rest Ihres Lebens genießen!

6. Sobald alles, was Sie negativ beeinträchtigt hat, aufgehoben ist (auf 0 auf einer Skala von 0 bis 10), schaffen Sie mit denselben Instrumenten eine *Supererfolgserinnerung* oder programmieren Sie den positiven Erfolgswunsch um, den Sie sich erfüllen wollen.

Wenn die negativen Gedanken, Gefühle und Glaubenssätze die Viren auf unserer Festplatte sind, die wir bereinigen müssen, müssen wir unsere Festplatte mit «Supererfolgserinnerungen», wie ich sie nenne, umprogrammieren – sprich also: mit der richtigen Software für Ihr spirituelles Herz und für Ihr Erfolgsziel. Zur Umprogrammierung verwenden Sie dieselben Tools wie für die eben beschriebene Bereinigung; diesmal konzentrieren Sie sich allerdings auf das Bild des positiven Endergebnisses.

- Kehren Sie zu dem zurück, was Sie sich in Schritt 2 ausgemalt haben, und stellen Sie sich vor, dass dieses Endergebnis in all seinen Einzelheiten tatsächlich Realität wird. Geben Sie eine Einschätzung für die Wahrscheinlichkeit dafür ab, dass es wirklich passiert, und zwar auf einer Skala von 0 bis 10 (0: «Das wird niemals passieren», 10: «Ich weiß, dass das meine Zukunft ist; ich sehe, dass es todsicher passieren wird»). Um bei unserem Beispiel zu bleiben: Sie würden an dieser Stelle sehen, wie Sie in dem Wissen, genug Geld auf dem Konto zu haben, ruhig alle Rechnungen noch vor der Fälligkeit bezahlen; Sie würden sehen, wie Sie den Kindern sagen, dass Sie Jahreskarten fürs Schwimmbad für sie erworben haben, und ihre aufgeregten, überraschten Gesichter betrachten; Sie würden sehen, wie Sie Ihren Bekannten von Ihrer neuen Firma erzählen; Sie würden sehen, wie Sie jeden Morgen voller Freude und Frieden angesichts des bevorstehenden Tages aufwachen ... Während Sie sich diese Szenen ausmalen, spüren Sie, dass es möglich ist, wenn auch noch nicht zu erreichen – Sie bewerten sie also mit einer 4.
- Wenden Sie auf dieses Bild das Energiemedizinische Tool, die Umprogrammierungsaussagen und das Herzschirm-Tool an, einzeln oder kombiniert, bis Sie es mit 7 oder höher bewerten, was dem positiven Gefühl entspricht: «Ich spüre, dass ich das schaffe!» (Denken Sie

daran: Wenn Sie die Umprogrammierungsaussagen anwenden wollen, müssen Sie nur das Gebet zu Beginn anpassen und darum bitten, dass etwaige Blockaden geheilt werden, damit Sie das positive Erfolgsbild realisieren können; dann arbeiten Sie sich durch die einzelnen Aussagen wie beschrieben.)

7. Nehmen Sie sich einen Zeitraum von 40 Tagen vor mit dem Ziel, Ihre Punktestände auf gleichem Niveau zu halten: die negativen auf null und die positiven über 7.
Sobald Sie den Punkt erreichen, an dem Ihre negativen Gedanken, Gefühle und Glaubenssätze zu Ihrem Wunsch unter null liegen (Sie also nicht mehr belasten) und Ihr positives Gefühl, sich Ihren Wunsch erfüllen zu können, über 7 liegt, beginnen Sie sofort mit einem 40-Tage-Zyklus. Denken Sie daran: Es mag Sie nur einen Tag kosten, bevor Sie diese 40 Tage in Angriff nehmen können, oder vielleicht drei Monate. Stellen Sie sich eine Raupe vor, die sich innerhalb der 40 Tage zur Verpuppung anschickt. Ihr Ziel während der 40 Tage (ja, dieses Ziel erfüllt alle drei Kriterien!) ist schlicht, Ihre negativen Sichtweisen auf null zu halten und Ihr positives Gefühl für Ihre Fähigkeit, sich Ihren Wunsch zu erfüllen, über 7, indem Sie die soeben ausgeführten Schritte 4, 5 und 6 wiederholen. Und so sollte der 40-Tage-Zyklus aussehen:

- Fangen Sie jeden Tag mit einem Morgencheck an. (Wenn es Ihnen nachmittags oder abends besser passt, ist das ebenfalls in Ordnung.) Fragen Sie sich zuerst: Wie würde ich die Kraft jedes einzelnen negativen Glaubenssatzes einschätzen, den ich in Schritt 4 ermittelt habe? In unserem Beispiel, ein kleines Unternehmen zu gründen, listen wir die folgenden negativen Glaubenssätze auf: «Die Wirtschaftslage ist so schlecht. Ich habe doch gar keine

Zeit, neben meinem aktuellen Job eine Firma zu gründen. Das werde ich nie schaffen. Ich bin in nichts wirklich gut.» Sie ordnen jeden Glaubenssatz je nach Ihren physischen und nichtphysischen subjektiven Gefühlen auf einer Skala von 0 bis 10 ein. Wenn ein Glaubenssatz bei 1 oder darüber liegt, wenden Sie die Tools wiederholt an, bis alle unter 1 liegen bzw. Sie nicht mehr belasten (Schritt 5).

- Stellen Sie sich jetzt vor, Sie hätten sich Ihren Wunsch erfüllt, wie Sie das in Schritt 3 getan haben. In unserem Beispiel würden Sie sich vorstellen, erfolgreich ein kleines Unternehmen zu Hause anzufangen, das etwa 1000 Euro zusätzlich pro Monat abwirft, und wie Sie sich höchstwahrscheinlich dabei fühlen würden. Wenn Sie dieses Gefühl mit unter 7 einstufen, wenden Sie die Tools so lange auf das positive Bild an, bis Sie es mit 7 oder höher bewerten (Schritt 6).
- Wiederholen Sie dieses Verfahren 40 Tage lang täglich. Wenn die negativen Gedanken, Gefühle oder Glaubenssätze zunehmen, befolgen Sie Schritt 5 wie zuvor, um es zu unterbinden; wenn die positiven abnehmen, befolgen Sie Schritt 6, um sie zu fördern. Wenn sich keine Veränderung einstellt, tun Sie nichts; machen Sie einfach jeden Tag Ihre Überprüfung. Anmerkung: Fangen Sie nicht noch einmal von vorn mit den 40 Tagen an, wenn Sie die Tools auf negative Emotionen, Gedanken oder Glaubenssätze oder Ihre positive Erfolgsvision anwenden müssen – Sie bringen sie einfach in Ordnung und machen mit den 40 Tagen weiter.

Nach diesen 40 Tagen sind die meisten Menschen in der Lage, beim morgendlichen Aufwachen ihre negativen Gedanken, Gefühle oder Glaubenssätze bei null einzustufen und das positive Gefühl, ihren Erfolgswunsch erreichen zu können, mit 7 oder höher. Wenn Sie diese Schallmauer durchbrechen, wissen Sie, dass Ihr Unterbewusstsein hinsichtlich Ihres Erfolgsproblems vollständig bereinigt und umprogrammiert ist. Anstatt dass es Ihnen den Erfolg verwehrt, wird es Sie nun auf Erfolgskurs bringen wie das Steuerruder eines Schiffs. Die Viren, die mit diesem Problem zu tun hatten, sind weg, und Sie haben eine potente neue Software am Start.

Wenn Sie sich nach 40 Tagen immer noch nicht bereit fühlen, beginnen Sie einen weiteren 40-Tage-Zyklus. Vielleicht stufen Sie bei Ihrem täglichen Check nach diesen zweiten 40 Tagen Ihre negativen Gedanken, Gefühle oder Glaubenssätze mit 1 oder darüber ein und/oder das positive Gefühl, Ihren Erfolgswunsch erreichen zu können, mit unter 7. Auch das ist in Ordnung. Beginnen Sie noch einen 40-Tage-Zyklus und wenden Sie das Verfahren über volle 40 Tage an oder wie lange es eben dauert, bis die negativen Gedanken, Gefühle oder Glaubenssätze auf null bleiben und Sie das positive Gefühl, Ihren Erfolgswunsch erreichen zu können, über 7 einschätzen. Wenn Sie danach noch immer nicht bereit sind, starten Sie weitere 40 Tage. (Ich persönlich habe noch nie jemanden erlebt, der mehr als drei 40-Tage-Zyklen brauchte. Aber noch einmal: Es spielt keine Rolle, wie lange es dauert. Die Zeit, die Sie brauchen, ist richtig für Sie.)

Sie wissen, dass Bereinigung und Umprogrammierung abgeschlossen sind, wenn Sie im Alltag spüren, dass die negativen Gedanken, Gefühle oder Glaubenssätze Sie nicht länger quälen, Sie das starke, positive Gefühl haben: «Ich kann das» – und es dann tatsächlich in Angriff nehmen!

8. Stecken Sie sich mit Hilfe des Love Principle Ihre Erfolgsziele.
Da Sie nun in Bezug auf etwaige Probleme, die der Erfüllung

Ihres Wunsches im Wege stehen, vollständig bereinigt und umprogrammiert sind, ist es an der Zeit, Ihre *Erfolgsziele* zu bestimmen und in die Praxis umzusetzen – oder was auch immer Sie sich für jedes der erwähnten 30-Minuten-Zeitsegmente vornehmen, in denen Sie die Verwirklichung Ihres Wunschs anpeilen. Denken Sie daran: Ein Erfolgsziel hat drei Komponenten: Es muss im Einklang mit der Wahrheit und mit der Liebe stehen und zu 100 Prozent unter Ihrer Kontrolle sein (und das normalerweise im gegenwärtigen Moment).

Beginnen wir mit der *Wahrheit* Ihres Ziels. Sie haben bereits ganz allgemein über die Wahrheit nachgedacht, als Sie obigen Wunsch bestimmten. Wie sehen die objektiven, praktischen Fakten aus, die mit der Erfüllung Ihres Wunschs verbunden sind? Denken Sie an alles, was Sie dafür brauchen, an alles, was Sie bereits haben, und an alles, was noch getan werden muss. Wie viel Geld brauchen Sie als Startkapital, wenn Sie ein Unternehmen zu Hause gründen, das Ihnen 1000 Euro zusätzlich pro Monat einbringen soll? Haben Sie zu Hause auch den geeigneten Platz dafür? Wer wird Ihre Website betreuen? Was wollen Sie verkaufen? Werden Sie den Kundendienst outsourcen? Welches Equipment brauchen Sie? Wann werden Sie anfangen? Wie bekommen Sie Kunden? Schreiben Sie alles auf, was nötig ist, um Ihren Wunsch Wirklichkeit werden zu lassen.

_____
_____
_____
_____
_____
_____

Vielleicht müssen Sie noch ein paar praktische Informationen recherchieren, etwa was für den Erfolg in einer bestimmten Branche nötig ist, zum Beispiel im Marketing oder im Webdesign. Ich würde mich bei den vielen guten Autoren, Denkern und Lehrern da draußen informieren und mein neues Wissen in meine tägliche Praxis einbeziehen. Tatsächlich wird es nach der Bereinigung und Umprogrammierung sehr leicht sein, dieses Wissen und diese Fertigkeiten zu integrieren. Es ist die zugrunde liegende Programmierung, die diese Dinge schwierig macht; Ihre Angstprogrammierung verhindert, dass Sie leicht lernen. Ich hätte alles darum gegeben, vor dem Schulabgang bereinigt und umprogrammiert worden zu sein – Mathe wäre dann ein Kinderspiel gewesen!

Nehmen Sie sich einen Augenblick Zeit, lassen Sie obige Liste auf sich wirken und überlegen Sie, ob die sich stellenden Aufgaben in Bezug auf Ihren Erfolgswunsch tatsächlich im Einklang mit der Wahrheit sind. Müssen Sie noch Informationen überprüfen? Wenn Sie oben zum Beispiel geschrieben haben: «Mike dazu bewegen, die Website zu machen», und nach reiflicher Überlegung feststellen, dass Sie sich nicht sicher sind, ob Mike wirklich die erste Wahl für Ihre Website ist, schreiben Sie nun: «Websites meiner Branche recherchieren» oder «Herausfinden, wer Monicas Website gestaltet hat» – eben was immer der nächste logische Schritt zum Erkenntnisgewinn ist, den Sie für Ihr Unternehmen brauchen.

Sehen wir uns nun den Aspekt der *Liebe* an. Bei jeder der festgehaltenen Aufgaben überlegen Sie, ob Sie sie im Einklang mit der Liebe erfüllen können, sodass am Ende eine Win-win-win-Situation ohne Verlierer entsteht. Wenn das nicht so ist, müssen Sie sie entweder von der Liste streichen oder eine Möglichkeit suchen, wie Sie sie doch im Einklang mit der Liebe erfüllen können. Schreiben Sie alle Aufgaben nieder, die sich aus der obigen Frage ergeben und im Einklang mit der Liebe erfüllt werden können, und geben Sie an, wie genau das geschehen soll, damit sich eine Win-win-win-Situation für alle Beteiligten einstellen kann.

_____

_____

_____

_____

_____

_____

Überprüfen Sie diese Liste und überlegen Sie, ob jede Aufgabe tatsächlich im Einklang mit der Liebe steht. Ist Ihre Liste realistisch? Wenn Sie zum Beispiel in Ihrem Unternehmen freie Mitarbeiter beschäftigen möchten und die billigsten verfügbaren Arbeitskräfte gefunden haben, sich aber nicht sicher sind, ob das Honorar auch fair ist, könnten Sie beschließen, für den Job, den Sie auslagern wollen, Ihre Aufgabe von «freie Mitarbeiter von der Firma XYZ engagieren» in «Honorare für freie Mitarbeit recherchieren» zu ändern. Ferner: Haben Sie jede Aufgabe, die Sie aufgelistet haben, zu 100 Prozent unter einer gesunden Kontrolle? Können Sie mit anderen Worten jede Aufgabe erfolgreich vollenden, indem Sie das, was immer auch notwendig ist, in den nächsten dreißig Minuten im Einklang mit der Wahrheit und Liebe tun? Oder hängt die Erfüllung jeder Aufgabe von Gegebenheiten ab, die jenseits Ihrer Kontrolle sind, bzw. müssen Sie dafür mit Hilfe von Willensanstrengung auf ein erwartetes Endergebnis hinarbeiten?

Es ist dieser Schritt, auf den es wirklich ankommt, daher möchte ich Sie dabei begleiten. Bleiben wir bei unserem Beispiel und sagen wir, dass eine der Aufgaben, die Sie erledigen müssen, um Ihr Heimgeschäft ans Laufen zu bringen, darin besteht, mit der Telefongesellschaft zu sprechen: Eine weitere Leitung soll als Geschäftsanschluss eingerichtet werden. Scheinbar sind alle Kriterien eines Erfolgsziels erfüllt: Es steht im Einklang mit der Wahrheit (Sie wissen, dass Sie eine zweite Leitung für die Firma brauchen, und dies ist der korrekte Verfahrensweg, um das zu erreichen) und mit der Liebe (die erfolgreiche Erfüllung dieser Aufgabe nimmt keinem der Beteiligten etwas weg), und Sie haben es zu 100 Prozent unter Kontrolle (Sie können die Nummer der Telefongesellschaft recherchieren und dort anrufen).

Aber sobald Sie die Nummer gewählt haben, werden Sie in einen Strudel aus Computerstimmen und Musikendlosschleifen gesogen und immer wieder weitergeleitet und aufgefordert, Ihren supergeheimen Kundencode (von dem Sie noch nie gehört haben) einzugeben. Schon nach 20 Minuten könnten Sie nicht weiter von Liebe, Freude und Frieden entfernt sein. Wenn Sie wie die meisten Menschen sind, reagieren Sie frustriert und gereizt und würden am liebsten schreiend das Telefon aus dem Fenster werfen. Warum? Auch wenn Sie glauben, dass es Ihr Ziel ist, die Telefongesellschaft darum zu bitten, eine zweite Leitung als Geschäftsanschluss einzurichten, ist Ihre Wut doch ein todsicheres Zeichen dafür, dass Ihr wahres, verborgenes Ziel ein ganz anderes ist. Ihr wahres Ziel besteht darin, rasch und leicht das Endergebnis einer zweiten Leitung als Geschäftsanschluss zu erreichen. Mit anderen Worten: Sie haben sich mehr auf das Endergebnis als auf den Prozess konzentriert und versteifen sich deshalb auf eine ungesunde Kontrolle. Nun verfolgen Sie ein Stressziel, kein Erfolgsziel!

Erinnern Sie sich: Ihr innerer Zustand verrät Ihre wahren Ziele. Sie können ein Stressziel sofort und jederzeit identifizieren, bei sich und jedem anderen, wenn Wut oder eine andere Emotion aus der Wut-Familie präsent ist: Ärger, Enttäuschung, Groll, Bitterkeit, Heftigkeit etc. Wenn Sie sich danach fühlen, loszuschreien und das Telefon aus dem Fenster zu werfen, können Sie Gift darauf nehmen: Sie verfolgen ein Stressziel in Bezug auf das, was Sie so wütend macht.

Wie aber können wir dieses Stressziel in ein Erfolgsziel verwandeln? Noch bevor Sie die Telefongesellschaft anrufen, beschließen Sie, dass es *nicht* Ihr Ziel ist, so rasch wie möglich eine zweite Leitung als Geschäftsanschluss zu bekommen – tatsächlich haben Sie nämlich *null* Kontrolle darüber. Ihr Erfolgsziel ist es, diesen Anruf im Einklang mit der Liebe zu tätigen und sich für die nächsten 30 Minuten auf den gegenwärtigen Moment zu konzentrieren. Kein Witz.

Inwiefern würde das nun anders aussehen? Noch bevor Sie den Hörer abnehmen, sagen Sie sich: *Dieser Anruf wird so lange dauern, wie er eben dauert. Vielleicht muss ich lange Warteschleifen in Kauf nehmen oder mich von Computerstimmen von Pontius zu Pilatus schicken lassen, oder ich werde sogar aus der Leitung geworfen. Darüber habe ich keine Kontrolle. Worüber ich Kontrolle habe, ist, dass ich diesen Anruf im Einklang mit der Liebe mache. Wenn ich dann wirklich mit einem Mitarbeiter sprechen kann, wird es nicht mein Ziel sein, die zweite Leitung zu bekommen. Mein Ziel wird sein, mit ihm oder ihr im Einklang mit der Liebe zu sprechen. Mein Ziel wird sein, dass er oder sie sich nach dem*

Gespräch mit mir besser fühlen soll als vorher oder als wenn er oder sie überhaupt nicht mit mir gesprochen hätte.
Nehmen wir an, ich spräche mit einer Frau. Sie ist einfach nur ein Mensch, der seinen Job macht, richtig? Sie hat die Computeransagen nicht erfunden, sie hat die Regeln der Telefongesellschaft nicht gemacht, und sie hat wahrscheinlich einen Mann, der sie liebt, und zwei Kinder, die auf sie zulaufen und «Mami!» rufen, wenn sie heimkommt. Wenn wir uns auf der Straße kennenlernen würden, würden wir uns vielleicht auf Anhieb verstehen und die besten Freunde werden. Wenn ich mich über sie ärgere, tue ich uns beiden weh, ihr *und* mir – denn dieser Ärger beeinflusst so gut wie jeden Aspekt meiner Physiologie: Er schränkt mich ein, verursacht erst ein Energiehoch und dann ein Energietief, bringt meine Verdauung durcheinander, blockiert mein Immunsystem und lässt mich an alles, was ich in der nächsten Zeit tue, negativ herangehen. Und wahrscheinlich wird das bei ihr genauso sein.
Würden Sie das Erfolg nennen? Wahrscheinlich nicht. Und doch reagiert fast jeder, den ich kenne, so in Situationen, in denen die Ergebnisse außer Kontrolle geraten. Äußere Erwartungen sind jedes einzelne Mal Glückskiller. Ich will das nicht mehr für Sie. Ich will, dass Sie Ihr Leben in jedem Augenblick an jedem Tag im Einklang mit Glück, Gesundheit, Liebe, Freude, Frieden, Wohlstand und reichen und innigen Beziehungen leben – mit anderen Worten: Ich möchte, dass Sie innerlich *und* äußerlich fulminante Erfolge erleben! Die Weichen dafür können Sie tatsächlich jetzt, in diesem Augenblick, stellen, indem Sie sich Erfolgsziele statt Stressziele stecken.
Aber bitte beachten Sie: Sie haben die Verschiebung von Stresszielen zu Erfolgszielen *nur* zu 100 Prozent unter Kon-

trolle, wenn Ihre negativen Programme bereinigt und umprogrammiert wurden. Wenn Sie feststellen, dass Sie das nicht unter Kontrolle haben – Sie erleben weiter unkontrollierbare Wut, Angst oder andere negative Emotionen, selbst wenn Sie versuchen, auf ein Erfolgsziel umzustellen –, dann müssen Sie die Bereinigung und Umprogrammierung noch vertiefen, bis Sie *wirklich* eine gesunde Kontrolle haben und die nächsten 30 Minuten (vielleicht noch nicht vollends, aber über weite Strecken) im Einklang mit der Liebe durchleben können.

Nun ist es an Ihnen, Ihre Erfolgsziele zu 100 Prozent unter Ihre gesunde Kontrolle zu bringen. Das gilt für alles, was Sie in den nächsten 30 Minuten tun – ob Sie Ablage machen, Papierkram erledigen, Verhandlungen führen, ein Meeting haben, schreiben, shoppen oder recherchieren. Die Fakten (die Wahrheit), die Sie zu Ihrem ganz speziellen Wunsch zusammengetragen haben, bestimmen darüber, *was* Sie im Moment tun. Liebe ist das *Warum*. Und das Love Principle legt fest, *wie* Sie es tun: im Einklang mit der Liebe in den nächsten 30 Minuten, aus einem inneren Zustand der Liebe, Freude und des Friedens heraus, mit deren Hilfe Sie bestimmte Endergebnisse als Wünsche betrachten, nicht als Erwartungen oder Ziele. All das ist Ihnen möglich, weil die Bereinigung und Umprogrammierung stattgefunden hat.

Die Vorstellung mag Ihnen sehr schwierig erscheinen, in sämtlichen 30-Minuten-Spannen, die Ihnen von Ihrem Leben ab jetzt bleiben, alles, was Sie tun, im Einklang mit der Liebe zu tun. Aber ich verspreche Ihnen, dass es immer leichter werden wird, während Sie heilen und Ihre Grundprogrammierung allmählich verändern. Mit der richtigen Programmierung ist es so leicht, wie sich an die Tastatur zu setzen und ein paar Befehle einzugeben; viel schwieriger wird es sein, *nicht* im Einklang mit der Liebe zu handeln und sich nicht auf den gegenwärtigen Augenblick zu konzentrieren!

Um diesen Schritt abzuschließen, schreiben Sie nun auf, wie Sie sich bei der Ausführung und dem Erreichen der oben aufgelisteten Erfolgsziele sehen. Was wollen Sie tun? Wie wollen Sie es im Einklang mit der Liebe und nach bestem Wissen und Gewissen schaffen? Welche mentale Vorbereitung brauchen Sie, um das gewünschte Ergebnis zu erreichen?

_____

_____

_____

_____

_____

_____

9. Entwickeln oder suchen Sie sich ein Organisationssystem, mit dessen Hilfe sich diese Aufgaben effizient erledigen lassen.

Es ist Zeit, zu einem Punkt zurückzukehren, den ich in der Einführung bereits erwähnt habe. Wenn in den nächsten 30 Minuten Leben im Einklang mit der Liebe Ihr praktisches Ziel ist, heißt das nicht, dass Sie nun nicht mehr auf Einzelheiten achten müssten, wie die Dinge zu tun sind. Sie werden sich trotzdem mit jedem Detail auseinandersetzen müssen, das auf dem Weg zu Ihrem Wunsch beachtet werden will. Ja, Sie werden sogar feststellen, dass sich, wenn Sie sich an die Erfolgsmethode halten, alle notwendigen Einzelheiten müheloser abarbeiten lassen, als wenn Sie sich auf Äußerlichkeiten konzentrieren würden – weil Ihre Stressreaktion Sie nicht mehr sabotiert.

Sie sollten daher Ihre Person und Ihre Arbeitsgewohnheiten unter die Lupe nehmen und prüfen, wie Sie am besten arbeiten; davon ausgehend sollten Sie sich ein Organisationssystem suchen oder eines entwickeln, das Ihnen helfen wird, den Überblick über alle Einzelheiten zu behalten, um verantwortlich und effizient arbeiten zu können.[5] Einige von Ihnen werden mit Kalendern und Terminplänen arbeiten wollen, auf Papier oder elektronisch. Für andere könnte es bedeuten, anstatt etwas aufzuschreiben das, wovon sie wissen, dass sie es tun müssen, im gegenwärtigen Augenblick zu tun. Meine Frau Hope zum Beispiel ist ausgesprochen minutiös organisiert und schreibt sich alles rechtzeitig auf: Sie plant jede Veranstaltung und jede Aufgabe weit im Voraus, legt detaillierte Checklisten an und checkt die Checklisten immer wieder. Ich dagegen bin einer, der mit dem Strom schwimmt – ich tue alles, wovon ich weiß, dass ich es tun muss, erst in dem betreffenden Augenblick, und irgendwie regelt sich am Ende dann auch alles. (Meine Frau staunt darüber, wie viel ich auf diese Art und Weise schaffe, und ich staune über ihre Fähigkeit, jedes Detail genau im Blick zu behalten.)

Wenn Sie einmal nachforschen und herumfragen, werden Sie auf Dutzende von gebrauchsfertigen Systemen stoßen, die Ihre Produktivität «garantiert» fördern; aber ich habe festgestellt, dass man am besten sein eigenes System entwickelt, das einfach und intuitiv ist. Das richtige System wird Ihre Produktivität unterstützen und sich nicht wie eine

---

5 Zum Beispiel Stephen R. Covey: *Die sieben Wege zur Effektivität. Ein Konzept zur Meisterung Ihres beruflichen und privaten Lebens*, München: Heyne 2006; David Allen: *Wie ich die Dinge geregelt kriege. Selbstmanagement für den Alltag*, München: Piper 2007.

zusätzliche Belastung anfühlen. Wichtig ist es, ein Organisationssystem zu finden, mit dem Sie zurechtkommen, auch wenn Sie ein wenig herumprobieren müssen, um sich daran zu gewöhnen.

10. Nun arbeiten Sie auf Ihren Wunsch hin, indem Sie in den nächsten 30 Minuten die oben genannten Aufgaben zu erfüllen versuchen – und zwar im Einklang mit der Liebe und im Einklang mit Ihrem ultimativen Erfolgsziel aus Schritt 1.

Sobald Sie in Bezug auf Ihre Erfolgsprobleme bereinigt und umprogrammiert sind und das obige Verfahren befolgt haben, müssen Sie nur noch zweierlei erledigen: 1. Ihre Aufgaben im Einklang mit der Liebe erfüllen, immer offen für Veränderungen, Kurskorrekturen und neue Menschen sein und 2. sicherstellen, dass Ihre Aufgaben im Einklang mit Ihrem ultimativen Erfolgsziel sind. Bitte beachten Sie: Ich selbst habe das noch nie perfekt hingekriegt. Niemand hat das. Wenn ich einen Tag erwische, an dem ich es nicht fünfmal vermassle, war es ein absoluter Ausnahmetag. Diese Erfolgsmethode ist darauf angelegt, Ihnen dabei zu helfen, im Einklang mit der Liebe Ihren Weg zu gehen – aber sich selbst zu geißeln steht nicht im Einklang mit der Liebe; es verstößt gegen das System, setzt Sie unter Stress und unterminiert den gesamten Prozess. Also lassen Sie es bleiben!

Machen Sie so lange weiter, bis sich das für Sie perfekte *Ergebnis* einstellt. Das tatsächliche Endergebnis mag sich ganz und gar mit Ihrem Wunsch decken, es mag sich überhaupt nicht mit Ihrem Wunsch decken, es mag aber auch genauso gut irgendwo dazwischen liegen. Wenn Sie sich zum Beispiel eine kleine Firma wünschen, beschließen Sie vielleicht, ein Graphikdesignbüro zu gründen. Sie fangen klein an, arbeiten kostenlos für die Non-Profit-Organisation, für die Sie schon ehrenamtlich tätig sind, und am Ende – nachdem Sie vielen Leuten von Ihrer neuen Firma erzählt haben – bekommen Sie Ihren ersten bezahlten Auftrag. Dann noch einen und noch einen. Achtzehn Monate später erzählt Ihnen eine Ihrer ersten Kundinnen, die sehr angetan von Ihrer Arbeit war, dass ihre Firma nach einem Werbedesigner in Teilzeit sucht, und legt Ihnen nahe, sich zu bewerben. Sie beschließen, Ihre Unterlagen und ein paar Arbeitsproben einzureichen. Nach einem Bewerbungsgespräch bietet man Ihnen den Job an – und offen gestanden reizt Sie ein fester Job viel mehr als der ewige Druck der Selbständigkeit. Sie beschließen, das Angebot anzunehmen.

Heißt das, dass Sie mit Ihrem Wunsch gescheitert sind? Nein! Da Sie darauf fokussiert waren, im Einklang mit der Liebe im Augenblick zu leben, waren Sie in der Lage, eine positive Beziehung zu einer Kundin aufzubauen, die nicht nur von Ihrer Arbeit beeindruckt war, sondern auch das Gefühl hatte, dass Sie gut ins Team passen könnten. Wenn Sie sich allein auf das Ziel versteift hätten, Ihre Firma zum Laufen zu bekommen, wären Sie vielleicht weniger aufmerksamer gegenüber dieser Kundin gewesen oder hätten die sich bietende Gelegenheit gar nicht erst erwogen, da Sie Ihre eigene Firma ja als Ihr vordringliches Ziel betrachteten. Stattdessen haben Sie Ihr ultimatives Erfolgsziel (Frieden) im Blick behalten, ebenso wie die Gründe, weshalb Sie ursprünglich diesen Wunsch nach einem eigenen Unternehmen hatten (die Steigerung des monatlichen Einkommens). Der Teilzeitjob stellte sich schließlich als gleichwertiger oder sogar noch größerer Erfolg für Sie heraus, da Sie so Ihre Stressreaktion dauerhaft ausschalten konnten und offen für einen Kurswechsel waren.

11. Sobald Sie diesen Wunsch umzusetzen beginnen und sich bereit fühlen, können Sie die Schritte 2 bis 10 auf das nächste Erfolgsproblem anwenden.

Aber Achtung: Die Arbeit an mehreren Problemen gleichzeitig kann stressig werden. Tun Sie immer nur, was sich unverkrampft anfühlt. Aber wenn Sie so weit sind – sobald Sie Ihren ersten Erfolgswunsch gewohnheitsmäßig in die Tat umsetzen –, können Sie das Verfahren wiederholen und an einem weiteren Erfolgsproblem zu arbeiten beginnen. Wenn Sie den größten Erfolg für sich erreicht haben und Ihre kleine Firma wunderbar läuft, können Sie zu Schritt 1 zurückkehren und zum Beispiel an Ihrer Ehe arbeiten. Ich habe einige Klienten, die sich zehn Erfolgswünsche erfüllt haben, gerade an fünf weiteren arbeiten und regelmäßig zu mir in die Beratung kommen.

Sie können diese Erfolgsmethode auf langfristige Projekte wie auch auf kurzfristige oder «Instandsetzungsarbeiten» anwenden. Wenn Sie gestresst oder mutlos oder wütend sind oder negative Gedanken oder Glaubenssätze registrieren wie etwa «Warum habe ich mir das überhaupt angetan? Ich weiß doch gar nicht, was ich tue – ich werde das nie schaffen», sollten Sie einfach genau dasselbe Verfahren und dieselben Instrumente auf dieses Gefühl oder diesen Glaubenssatz anwenden.

Ich möchte noch einmal betonen: Machen Sie sich keine Gedanken, wie sich die Erfolgsmethode eins zu eins in die Praxis umsetzen lässt. Sie werden zwangsläufig von Zeit zu Zeit ins Straucheln kommen, stolpern und hinfallen. Kein Beinbruch. In so einer Situation ist es liebevoll, sich selbst zu verzeihen, sich wieder aufzurappeln und den Weg fortzusetzen. Je länger Sie diese Erfolgsmethode befolgen, umso besser werden Sie. Und je besser Sie sind, umso glücklicher werden Sie. Und wenn Sie ziemlich gut darin sind, im Einklang mit der Liebe im gegenwärtigen Augenblick zu leben, sollte es Sie nicht überraschen, wenn die Leute sagen: «Was ist bloß mit dir los? Was ist denn mit dir passiert?» Denn sie denken: *Wow, das, was er/sie hat, davon will ich auch was!* Denn es ist das, was sich jeder wünscht: in jedem Augenblick und zu jeder Stunde des Tages im Einklang mit der Liebe zu leben. Erfolg, Glück, Gesundheit und alles andere, was wir alle uns wünschen, fließt uns ohne jede Anstrengung von der Liebe zu.

Außerdem: Wenn Sie einmal über die innere Logik dieser Erfolgsmethode nachdenken, wenn Sie sie einfach *anwenden*, kann es praktisch nicht *nicht* funktionieren. Es bedeutet schlicht und ergreifend, das, was Sie zu 100 Prozent unter Kontrolle haben, nach bestem Wissen im Einklang mit der Liebe umzusetzen. Außen muss sich nichts verändern; alles passiert in Ihrem Inneren. Nun verfügen Sie ja über alle Instrumente, um diese inneren Veränderungen herbeizuführen. Sehen Sie sich diese Erfolgsmethode aus einigem Abstand an: Sie kann nicht versagen! Gut, ich habe erlebt, wie Menschen das Verfahren vorzeitig abbrachen, aber das ist nicht dasselbe. Ich glaube von ganzem Herzen, dass sie erfolgreich gewesen wären, wenn sie weitergemacht hätten.

Ich glaube ebenfalls von ganzem Herzen, dass der Erfolg auch auf Sie wartet: *Ihr absoluter Erfolg*, der so ganz anders ist als der von allen anderen Leuten. Es mag um Geld gehen oder nicht, Ruhm oder nicht, Spitzenleistungen oder nicht. Aber es wird genau das Richtige für Sie sein, und Sie werden es mit jeder Faser spüren, wenn es so weit ist. Dieser Erfolg beruht nicht darauf, sich noch mehr Mühe zu geben, nicht auf Weltfrieden, Haussen an der Börse, anderen Menschen oder auch Ihrer eigenen Körperphysiologie. Weder Knochen noch Blut noch Gewebe müssen sich ändern, und der Punkt, an dem Sie sich eben jetzt befinden, ist der richtige Startpunkt. Vermutlich haben Sie schon Ihr ganzes Leben darauf gewartet, dort, wo Sie sich gerade befinden, anzufangen, und wenn es die Gosse wäre. Damit Sie Ihren ultimativen Erfolg erringen, muss sich nichts Äußeres und nichts Inneres physisch ändern. Sie kennen jetzt die Grundregeln, das Verfahren und die Instrumente, die Sie dazu brauchen.

Zugleich möchte ich Sie an das Paradox des Love Principle erinnern: Erwartungen an äußere Ergebnisse aufzugeben ist die *beste* und vielleicht *einzige* Möglichkeit, die besten äußeren Ergebnisse zu erzielen. Mit Hilfe des Love Principle können Sie wirklich alles haben: inneren *und* äußeren Erfolg, dazu Glück, Zufriedenheit und Frieden.

Vergessen Sie nicht:

> *Auf lange Sicht*
> *Scheitert die Liebe nie!*
> *Gewinnt die Angst nie!*

Was ist *Ihre* Wahl?

KURZANLEITUNG: DIE 10 SCHRITTE DER LOVE-PRINCIPLE-ERFOLGSMETHODE

1. **Ermitteln Sie Ihr ultimatives Erfolgsziel:** den inneren Zustand, den Sie sich am meisten wünschen, wie etwa Liebe, Freude oder Frieden.
2. **Ermitteln Sie einen Erfolgswunsch, auf den Sie hinarbeiten und den Sie in Ihrem Leben verwirklicht sehen möchten:** Er sollte im Einklang mit der Wahrheit und mit der Liebe stehen und vereinbar mit Ihrem ultimativen Erfolgsziel aus Schritt 1 sein.
3. **Malen Sie sich aus, dass dieser Erfolgswunsch Wirklichkeit wird.**
4. **Listen Sie die negativen Gefühle oder Glaubenssätze auf,** die auftauchen, während Sie sich Ihren Erfolgswunsch ausmalen, und ordnen Sie ihnen nach ihrer Stärke einen Wert zwischen 0 und 10 zu.
5. **Wenden Sie die Drei Tools** (das Energiemedizinische Tool, die Umprogrammierungsaussagen und das Herzschirm-Tool) **zur Bereinigung der negativen Gefühle oder Glaubenssätze aus Schritt 4 an.** Wenden Sie sie so lange an, bis Ihre negativen Glaubenssätze Sie nicht länger quälen (oder Sie sie mit null auf einer Skala von 0 bis 10 einstufen).
6. **Sobald alles, was Sie negativ beeinträchtigt hat, aufgehoben ist, schaffen Sie mit denselben Instrumenten eine *Supererfolgserinnerung*** für den positiven Erfolgswunsch, den Sie sich in Schritt 3 ausgemalt haben. Wenden Sie die Tools so lange an, bis Sie das positive Gefühl haben: «Ich glaube, dass ich das kann!» (Oder Sie können dieses positive Gefühl bei 7 oder höher auf einer Skala von 0 bis 10 einstufen.)

7. **Nehmen Sie sich einen Zeitraum von 40 Tagen vor mit dem Ziel, Ihre Punktestände auf gleichem Niveau zu halten:** die negativen auf null («Sie stören mich nicht mehr!») und die positiven über 7 («Ich glaube, dass ich das kann!»). Nach diesen 40 Tagen sind die meisten Menschen in der Lage, beim Aufwachen morgens ihre negativen Gedanken, Gefühle oder Glaubenssätze auf null einzustufen und das positive Gefühl, ihren Erfolgswunsch erreichen zu können, mit 7 oder höher, und zwar ohne Anwendung der Tools. Wenn Ihre negativen Glaubenssätze Sie noch immer quälen oder Sie sich immer noch nicht bereit fühlen, auf Ihren Wunsch hinzuarbeiten, beginnen Sie einen weiteren 40-Tage-Zyklus.

8. **Stecken Sie sich mit Hilfe des Love Principle Ihre Erfolgsziele:** Sie müssen im Einklang mit der Wahrheit und mit der Liebe stehen und zu 100 Prozent unter Ihrer Kontrolle und im gegenwärtigen Moment zu erreichen sein (sobald Sie umprogrammiert sind).

9. **Entwickeln oder suchen Sie sich ein Organisationssystem**, mit dessen Hilfe Sie Ihre Erfolgsziele am effizientesten erreichen können.

10. **Nehmen Sie Ihren Wunsch in Angriff, indem Sie Ihre einzelnen Erfolgsziele im Einklang mit der Liebe verfolgen und sich auf den gegenwärtigen Augenblick (oder die nächsten 30 Minuten) konzentrieren.**

ZUSAMMENFASSUNG:
Wahrhaftig lieben

Ich würde gern auf das Versprechen zurückkommen, das ich Ihnen am Anfang dieses Buchs gegeben habe: Ich glaube, dass die Love-Principle-Erfolgsmethode der Schlüssel zum Erfolg in jedem Bereich Ihres Lebens ist. Es ist keine Frage, ob es auch bei Ihnen funktionieren wird. Es ist nur die Frage, ob Sie es anwenden werden. Wenn ja, dann wird es *immer* funktionieren. In diesem Buch haben Sie alle Tools und alle Anweisungen, die Sie dafür brauchen.

Wie ich schon gesagt habe, glaube ich, dass in zwanzig Jahren das Praktizieren des Love Principle (oder etwas Ähnliches) die normale Vorgehensweise in der Beratung und Psychotherapie, beim Training von Spitzensportlern und bei Managerschulungen und entsprechenden Gebieten sein wird. Ich habe es in all diesen Zusammenhängen eingesetzt – mit außerordentlichen Ergebnissen. Es bietet, was unseren gegenwärtigen Erfolgsprogrammen fehlt, aber was absolut notwendig ist: die Viren auf unserer menschlichen Festplatte zu löschen und sie dann auf Erfolg zu programmieren und sich dann auf die allerbeste Leistung im gegenwärtigen Moment auszurichten.

Ich könnte natürlich einfach weiter Menschen helfen, Erfolg im Leben zu haben – einem nach dem anderen, über eine sehr lange Zeit. Ich habe eine lange Warteliste mit Klienten und mache Webinare und Telefoncoaching. Ich habe versucht, meine Kräfte zu vervielfachen, indem ich Coaches ausgebildet habe, die nun weltweit operieren; wir betreiben die größte Praxis dieser Art weltweit mit Klienten in 50 US-Staaten und 158 Ländern (Tendenz steigend).

Aber wie vielen Menschen kann ich so helfen? Wie viele auch immer es sind, es sind nicht genug.

Wir brauchen Millionen – *zig* Millionen – Menschen in der ganzen Welt, die im Einklang mit der Liebe leben. Liebe ist die Antwort auf alle globalen Konflikte, alle ethnischen Schwierigkeiten, alle ökonomischen Probleme und auf die Umweltzerstörung. Liebe ist die uralte Lösung auf alle Probleme, die wir haben. Ich habe dieses Buch geschrieben, damit jeder Einzelne von dieser Lösung auf einfachstem und direktestem Weg erfahren kann und damit das Weiterverbreiten nicht auf den Schultern einiger weniger Auserwählter ruht.

Ich habe also eine Mission: das Love Principle unter die Leute zu bringen und ihnen dabei zu helfen, größtmögliche Erfolge zu erreichen – aber auch noch viel mehr. Meine Mission ist es, den Prinzipien einer nichtreligiösen, praktischen Spiritualität gemäß zu leben und andere darin zu unterstützen, das ebenfalls zu tun. Einem Menschen nach dem anderen von einem Leben in Angst, das auf die Vergangenheit und Zukunft fokussiert ist, zu einem Leben im Einklang mit der Liebe zu verhelfen, das auf den gegenwärtigen Moment fokussiert ist. Jedes Problem und jede Krise – der Tumor, den Sie haben, Beziehungsstress, Terrorismus oder wirtschaftliche Katastrophen – lassen sich auf jemanden zurückführen, der seine Entscheidungen nicht durch die folgenden beiden Hauptfilter laufen lässt. Diese beiden Filter sind meine beiden Kriterien für alles, was ich tue, denke, fühle und glaube:

1. Ist das, was ich tue, vereinbar mit meinem ultimativen Erfolgsziel und dem inneren Zustand, den ich mir am meisten wünsche?
2. Ist das, was ich tue, vereinbar mit dem Anspruch, die nächsten 30 Minuten im Einklang mit der Liebe zu leben?

Dieser Zwei-Stufen-Filter ist die Essenz einer nichtreligiösen, praktischen Spiritualität. Er bestimmt über jede einzelne meiner Entscheidungen und Taten. Mein Filter ist nicht, ob mir etwas Geld einbringt. Mein Filter ist auch keine bestimmte Leistung. Das 40-Tage-Verfahren ist das, was ich mir wünsche oder worauf ich hoffe, und es zeigt mir meine Marschrichtung an. Auf meine täglichen Ziele und Verhaltensweisen angewandt heißt das: Wenn diese Verhaltensweise nicht im Einklang mit der Wahrheit und Liebe steht, wenn sie angstbesetzt oder unredlich ist, werde ich mich anders verhalten.

Ich nenne diese Mission «wahrhaftig lieben». Nicht «wahre Liebe», was eher impliziert, dass man zufällig etwas findet, wie einen Cent auf der Straße. Wahrhaftig zu lieben ist ein Gefühl, ein Glaubenssatz, eine Erfahrung und eine Verpflichtung des Herzens jenseits aller Worte – außerdem die bewusste Absicht, dass Sie immer im Interesse aller Menschen in unserem Leben agieren wollen, und zwar sowohl physisch in der äußeren Welt als auch mit Hilfe der Technologie des spirituellen Herzens. Wahrhaftig zu lieben ist eine Entscheidung, die Sie in jedem Augenblick an jedem Tag treffen können, sobald Sie entweder durch die einzelnen Tools oder ein transformatorisches Aha-Erlebnis bereinigt und umprogrammiert wurden und sich mit der Liebe/Quelle/Gott verbinden. Wenn Sie «wahrhaftig lieben», wird es Sie zunächst innerlich, dann äußerlich und anschließend auch Ihr Heim, Ihre Freunde, Ihre Arbeit, Ihre Finanzen usw. verändern.

Wenn Sie, nach der Bereinigung und Umprogrammierung Ihrer «Festplatte», bewusst und absichtsvoll im gegenwärtigen Moment lieben, wird die Liebe aus allen Richtungen auf Sie zukommen. Doch umgekehrt geschieht das nicht. Wenn Sie nur versuchen, Liebe zu finden, oder hoffen, dass sie Ihnen vom Himmel fällt, dann geschieht das wahrscheinlich nie.

Diese Wahrhaftig-lieben-Bewegung bewertet nicht; sie bedeutet, wahrhaftig zu lieben ohne Rücksicht auf die Situation oder darauf, wie andere darauf reagieren. Ich suche auf meiner Mission immer nach neuen spirituellen Brüdern und Schwestern, um mich mit einem nach dem anderen von ihnen zu verbinden. Nicht Brüdern und Schwestern dem Blut nach, sondern im Geiste (was noch mehr Kraft hat und noch wichtiger ist).

Deshalb habe ich zwei Bitten an Sie. Die erste: Wenden Sie dieses Verfahren auf Ihr eigenes Leben an. Denken Sie daran: Es ist fast unmöglich, dass es nicht funktioniert. Kein äußerer Umstand oder Blut, Knochen, Gewebe muss sich ändern. Bei diesem Verfahren kommt es allein auf das an, was sich (nichtphysisch) in Ihnen abspielt. Ich meine damit nicht, dass Sie es nicht auch mal vermasseln werden. Das gehört dazu. Im Einklang mit der Liebe zu leben heißt auch, sich selbst zu vergeben, wenn Sie es nicht beim ersten Anlauf durchziehen, und dann wieder aufzustehen und es noch einmal zu versuchen.

Ich möchte Sie noch einmal auf das Ende des ersten Kapitels verweisen, wo ich Ihnen riet, mit der Bitte um ein transformatorisches Aha-Erlebnis zu beginnen. Bevor Sie das Verfahren in Angriff nehmen, ermuntere ich Sie abermals, zu beten, über diese grundlegenden Konzepte zu meditieren und sich selbst die Möglichkeit zu geben, dieses transformatorische Aha-Erlebnis zu erfahren. Wenn Sie regelmäßig und lange genug (das heißt: so lange, wie es für Sie persönlich richtig ist) beten und meditieren, passiert es meiner Erfahrung nach oft. Das können Sie auch ruhig tun, während Sie gleichzeitig die Drei Tools anwenden. Beide Vorgehensweisen müssen nicht getrennt praktiziert werden. Noch einmal: Hier geht es nicht um Willensanstrengung – sondern darum, der Liebe zu gestatten, durch Sie hindurch zu wirken. Und natürlich gibt es auch den schrittweisen Weg über die Love-Principle-Erfolgsmethode, die Sie auf den letzten Seiten des siebten Kapitels zusammengefasst finden.

Meine zweite Bitte lautet: Wenn Sie das Verfahren abgeschlossen haben, seine positiven Auswirkungen genießen und glauben, dass das Love Principle wirklich der Schlüssel zum Erfolg in allem ist, dann sagen Sie es bitte weiter. Tatsächlich flehe ich Sie geradezu kniefällig darum an. Mehr noch: Ich bitte Sie, anderen von einem Leben im Einklang mit einer nichtreligiösen, praktischen Spiritualität zu erzählen. Vor allem darum habe ich dieses Buch geschrieben. Verstehen Sie mich bitte nicht falsch: Ich sage das nicht, um mehr Bücher zu verkaufen. Sie können Ihr Exemplar jemandem leihen oder einem Freund beim Pizza-Essen die Prinzipien und Tools erklären. Wenn Sie im Einklang mit der Liebe leben und das Gegenmittel zu allem haben, was Ihre Familie, Freunde und Nachbarn quält, werden Sie es ohnehin nicht für sich behalten können. Das ist Liebe!

Wenn Sie danach dann feststellen, dass Sie Teil dieser Wahrhaftig-lieben-Mission werden wollen, lade ich Sie ein, den folgenden Epilog zu lesen. Sie brauchen ihn nicht, um das Love Principle in die Praxis umzusetzen; Sie wissen schon alles, was Sie brauchen, aus den vorigen Kapiteln. Aber wenn Sie die Bereinigung und Umprogrammierung abgeschlossen haben und einen kurzen Blick darauf werfen wollen, was es wirklich bedeutet, in der Praxis langfristig im Einklang mit der Liebe zu leben, sollten Sie nun weiterlesen.

Wenn Sie mir Ihre Erfahrungen mit dem Love Principle mitteilen möchten, würde ich mich sehr freuen, von Ihnen zu hören. Gehen Sie dazu auf unsere Website www.thegreatestprinciple.com.

Meine Liebe gilt Ihnen allen – auf immer.

EPILOG:
Praktische Spiritualität

Stellen Sie sich vor, Sie besuchen einen Freund. Als Sie an seiner Haustür ankommen, bemerken Sie ein Schrottauto in der Einfahrt. Es ist in erbärmlichem Zustand – die Karosserie ist total verrostet, die Kühlerhaube steht offen, der Motorblock fehlt, und die Polster sind jenseits von Gut und Böse. Sie schauen das Vehikel an, verdrehen die Augen und sagen: «Keine Chance, dieses Auto wird nie wieder fahren.» Beim nächsten Besuch ist das Auto nicht mehr da. Ein Jahr später kommen Sie zurück, und bei Ihrem Freund steht ein Neuwagen in der Einfahrt. Seine rote Farbe glänzt, die Chromleisten schimmern, die Lederpolster wirken sehr edel, und als Ihr Freund stolz die Kühlerhaube lüftet, sehen Sie einen brandneuen 300-PS-Motor vor sich. «Wow, seit wann hast du denn den?», fragen Sie Ihren Freund. «Ach, das ist doch das Schrottauto, an dem ich immer herumgeschraubt habe», erwidert er. Sie sind verblüfft. Was für eine Verwandlung!

So geht es mir immer, wenn ich sehe, wie jemand den Übergang von einem Leben in Angst zu einem Leben im Einklang mit der Liebe schafft. Ich habe keine Worte, um es angemessen zu beschreiben. Es ist ein Unterschied wie Tag und Nacht. Das Love Principle ermöglicht genau die gleiche Totalüberholung. Es gibt Ihnen die Instrumente an die Hand, die Sie brauchen, um sich selbst zusammenzuflicken, sowie das notwendige Antiseptikum, damit Sie sich beim Zusammenflicken nicht infizieren. Aber wie wunderbar und transformatorisch das Love Principle auch sein mag, es ist nur der Anfang – wie bei dem restaurierten Auto. Sie würden so ein Auto nicht in Ihrer Einfahrt stehen lassen, oder?

Nein – Sie würden überall damit herumfahren wollen! Die Welt da draußen wartet darauf, von Ihnen erobert zu werden – und zwar weit über die Grenzen dessen hinaus, was Sie sich vorgestellt haben.

In diesem Epilog würde ich gern eine Spur aus Brotkrumen auslegen, die jenseits Ihres persönlichen Erfolgs auf die Berggipfel des Lebens hinaufführt. Wenn Sie nach vorn schauen, dorthin, wohin die Spur der Brotkrumen weist, werden Sie eine alte Tür sehen. Sie sieht aus, als wäre sie schon jahrhundertelang nicht mehr geöffnet worden, und Sie wären einfach an ihr vorübergegangen, wenn die Brotkrumen Sie nicht zu ihr geführt hätten. Nun, da Sie sie aber entdeckt haben, fühlen Sie sich eigentümlich angezogen von ihr. Über dieser Tür steht etwas geschrieben, auch wenn es kaum noch zu lesen ist. Mit einiger Mühe können Sie die Worte «Praktische Spiritualität» entziffern. Da fällt Ihnen ein sehr alter und schon ganz verblichener Zettel ins Auge, der an die Tür geheftet ist. Mit der Hand und ganz verwaschen steht in der ersten Zeile geschrieben: «Die Grundprinzipien der Spirituellen Physik: Der Weg der Wahrheit, der Liebe und der Gnade für all jene, die Einlass begehren.»

In diesem Kapitel werden Sie nicht alles zu lesen bekommen, was auf dem Zettel an der Tür steht, aber es wird Ihnen einen Vorgeschmack darauf geben, der Ihnen die Entscheidung erleichtern wird, ob Sie die Tür öffnen und hineingehen wollen. Ich habe mein ganzes Leben damit verbracht, zu beten, zu suchen, zu reisen, zu lernen und diverse Lebensleitlinien zu testen, bis ich zu diesem Glaubenssystem gelangte. Ich möchte Sie einladen, die folgenden Wahrheiten mit einem offenen Geist aufzunehmen. Wenn sie nichts bei Ihnen zum Klingen bringen, kein Problem – dann danke ich Ihnen dafür, dass Sie überhaupt darüber nachgedacht haben. Wenn sie aber für Sie einen Sinn ergeben, wäre es mir eine Ehre, Sie als Gefährten auf der Reise begrüßen zu dürfen!

Wenn Sie eintreten, können Sie natürlich jederzeit beschließen, wieder zu gehen. Ich habe das allerdings noch nie jemanden tun sehen. Normalerweise höre ich Sätze wie diesen: «Ich kann mir gar nicht vorstellen, jemals wieder anders zu leben!»

Bei der praktischen Spiritualität geht es um nichts weiter als Ergebnisse. Wahrscheinlich haben Sie sich dieses Buch besorgt, weil Sie sich Erfolg, Gesundheit und Glück wünschen und Misserfolge, gesundheitliche Probleme und Unglück hinter sich lassen wollen. Sie wollen Ergebnisse sehen. Welche Weltanschauung, welches Glaubenssystem und/oder Paradigma verschafft Ihnen, was Sie sich wünschen, und welche bringen Sie nicht weiter?

Um die Antwort auf diese Frage geben zu können, müssen wir an einem scheinbar überraschenden Ort beginnen: in unserem Körper. Wie wir in den vorigen Kapiteln erfahren haben, gibt es keine Mechanismen in unserem Körper, die Unzufriedenheit, negative Emotionen oder Krankheit hervorbringen, nur solche, die Glück und Gesundheit erzeugen. Wenn wir negative Symptome entwickeln, seien sie körperlicher oder psychischer Natur, ist das immer einer Funktionsstörung dieser Mechanismen zuzuschreiben, die eigentlich Gesundheit erzeugen. Aber was verursacht diese Funktionsstörung?

Die Antwort auf diese Frage kennen Sie nun: Angst. Wenn wir nicht in einer wirklich lebensbedrohlichen Notsituation sind, verursacht Angst in unserem Unbewussten, in unserem Unterbewusstsein und in unserem Bewusstsein immer eine Funktionsstörung (genannt «Stress»), die zu Dunkelheit in den Zellen und Energiesystemen des Körpers führt – was wiederum mit der Zeit gesundheitliche Störungen, Krankheit und chronische Unzufriedenheit zur Folge hat.

Im Gegensatz dazu eliminiert Liebe in unserem Unbewussten, Unterbewusstsein und Bewusstsein die Auswirkungen von Angst und Stress, was es den Selbstheilungsmechanismen des Körpers gestattet, so zu arbeiten, wie sie sollen, und Erfolg, Glück und Gesundheit werden sich von selbst ergeben. Liebe im Geist manifestiert sich stets als Licht in den Zellen und Energiesystemen des Körpers, was ihm ein korrektes Funktionieren und damit Gesundheit, Erfolg und Glück ermöglicht.

Was für den Körper gilt, gilt auch für den Geist. Wenn Ihre Weltanschauung in Angst wurzelt oder einer anderen Erscheinungsform des Schmerz-Lust-Prinzips, des Prinzips von Ursache und Wirkung oder des dritten Newton'schen Gesetzes, wird sie Krankheit, Leiden, Misserfolg und chronische Unzufriedenheit hervorbringen. Egal, wie lange Sie sie schon haben oder wer sie gutheißt.

Wenn wir über praktische Spiritualität sprechen wollen, sollten wir bei dem Wort «spirituell» beginnen. Meiner Meinung nach gibt es vier Beweise für die Existenz des Spirituellen bzw. der Liebe/Quelle/Gottes:

1. Der Herzschirm und die neusten neurologischen Forschungsergebnisse. Wie wir bereits wissen, ist der Herzschirm die kreative Kraft, aus der alles, was wir sehen können, entstanden ist; doch die Wissenschaft war bisher nicht in der Lage, einen physischen Schirm oder einen Mechanismus für die Vorstellungskraft nachzuweisen. Ich glaube, dass das so ist, weil der Herzschirm im spirituellen Bereich anzusiedeln ist. Deshalb konnte Dr. Eben Alexander seine Nahtoderfahrung, seinen «Beweis für den Himmel», erleben, als all seine neuralen Mechanismen außer Kraft gesetzt waren. Denken Sie daran, der Faktor Nummer eins, der langfristige Probleme in Ihrem Gehirn verhindert, ist die Spiritualität.[1]

---

1 Andrew Newberg/Robert Waldman: *Der Fingerabdruck Gottes*, Kapitel 3.

Dieses Beweismaterial würde nicht existieren, wenn es keine spirituelle Realität gäbe. Und wie wir auch in Kapitel 3 über Placebo, Nocebo und Defacto-Glaubenssätze gelernt haben, ist die einzige Art von Glauben, der auf längere Sicht wirkt, ein Defacto-Glaubenssatz, also die Wahrheit. Wenn also Spiritualität auf längere Sicht wirkt, dann bedeutet das, sie muss wahr sein.

2. Die überwiegende Mehrheit der Menschen (Statistiken zufolge etwa 97 Prozent) glaubt daran, und doch gibt es nicht den geringsten empirischen Nachweis. Galilei wurde geächtet, als er behauptete, die Erde kreise um die Sonne und nicht umgekehrt, obwohl er recht hatte. Dr. Ignaz Philipp Semmelweis machte sich vor der Ärzteschaft lächerlich; er bestand darauf, dass man sich vor einer Operation die Hände waschen müsse, weil er an unsichtbare Organismen namens Keime glaubte, und wurde am Ende aus der Ärzteschaft ausgeschlossen. Jahrelang haben die Ärzte uns gesagt, dass Nahrungsergänzungsmittel lediglich «teuren Urin» produzieren. Und doch glauben wir heute in jedem dieser Fälle fast durchgängig das genaue Gegenteil. Warum? Heute haben wir Belege dafür! Historisch gesehen hielt sich der allgemeine Glauben der Mehrheit fast immer daran, was klar und empirisch beobachtbar und messbar war. Auf diesen Fall übertragen würde das bedeuten: Die überwiegende Mehrheit glaubt, dass nichts jenseits des Physischen existiert – also dessen, was wir sehen und messen können. Aber das Gegenteil trifft zu. Ich weiß nicht, ob sich in Bezug auf irgendein anderes Thema ein so hoher Grad an allgemeinem Einverständnis beobachten lässt – und sei es nur, dass der Himmel blau ist! Wie kann das sein? Wir haben etwas in uns, das uns sagt, dass das Spirituelle real ist. Und das bringt uns zu Punkt 3.

3. Die Existenz von Gnade und Liebe. Menschen, die wir wirklich lieben, behandeln wir selbstverständlich und automatisch mit Gnade. Gnade bedeutet bedingungslose Liebe, Akzeptanz oder mit Versöhnlichkeit und Güte zu reagieren, selbst wenn der andere sie nicht verdient, sowie die Kraft zu tun, was mit Willensanstrengung oder natürlicher Begabung nicht zu bewerkstelligen ist. Menschen, die wir *nicht* lieben, sind wir geneigt automatisch dem Karma oder dem Gesetz entsprechend zu behandeln (also so, wie sie es einer regelhaften Übereinkunft nach verdienen oder danach, was für uns dabei herauskommt). Wenn wir aufhören, jemanden zu lieben, neigen wir dazu, von Gnade zu Karma zu wechseln; wenn wir anfangen, jemanden zu lieben, neigen wir dazu, von Karma zu Gnade zu wechseln. Liebe kommt von Gnade und führt wieder darauf zurück. Wie wir noch genauer besprechen werden, ist Gnade per definitionem *über*natürlichen Ursprungs, weil sie das natürliche Gesetz von allem im physischen Universum verletzt: das dritte Newton'sche Gesetz, Reiz/Reaktion, Ursache/Wirkung, «man erntet, was man sät», und bekommt zurück, was man gibt. Tatsächlich widersetzt sich die Liebe meistens der menschlichen Vernunft – genau wie das Übernatürliche auch. Liebe ist daher der Beweis für Gnade, und Gnade ist der Beweis für das Übernatürliche oder Spirituelle.

4. Persönliche Erfahrung. Dieses letzte Beweisstück ist mir am wichtigsten, Ihnen aber vielleicht am unwichtigsten. Es handelt sich um die Tatsache, dass ich es *erlebt* habe. Ja, ich erlebe es vielmehr immer noch, in diesem Moment. Wenn Sie nicht glauben, dass kein Beweis überzeugender als unsere eigene Erfahrung sein kann, dann versuchen Sie doch einmal Folgendes: Sagen Sie jemandem, der bis über beide Ohren verliebt ist, dass er gar nicht wirklich verliebt ist, sondern dass sich sein Gehirn nur in einem chemischen Ausnahmezustand befindet. Und dann fügen Sie hinzu, dass der andere ihn auch nicht wirklich liebt. Am Ende sagen Sie noch, dass Liebe gar nicht existiert. Aber seien Sie vorsichtig, weil er Ihnen vielleicht eins auf die Nase geben wird. Sie sehen: Es ist gar keine so große Sache, wenn jemand sagt, dass er Ihr Auto nicht mag oder anderer politischer Meinung als Sie ist oder glaubt, dass die Menschen im Norden klüger als die im Süden sind. Derlei Meinungsverschiedenheiten entfachen gern hitzige Debatten mit schlagenden Argumenten auf beiden Seiten; meistens endet es aber friedlich, indem beide Seiten sich darauf einigen, dass sie sich nicht einigen können. Wenn allerdings jemand tief drinnen eine «Realität» erlebt und Sie ihm dann sagen, dass das gar keine Realität ist – dann ist das eine Kampfansage! Man kann sich nicht davon überzeugen lassen, dass das, was man erlebt hat, nicht existiert, denn – nun ja – man hat es ja erlebt.

Sprechen wir nun über den «praktischen» Aspekt der praktischen Spiritualität. Im Laufe der Jahre habe ich vier unterschiedliche Kategorien von Spiritualität festgestellt:

1. Religiöse Spiritualität. Religiöse Menschen neigen dazu, Spiritualität an Regeln und deren Einhaltung zu binden und nicht Liebe und Freiheit an die erste Stelle zu setzen. Ihr Credo lautet, dass man erntet, was man sät, und ihr Fokus ist auf äußere Ziele und Erwartungen gerichtet, die durch Willenskraft zu erreichen sind. Ein anderes Wort dafür ist Karma, das Naturgesetz des Universums. Nach allem, was wir bisher erfahren haben, wissen wir, dass dieser Ansatz auf Angst und nicht auf Liebe basiert.

2. Nichtspirituelle Spiritualität. Da all jene, die die Existenz des Spirituellen kategorisch verneinen, nur an die Naturgesetze glauben, fallen sie grundsätzlich auf die Stufe des Ursache-Wirkungs-Prinzips oder Karmas zurück; ihr Blick auf die Welt ist daher angstbesetzt.

3. Untaugliche Spiritualität. Dieser Kategorie frönen all jene, die über Spiritualität reden, sich womöglich «New Ager» nennen und üblicherweise dem Gesetz der Anziehung folgen. Sie mögen der wahren Spiritualität noch am nächsten kommen, aber ihre Spiritualität ist untauglich, denn sie kann selten die Ergebnisse hervorbringen, die sie sich wünschen. Sie sprechen von einem Leben im Einklang mit der Liebe und Vorurteilsfreiheit (und meinen das auch so), doch ihr Credo ist das Gesetz der Anziehung, was wiederum nur ein anderer Name für das Ursache-Wirkungs-Prinzip und das in ihm enthaltene Urteil ist, das auf diesem physikalischen Gesetz basiert. Angst, nicht Liebe entspringt dem physikalischen Gesetz von Ursache und Wirkung. Liebe entspringt spiritueller Gnade und straft das Ursache-Wirkungs-Gesetz Lügen – immer. Das Gesetz der Anziehung besagt ebenfalls, dass ich bekomme, was ich ausstrahle. Wenn ich gute Gedanken, Gefühle, Glaubenssätze und Taten hervorbringe, bekomme ich gute zurück. Wenn ich positive Energie ausstrahle, bekomme ich positive Dinge zurück. Wenn ich negative Energie aussende, bekomme ich negative Dinge zurück. Aber diese positive Energie aufzubringen, bleibt meiner Willenskraft überlassen, die wiederum künftige positive Ergebnisse garantieren soll. Wenn ich also ein Problem habe, liegt die Lösung in meiner eigenen Willenskraft, die sich auf eine Erwartung konzentriert – was, wie wir wissen, weder echte Liebe noch vollen, dauerhaften Erfolg hervorbringen kann. So ist das Wort «manifestieren» allgemein üblich in der untauglichen Spiritualität. «Du kannst alles manifestieren – jetzt!» Nur: Genau das manifestiert Stress und Funktionsstörungen – jetzt! Diese Weltsicht ist meistens Angst, die sich als Liebe verkleidet hat. Die drei bisher genannten Formen der Spiritualität konzentrieren sich darauf, eine Erwartung an die Zukunft durch Willensanstrengung Realität werden zu lassen und – noch schlimmer – Spiritualität (Liebe, Freude, Frieden) durch physikalische Gesetze und Mechanismen zu schaffen. Und noch einmal: die Prinzipien von Ursache und Wirkung, von Reiz und Reaktion, von «du erntest, was du gesät hast», von «Gleiches zieht Gleiches an», von Karma und vom Gesetz der Anziehung basieren alle auf dem dritten Newton'schen Gesetz: Für jede Aktion gibt es eine gleiche und gegensätzliche Reaktion. Eine schnelle Suche im Internet wird zeigen, dass die Experten dieser Richtung und die üblichen Lehren dieser Prinzipien alle das Gleiche sagen: Du weißt, was du bekommen wirst – jedes Mal. Aber auch, dass diese Prinzipien per definitionem den Mind und Körper in Stress versetzen, was Funktionsstörungen zur Folge hat. Für wie lange? So lange, wie Sie nach diesen Gesetzen leben, was bei den meisten Menschen das ganze Leben ist. Es funktioniert einfach nicht!

4. Praktische Spiritualität. Im Gegensatz dazu basiert die praktische Spiritualität auf dem Prinzip der Liebe. Die Liebe setzt sich über die universalen Naturgesetze hinweg und besonders über das dritte Newton'sche Gesetz. Warum? Gleiches zieht nicht immer Gleiches an. Bei der Liebe wissen Sie nie, was Sie bekommen werden. Manchmal bekommen Sie Liebe zurück, häufig aber auch nicht. Es ist immer ein Abenteuer. Denken Sie an die wahre Natur von Elternschaft, Ehe und Freundschaft. Hier gibt es keine Garantien auf das Endergebnis. Denn die Liebe gehört nicht zur physischen Welt, sie gehört ins spirituelle Reich.

Den weniger begangenen Weg wählen jene wenigen, die sich mit dem Transzendenten verbinden und jede Kontrolle abgeben. Das bedeutet, dass sie äußere Erwartungen aufgeben (aber nicht die Hoffnung) und wissen, dass sie nicht aus Willenskraft allein im Einklang mit der Liebe leben können. Indem sie jede Kontrolle abgeben und sich mit der Liebe/Quelle/Gott verbinden, erhalten sie automatisch Gnade – die einzige, wahrhaft auf Liebe beruhende Art zu leben – und die Kraft, geradezu überirdische Lebenserfolge zu erringen. Dann können sie aus dem inneren Zustand der Liebe im gegenwärtigen Augenblick leben, was dauerhafte, ideale äußere Ergebnisse zur Folge hat. Zu den Menschen, die diese Form der Spiritualität lebten, gehören Mahatma Gandhi, Mutter Teresa, Jesus und viele andere weniger berühmte, aber ebenso friedvolle Geistesgrößen. Meiner Meinung nach werden aufgeschlossene Menschen, die die ganze Wahrheit begreifen und durch Gebete, ein transformatorisches Aha-Erlebnis oder energiebasierte Tools bereinigt und umprogrammiert wurden, von Natur aus diesen Weg wählen – ob nun mit diesem Buch oder ohne es.

Ich glaube, dass auf der ganzen Welt Menschen auf diesem «weniger begangenen Weg» reisen und sich in Gebäuden versammeln, die alle möglichen Namen tragen. Praktische Spiritualität bedeutet einfach, aus einem Herzen der Liebe und verbunden mit der Quelle der Liebe zu leben. Jene, die der praktischen Spiritualität folgen, leben nach dem Gesetz, das «in ihren Herzen eingeschrieben» ist, unabhängig davon, wie sie aufgewachsen sind, welches ihr Schmerz ist, was sie sich wünschen, aber nicht haben, und wie die Gruppierung heißt, der sie angehören.

Tatsächlich ist es praktisch unmöglich, allein anhand der Menschen, mit denen jemand Umgang pflegt, oder anhand der Worte, die er benutzt, zu ermitteln, wer der praktischen Spiritualität gemäß lebt. Es gibt nur eine Möglichkeit, das sicher festzustellen – daran, dass sie «wahrhaftig lieben» und nahezu jederzeit im Frieden mit sich sind, und zwar unabhängig von der äußeren Situation. Es gibt mindestens zwei Möglichkeiten herauszufinden, ob jemand *nicht* der praktischen Spiritualität gemäß lebt. Die erste besteht in der Frage, ob er Emotionen aus der Angst- oder Wut-Kategorie erlebt. Selbst wenn er fortwährend von Liebe und Licht redet oder oft lächelt und andere umarmt und sagt, dass er alle Menschen liebt, ist ein Mensch mit religiöser, nichtspiritueller oder untauglicher spiritueller Weltsicht ganz schnell dabei, Angst, Wut, Irritation oder Frustration zu empfinden oder Urteile zu fällen (vor allem über Menschen aus anderen Gruppierungen); die Wahrscheinlichkeit, dass er gesundheitliche Probleme entwickeln wird, ist ebenfalls höher. Wie wir im fünften Kapitel gesehen haben, ist das Erleben von Emotionen aus der Wut-Kategorie der Beweis dafür, dass man ein Stressziel oder ein angstbesetztes Ziel verfolgt, das sich mit Hilfe von Willenskraft auf eine äußere Situation konzentriert. Mit anderen Worten: Fast jede Äußerung von Angst oder Wut (mit der Ausnahme von «gerechtem Zorn») zeigt an, dass der Betreffende in seinem spirituellen Herzen nach dem Ursache-Wirkungs-Prinzip lebt, selbst wenn er es niemals zugeben würde oder nicht einmal bemerkt.

Zum Beispiel neigen meiner Erfahrung nach nichtspirituelle Menschen dazu, spirituelle oder religiöse Menschen nicht zu mögen; ja, sie fühlen sich ihnen zuweilen überlegen. *Wie können die nur so naiv sein?*, denken sie. Die Religiösen scheinen vor den anderen Gruppen Angst zu haben und/oder ihnen zu grollen und betrachten sie vielleicht sogar als Feinde. Wer nach der untauglichen Spiritualität lebt, akzeptiert normalerweise jeden außer dem Religiösen, über dessen Engstirnigkeit er sich jedoch oft ärgert. Er neigt sogar dazu zu glauben, dass er der praktischen Spiritualität gemäß lebt, auch wenn er nach dem Ursache-Wirkungs-Prinzip bzw. dem angstbesetzten Gesetz fühlt, denkt, glaubt und handelt.

Im Gegensatz dazu ist das Kennzeichen von praktischer Spiritualität, wenn jemand in fast hundertprozentiger, bedingungsloser Liebe und Akzeptanz und ohne Vorurteile lebt, und daraus resultieren dann Liebe, Freude, Frieden, Gesundheit, Glück, Geduld und Verständnis – unabhängig von der Situation oder davon, ob die Menschen seiner Umgebung der gleichen Meinung sind wie er oder nicht. Meiner Erfahrung nach lieben und respektieren Menschen, die der praktischen Spiritualität gemäß leben, wahrhaftig Menschen aller anderen Gruppierungen und Religionszugehörigkeiten. Sie betrachten es als ihre Aufgabe, nicht zu urteilen oder zu missionieren, sondern zu lieben, und zwar bedingungslos.

Der zweite Anhaltspunkt dafür, dass Sie nicht im Einklang mit der praktischen Spiritualität leben, ist mangelndes Verzeihen oder Unversöhnlichkeit. Mir ist noch nie ein gesundheitliches Problem begegnet, das nichts damit zu tun gehabt hätte. Mein Kollege, Dr. Ben Johnson, sagt, er wisse von keinem einzigen Krebsfall, der nicht auf irgendeine Art und Weise mit dem Thema Unversöhnlichkeit verknüpft gewesen wäre. Unversöhnlichkeit erlebt man auf dem Weg der Angst, Aktion/Reaktion, Ursache/Wirkung und der Selbstgerechtigkeit. Versöhnlichkeit und Verzeihen erlebt man auf dem Weg der Gnade und der Liebe. Mit «Versöhnlichkeit» meine ich: sich selbst vergeben, anderen vergeben, *allen* vergeben – ohne einzufordern, dass sie für ihre Fehler «bezahlen». Sie wissen, dass Sie jemandem wirklich vergeben haben, wenn Sie ihn zu 100 Prozent bedingungslos als Person akzeptieren, auch ohne dass er seine Fehler «ausbügeln» muss.

Die meisten, denen es schwerfällt oder die sich einfach weigern zu verzeihen, leben dem Gesetz, nicht der Gnade gemäß – und womöglich legen sie diesen Maßstab auch bei sich selbst an. Sie leben in der Hölle auf Erden, denn niemand kann alles richtig machen; wir alle geraten unterwegs ins Stolpern. Doch nach dem Gesetz von Ursache und Wirkung bedeutet, «etwas verkehrt zu machen», Ergebnisse zu bekommen, die man nicht wollte oder die man befürchtet hatte.

Übrigens: Jemanden zu 100 Prozent zu akzeptieren bedeutet *nicht*, automatisch auch sein Verhalten zu akzeptieren. Man kann einen Menschen auch akzeptieren, ohne sein Verhalten zu akzeptieren. Es bedeutet vielmehr, dass das Verhalten nicht den Menschen definiert, wie Ihr Verhalten auch nicht Sie definiert. Wenn wir nur nach unserem Verhalten beurteilt würden, wären wir alle verloren.

Praktische Spiritualität oder Leben im gegenwärtigen Augenblick im Einklang mit der Liebe soll nicht allein auf Willenskraft basieren – oder höchstens auf so viel, wie Sie brauchen, um sich die Zähne zu putzen. Eine wichtige Möglichkeit, die Willensanstrengung zu reduzieren, die Sie zum Lieben brauchen, besteht natürlich darin, den inneren Zustand der Angst zu bereinigen und sich auf den Zustand der Liebe zu programmieren, sodass Liebe Ihre Standardeinstellung wird und sich ganz unangestrengt anfühlt. Aber es gibt noch eine andere wichtige Methode: nämlich die Quelle der Liebe selbst anzuzapfen.

Wie wir bereits erläutert haben, lässt sich jedes Problem auf ein Beziehungsproblem reduzieren – was auch unsere Beziehung zur Liebe/Quelle/zu Gott miteinschließt. Es ist nicht meine Aufgabe, diese Begriffe zu definieren, aber ich glaube daran, dass aus diesem Grund praktisch jede Zivilisation in der Menschheitsgeschichte an etwas glaubte, das größer als sie selbst war, auch wenn das dem Verstand unlogisch erscheint. Wir wissen von Natur aus, dass wir Liebe brauchen und wollen – das ist das Allerwichtigste. Wir wissen von Natur aus, dass Gott oder eine spirituelle Realität existiert, auch wenn es keinen logischen Sinn ergibt (soweit wir das überhaupt beurteilen und einschätzen können). Wir glauben an eine spirituelle Realität und an die Liebe, weil uns ein Mechanismus angeboren ist, der uns die Liebe/Quelle/Gott suchen lässt – weil dies die Quelle der Liebe ist und das, worauf wir innerlich programmiert sind und was wir am meisten brauchen. Mit anderen Worten: Wir müssen an den Herzschirm der Liebe/Quelle/Gottes angeschlossen sein – er ist unser Server.

So gut wie alles, was existiert, kann als *Frequenz* (Energie) und *Amplitude* (Kraft) beschrieben werden. Frequenz steht für das, was da ist, und Amplitude für seine Menge oder dafür, wie viel Kraft es hat. Um im Einklang mit der Wahrheit und Liebe zu leben, brauchen Sie die Frequenz von Gnade/Liebe/Wahrheit und eine genügend große Amplitude, um die Programmierung der Angst und Unwahrheit zu neutralisieren. Um die Liebe zu wählen, müssen Sie sich einfach nur mit der Quelle der Liebe verbinden. Wenn Sie glauben, dass *Sie* die Quelle der Gnade und der Liebe sind und sich gar nicht erst mit der Quelle verbinden müssen, möchte ich Sie um Folgendes bitten: Lassen Sie Ihre Macht spielen, tun Sie alles für das, was Sie sich in diesem Augenblick für Ihr Leben wünschen, und eliminieren Sie alles, was Sie sich nicht wünschen. Die klinische Forschung besagt, dass nur etwa einer von einer Million Menschen, die das glauben und versuchen, damit erfolgreich ist. Meiner Meinung nach läge der Prozentsatz bedeutend höher, wenn Sie wirklich die Quelle und wirklich die Kraft wären – möglicherweise bei 97 Prozent (so hoch veranschlage ich die Erfolgsquote des Love Principle). Liebe eliminiert Angst, und Licht eliminiert Dunkelheit, aber es muss auch genug Liebe und Licht für die vorhandene Menge Angst und Dunkelheit da sein. Eine Stiftlampe kann kein Stadion erleuchten, aber die Stadionlichter können es schon.

Ich habe festgestellt, dass ich nicht genug Kraft habe, um

meine eigene innere Angst-Unwahrheits-Programmierung zu eliminieren oder zu überwinden. Aber ich habe auch entdeckt, dass Liebe/die Quelle/Gott überall und in allem ist. Und Liebe/die Quelle/Gott hat mehr als genug Frequenz und Amplitude, die ich brauche, um meine Angst-Unwahrheits-Programmierung zu eliminieren und im Einklang mit Licht und Liebe zu leben. Denn die Liebe/Quelle/Gott ist alles und in allem, ich kann diese spirituelle Netzwerkverbindung jederzeit und überall anzapfen und mich mit genau dem verbinden, was ich brauche.

Jeder Mensch ist dazu geschaffen, um im Einklang mit Liebe, Freude und Frieden zu leben. Wenn wir das nicht tun, funktionieren unsere Mechanismen nicht mehr reibungslos. Die Angstreaktion ist nur für den unmittelbaren Gefahrenfall gedacht und sollte sofort abgeschaltet werden, wenn die Gefahr vorüber ist. Wir kommen vorprogrammiert mit unserem eigenen, angeborenen spirituellen Peilsender zur Welt (den manche Menschen das Gewissen nennen und ich den Liebeskompass). Wenn wir aber diesem Peilsender nicht aktiv folgen, um die Quelle der Liebe zu suchen und uns mit ihr zu verbinden, werden wir nicht genug Liebe-Licht-Frequenz und -Amplitude bekommen und in Angst/Dunkelheit und in das Denken, die Glaubenssätze, die Taten und die Physiologie von Ursache und Wirkung zurückfallen.

Praktische Spiritualität lebt im gegenwärtigen Augenblick im Einklang mit echter Liebe und Wahrheit, ungeachtet der Situation oder des Verhaltens anderer, innerlich verbunden mit der Quelle der Liebe und ständig mit Gnade beschenkt. Im Gegensatz dazu sucht untaugliche Spiritualität Liebe durch das Ursache-Wirkungs-Gesetz der Anziehung «zu verdienen und zu produzieren». Sie versucht, Liebe zu bekommen oder zu verdienen, indem sie das Richtige tut. Religiöse Spiritualität versucht ebenfalls, Liebe durch das Prinzip «Säe, und du wirst ernten» zu «erringen», also durch Karma oder Gesetzmäßigkeit – «du musst gut genug dafür sein.»

Keine dieser Perspektiven stimmt mit der Natur echter Liebe (Agape, nicht Eros) überein. Echte – Agape – Liebe ist «frei» und kann nicht verdient oder verspielt werden. Sie hat nichts damit zu tun, wie gut oder schlecht jemand ist.

Verstehen Sie mich nicht falsch. Das Ursache-Wirkungs-Gesetz (oder Schicksal oder dritte Newton'sche Gesetz) ist absolut real – es wirkt 24 Stunden an sieben Tagen die Woche in der physikalischen Welt, genau wie die Schwerkraft. Es ist ein Naturgesetz, das seit Anbeginn der Zeit existiert. Aber meiner Meinung nach ist Gnade einfach ein höheres Gesetz. Ja, es ist das genaue Gegenteil der Prinzipien von Aktion/Reaktion, Reiz/Reaktion und «Ernten, was man sät». Es bedeutet, Gutes von der Liebe/Quelle/Gott zu empfangen, unabhängig davon, was man verdient hat. Gnade ist die einzige Wahl, die die Liebe für das Objekt ihrer Liebe treffen würde: Versöhnlichkeit, Barmherzigkeit, die Gelegenheit, frei von Schuld neu zu beginnen und es noch einmal zu versuchen. Gnade zu empfangen setzt voraus, den Fokus auf die physikalische, materielle Welt und das Erreichen von Endergebnissen durch Willensanstrengung *aufzugeben*. Sie setzt voraus, sich mit der Quelle zu verbinden, die Kontrolle der Loyalität/Hoffnung/Glauben/Vertrauen zu übergeben und nicht zu versuchen, seine eigene Quelle zu sein (was einen lediglich auf die Stärke der eigenen Willenskraft beschränkt). Gnade ersetzt das natürliche Ursache-Wirkungs-Paradigma und wird von der und im Einklang mit der spirituellen Liebe regiert.

Ich habe einmal ein Interview mit Bono, dem Leadsänger von U2, gelesen, in dem er über genau dieses Thema sprach. Ich bin seit Jahren Fan seiner Musik, daher verschlang ich geradezu seine Stellungnahme dazu. Er meinte, wenn er die Wahl hätte, würde er nicht bekommen wollen, was er nach dem Schicksal bzw. dem Gesetz der Anziehung verdiente. Er will haben, was er nicht verdient – Gnade. Hier ist, was er darüber gesagt hat:

Es ist natürlich ein überwältigender Gedanke zu glauben, dass Gott, der das Universum geschaffen hat, Gesellschaft sucht, eine echte Beziehung zu den Menschen. Aber was mich wirklich auf die Knie bringt, ist der Unterschied zwischen Gnade und Karma. (...) Ich glaube fest daran, dass wir aus dem Reich des Karma in das Reich der Gnade übergewechselt sind. (...) Nun, im Mittelpunkt jeder Religion steht die Idee vom Karma, also dass das, was man hinausgibt, wieder zu einem zurückkommt: Auge um Auge, Zahn um Zahn. Oder in der Physik – bei den physikalischen Gesetzen – folgt auf jede Aktion eine gleiche oder gegensätzliche Reaktion. Karma ist der Angelpunkt des Universums. Da bin ich mir absolut sicher. Und trotzdem taucht diese Idee der Gnade auf, die dieses ganze Was-du-gesät-hast-wirst-du-auch-ernten-Ding auf den Kopf stellt. Gnade trotzt dem Verstand und der Logik. Die Liebe unterbricht, wenn du so willst, die Konsequenzen deiner Handlungen, und in meinem Fall sind das gute Nachrichten, denn ich habe schon eine Menge Mist gebaut. (...) Ich käme in große Schwierigkeiten, wenn das Karma am Ende wirklich mein Richter sein sollte. Ich würde richtig in der Scheiße stecken. Das entschuldigt nicht meine Fehler, aber deswegen klammere ich mich an die Gnade.[2]

Gnade ist ein Paradox, genau wie Erfolg. Um das zu bekommen, was Sie sich wünschen, müssen Sie aufhören, es sich zu wünschen und danach zu streben. Karma steht im Einklang mit der Art und Weise, wie alles im physikalischen Universum zusammenspielt; es stimmt in Bezug auf Logik und Vernunft, unser Rechtssystem, unsere Vorstellung von Fairness und Gerechtigkeit. Gnade – das Empfangen nicht nur des Guten, sondern des Besten, egal, was du tust – würde all diese physikalischen und logischen Gesetze verlet-

---

2 *Bono über Bono. Gespräche mit Michka Assayas*, Köln: KiWi 2006, S. 188.

zen. Sie ergibt einfach keinen Sinn, und die meisten Menschen, denen ich das zu erklären versuche, finden es unmöglich. Sie ist nicht natürlich! Wenn Gnade existiert, dann außerhalb der natürlichen Mechanismen des Universums. Sie müsste *über*natürlich sein. Mit anderen Worten: ein Wunder.

Bingo! Das ist absolut richtig. Gnade ist ein Wunder – genau wie Liebe ein Wunder ist! Sie ist übernatürlich und ein Beweis für das Spirituelle. Denken Sie mal darüber nach: Warum sollten Sie jemals aufgrund logischer Erwägungen all die Entscheidungen fällen, die uns die Liebe eingibt? Im Fall von Heirat und Kinderkriegen zum Beispiel verursacht die Liebe uns Schmerzen, die wir anderweitig nicht erleben würden, kostet uns einen Haufen Geld und nimmt uns unsere Freiheit zu tun, was wir wollen, wenn wir es wollen. Wir müssten uns schon aus unlogischen Gründen, die mit den Naturgesetzen nicht im Einklang stehen, für die Liebe entscheiden. Es gibt tatsächlich so einen Grund: Wir verfügen über ein angeborenes inneres Wissen jenseits aller Worte, dass die Liebe das Einzige ist, was uns gibt, was wir uns wünschen und was wir im Kern unseres Seins brauchen.

Dieses Leben ist eine Art Prüfung. Wollen Sie den Naturgesetzen folgen oder den spirituellen Gesetzen? Wollen Sie die Angst oder die Liebe wählen? Wollen Sie der Aktion/Reaktion gemäß leben oder der Gnade gemäß? Es ist unsere Entscheidung, und wir haben jeden Tag hundert verschiedene Gelegenheiten, uns zu entscheiden. Es wird uns nie perfekt gelingen, aber wir können uns immerhin auf den richtigen Weg begeben.

Wenn wir die praktische, spirituelle Natur von Liebe und Angst verstehen, verändert das unser Verständnis von Freiheit und Zwang komplett. Wenn ich im Einklang mit Liebe und Licht lebe und handle, kann ich *alles* tun, was ich will, und es wird gut sein. Wenn ich mit Angst und Dunkelheit lebe, ist *alles*, was ich (aus

Angst und Dunkelheit heraus) tue, mit ziemlicher Sicherheit falsch. Alles, was nicht im Einklang mit der Liebe getan wird, wird faule Ergebnisse hervorbringen – und nie die Ergebnisse, die ich mir *wirklich* wünsche. Alles, was im Einklang mit der Liebe getan wird, wird zur rechten Zeit die idealen Ergebnisse bringen, selbst wenn es Ergebnisse sind, an die ich nie gedacht hatte. Tatsächlich ist dies der einzige Weg, die idealen Ergebnisse für mein Leben zu erhalten.

Aber wenn man eine Weltsicht wählt, die auf Angst oder auf dem Gesetz von Ursache und Wirkung basiert, wählt man Knechtschaft, weil man sich dann dafür entscheidet, faktisch ein Perfektionist sein zu müssen, wenn man nur irgendeine Hoffnung haben will, in diesem System Spitzenergebnisse zu erreichen. Schlimmer noch: Man muss ein erfolgreicher Perfektionist sein – und jeder Psychologe oder Therapeut wird Ihnen sagen, dass es wenige Dinge gibt, die innerlich mehr Schaden anrichten als Perfektionismus, denn er erzeugt massiven Stress. Warum? Man ist nicht nur darauf fixiert, äußere Umstände durch Willensanstrengung (von der wir jetzt wissen, dass sie zu Misserfolg führt) zu schaffen, man muss es auch noch perfekt machen, oder das Ergebnis ist unzulänglich! Wenn Sie den nächsten Patzer machen, kann das Krebs oder Ihren Konkurs herbeiführen. Da sind wir wieder beim Stress! Es gibt Milliarden wunderbarer Menschen mit den besten Absichten, die unwissentlich einem der ältesten Gesetze des Universums zum Opfer gefallen sind und jetzt arglos in der Gefangenschaft der Angst leben ... Ich glaube, das ist so, weil diese Menschen – wie ich – genug hatten von ihrer angsterzeugenden Religion, sie deshalb über Bord warfen und nach einer besseren Möglichkeit suchten. Doch ihre neue Weltanschauung war schließlich wieder nur das Ursache-Wirkungs-Prinzip, das einfach nur neu verpackt und hübsch angemalt wurde. Aber es kettet uns an Endergebnisse, die durch Willenskraft erreicht werden müssen, und führt letztendlich zum Scheitern, genau wie jede auf Angst basierende Religion, der sie entkommen wollten.

Wahre Liebe und Gnade befreien uns von Endergebnissen. Wenn wir nach dem Love Principle leben, sind wir innerlich auf Lieben im gegenwärtigen Augenblick fokussiert und nicht auf Endergebnisse. Wir müssen nicht alles perfekt machen; wir müssen es nicht einmal gut machen. Wir haben eine unbegrenzte Anzahl an «Geh aus dem Gefängnis»-Karten, denn Liebe verzeiht jeden Fehler, jedes Übers-Ziel-Hinausschießen, jede Entscheidung, die der Angst vor der Liebe den Vorzug gibt – *selbst wenn es volle Absicht ist und wir wissen, dass wir es hätten besser machen können*. Und die Endergebnisse, die eintreten, hängen nicht von meiner Willenskraft ab, sondern von einer überirdischen Macht, die das vollkommene Ergebnis produzieren kann, über alle meine Fähigkeiten hinaus. So brauche ich mir keine Sorgen zu machen oder wütend zu werden. Ich kann mich entspannen und darauf vertrauen, dass für mich alles gut enden wird. Das ist wahre Freiheit.

Ich hoffe und bete, dass Sie darüber nachdenken werden, ob Sie sich für ein Leben in Gnade und Liebe und praktischer Spiritualität entscheiden wollen! Ich habe es getan und würde nie im Leben mehr zu Gesetzmäßigkeit und Karma zurückkehren.

Seit einiger Zeit nun vollzieht sich überall auf der Welt ein fundamentaler Wandel. Seit 20 Jahren sehe ich ihm sehr aufmerksam zu. In Wahrheit findet diese Veränderung schon jahrhundertelang statt. Aber sie scheint Fahrt aufzunehmen und unausweichlich auf einen bestimmten Punkt zuzusteuern. Diesen fundamentalen Wandel nenne ich die Polarisierung von Licht und Dunkelheit. Die Dunkelheit in der Welt wird dichter und breitet sich aus. Aber auch das Licht. Die Angst vermehrt sich sprunghaft und rekrutiert jeden Monat Zehntausende neuer Anhänger, aber dasselbe gilt auch für die Liebe. Unwahrheit und Vorurteile befinden sich mehr denn je in der Geschichte auf dem Vormarsch, ebenso wie Wahrheit und vorurteilslose Akzeptanz. Aller Wahrscheinlichkeit nach sind Sie einer von beiden polaren Seiten mehr zugeneigt als der anderen. Ich betrachte Politik, Religion, Wirtschaft, Rasse, Hautfarbe und Nationalität als die Hauptmissetäter und Wirkungsstätten der Dunkelheit.

Wenn Sie an Liebe und Annehmen glauben, können Sie einen Menschen nicht dafür verurteilen, dass er Angst und Ablehnung gewählt hat. Wenn Sie es doch tun, machen Sie sich genau dessen schuldig, was Sie anklagen. Verurteilen hat *immer* mit Vergleichen zu tun. Und Vergleichen basiert immer auf Unsicherheit und/oder dem Gefühl der Bedeutungslosigkeit. Aus unserer Unsicherheit und/oder Bedeutungslosigkeit heraus vergleichen wir uns selbst mit anderen und erleben Überlegenheits- oder Unterlegenheitsgefühle. Das führt dazu, dass wir uns Sorgen machen über die Ergebnisse, die wir brauchen, um uns gut zu fühlen, und versuchen, Ereignisse und Menschen zu manipulieren, um diese Ergebnisse zu erzielen. All das basiert auf Habenwollen, nicht auf Frieden – und Sie erinnern sich: Habenwollen resultiert immer aus der Angst.

Wenn wir uns im Herzen sicher und selbstgewiss erleben, haben wir kein Bedürfnis nach Vergleichen, um andere niederzumachen oder ein bestimmtes Image zu transportieren, oder nach Manipulation, um ein bestimmtes Endergebnis zu erzielen. In manchen Fällen können Vergleiche allerdings auch hilfreich sein.

Normalerweise können wir uns nicht ausruhen oder Frieden erleben, wenn wir uns unbedeutend und unsicher fühlen; wir haben das Gefühl, dass wir im Kern nicht «in Ordnung» sind, dass etwas fehlt. Deshalb meinen wir, wir müssten *im Außen* dafür arbeiten, *innerlich* in Ordnung zu kommen – was das Kennzeichen eines Lebens im Mangel ist. Wenn wir aber innerlich in Ordnung sind (also bedeutsam und/oder selbstgewiss), können wir mit jeder äußeren Situation unseren Frieden schließen, selbst wenn sie nicht so ist, wie wir sie gern hätten. Das Einzige, was uns innerlich in Ordnung bringen kann, ist die Bereinigung von Angst, die Umprogrammierung, die Verbindung mit Gott/Quelle/Liebe und die Entscheidung für den Weg der Liebe und des Lichts im gegenwärtigen Augenblick und für alle Zeit.

Meiner Erfahrung nach wählt nur etwa ein Prozent von uns den Weg der Liebe und des Lichts, während sich die anderen 99 Prozent (oft unbewusst) für den Weg der Angst und Dunkelheit entscheiden. Wie Sie erkennen können, welchen Weg Sie gewählt haben? Noch einmal: Sie wissen, dass Sie den Ein-Prozent-Weg gewählt haben, wenn Sie Frieden und Freude erleben und alle lieben und akzeptieren können, und zwar unabhängig von Ihrer Situation oder dem Verhalten der anderen (vergessen Sie nicht: Sie können die Person bedingungslos akzeptieren, aber gleichzeitig ihr Verhalten ablehnen; Sie müssen nicht einmal Zeit mit ihr verbringen, wenn Ihnen das nicht guttun würde). Ihr Vermächtnis wird die Seite sein, die Sie wählen – nicht in der Vergangenheit, sondern ab jetzt!

Woher wissen wir, welche Seite die Oberhand behalten wird? Oder anders formuliert: Welche Seite die besten Ergebnisse erzielen wird? Gandhi hat uns bereits gesagt: «Der Weg der Wahrheit und Liebe hat stets gewonnen.» Er wird den derzeit tobenden Krieg am Ende ebenfalls gewinnen. Wenn Sie also unversöhnlich sind, weniger als 100 Prozent akzeptieren oder zu Verurteilungen neigen, haben Sie sich entschlossen, nach dem Gesetz zu leben; dann sind Sie schuldig und auf der Verliererseite, selbst wenn Sie all diese Dinge im Namen des Lichts und der Liebe tun.

Was tun Sie als Nächstes, wenn Sie diesen Prinzipien praktischer Spiritualität zustimmen und beschließen, wahrhaftig und im Einklang mit der Liebe/dem Licht/der Gnade zu leben? Nun, der erste Schritt ist das Love Principle. Sie brauchen ein transformatorisches

Aha-Erlebnis oder eine Bereinigung und Umprogrammierung, damit Sie in der Lage sind, im Einklang mit der Liebe zu leben; dann beginnen Sie, im gegenwärtigen Augenblick im Einklang mit der Liebe zu leben, während Sie innerlich dauerhaft mit der Liebe/Quelle/Gott verbunden sind.

Aber auch nachdem Sie sich entschlossen haben, im Einklang mit der Liebe im gegenwärtigen Augenblick zu leben, und – verbunden mit der Quelle – dazu fähig werden, bedeutet das nicht, dass die Entscheidung zwischen dem Weg der Liebe und dem Weg der Angst immer leicht ist. Jeden Tag tun sich Hunderte verschiedene Situationen und Entscheidungen auf, in denen die Unterscheidung zwischen Liebe und Angst nicht völlig klar sein mag. Ich kenne das aus Erfahrung. Tatsächlich habe ich für meine beiden Söhne Harry und George in den letzten 25 Jahren Lösungen für Hunderte dieser praktischen, alltäglichen Ereignisse aufgezeichnet und gefunden. Ich wusste, dass sie eines Tages erwachsen sein würden, und wenn ich aus irgendeinem Grund nicht für sie da sein könnte, sollten sie ein Handbuch darüber von mir haben, wie sich diese praktische Spiritualität im Leben umsetzen lässt. Was darin steht, nenne ich die Spirituellen Naturgesetze. Aber das ist ein eigenes Thema und soll ein andermal erörtert werden. Einstweilen bete ich um Liebe, Licht und Erfolg für Sie – jeden Tag und in jeglicher Hinsicht!

Weitere Hilfsmittel

Besuchen Sie www.thehealingcodes.com, um kostenlose Tools (darunter den Test zum Erfolgsproblemkompass), Videodemonstrationen zur Anwendung der Drei Tools, Audios, Tipps und andere, häufig aktualisierte Beiträge über den Einsatz des Love Principle abzurufen und mehr Erfolg im Leben zu haben.

Mein erstes Buch, das ich zusammen mit Dr. Ben Johnson geschrieben habe, ist *Der Healing Code*, Rowohlt Tb 62807. Darin beschreibe ich, wie man die Ursachen von gesundheitlichen Problemen heilt.

Ein völlig neuer Ansatz zur Heilung

Mit Stress fertigzuwerden, ist kraftraubend – und so manches Mal fühlt man sich überfordert. Viele versuchen, dem täglichen Druck zu entkommen, indem sie sich abschotten, andere betäuben sich mit Alkohol oder Drogen. Doch damit verursacht man noch größere Probleme. Hans-Peter Hepe hat eine Methode entwickelt, mit der insbesondere chronisch Kranke und Schmerz- und Angstpatienten von ihren Leiden befreit werden, indem sie Verhaltensweisen ändern und sich den bislang verdrängten und krankheitsauslösenden Themen in ihrem Leben widmen. In seinem Buch leitet er zur Selbsthilfe an, damit Krankheiten gar nicht erst entstehen.

rororo 60122

Sb 062/1 · Rowohlt online: www.rowohlt.de · www.facebook.com/rowohlt

Aufräumen war gestern – jetzt kommt Magic Cleaning!

Kaum jemandem macht es Spaß, sich von Dingen zu trennen – und aufzuräumen. Denn auch beim Aufräumen gibt es den berühmten Jo-Jo-Effekt. Doch mit Marie Kondos bahnbrechender «Magic Cleaning»-Methode wird die Beschäftigung mit dem Gerümpel des Alltags zu einem Fest. Erstaunlich, welche Auswirkungen das nicht nur auf unser Heim, sondern auch auf unser Denken und unsere Persönlichkeit hat.

«Mir wurde gesagt, ich wirke glücklicher als jemals zuvor.» (Leserstimme)

rororo 62481